La ficción histórica en la televisión iberoamericana 2000–2012

Foro Hispánico

Consejo de dirección

Nicole Delbecque (*Universidad de Lovaina*)
Rita De Maeseneer (*Universidad de Amberes*)
Ilse Logie (*Universidad de Gante*)
Luz Rodríguez Carranza (*Universidad de Leiden*)
Maarten Steenmeijer (*Universidad de Nimega*)
Pablo Valdivia Martín (*Universidad de Amsterdam*)

VOLUME 54

The titles published in this series are listed at *brill.com/foro*

La ficción histórica en la televisión iberoamericana 2000–2012

Construcciones del pasado colectivo en series, telenovelas y telefilms

Editado por

María de los Ángeles Rodríguez Cadena

BRILL
RODOPI

LEIDEN | BOSTON

Cover illustration: Tandberg tv set, 1962, made in Norway (Oslo). Norsk Folkemuseum. Photograph by Bjoertvedt (2012).

Library of Congress Cataloging-in-Publication Data

Names: Ángeles Rodríguez Cadena, María de los, editor of compilation.
Title: La ficción histórica en la televisión iberoamericana, 2000-2012 : construcciones del pasado colectivo en series, telenovelas y telefilms / editado por María de los Ángeles Rodríguez Cadena.
Description: Leiden ; Boston : Brill | Rodopi, 2016. | Series: Foro hispanico ; 54 | Includes bibliographical references and index.
Identifiers: LCCN 2016012110 (print) | LCCN 2016013893 (ebook) | ISBN 9789004311084 (hardback : alk. paper) | ISBN 9789004311091 (E-book)
Subjects: LCSH: Historical television programs--Spanish America--History and criticism. | Historical television programs--Spain--History and criticism.
Classification: LCC PN1992.8.H56 F43 2016 (print) | LCC PN1992.8.H56 (ebook) | DDC 791.45/6582--dc23
LC record available at https://lccn.loc.gov/2016012110

Want or need Open Access? Brill Open offers you the choice to make your research freely accessible online in exchange for a publication charge. Review your various options on brill.com/brill-open.

Typeface for the Latin, Greek, and Cyrillic scripts: "Brill". See and download: brill.com/brill-typeface.

ISSN 0925-8620
ISBN 978-90-04-31108-4 (hardback)
ISBN 978-90-04-31109-1 (e-book)

Copyright 2016 by Koninklijke Brill NV, Leiden, The Netherlands.
Koninklijke Brill NV incorporates the imprints Brill, Brill Hes & De Graaf, Brill Nijhoff, Brill Rodopi and Hotei Publishing.
All rights reserved. No part of this publication may be reproduced, translated, stored in a retrieval system, or transmitted in any form or by any means, electronic, mechanical, photocopying, recording or otherwise, without prior written permission from the publisher.
Authorization to photocopy items for internal or personal use is granted by Koninklijke Brill NV provided that the appropriate fees are paid directly to The Copyright Clearance Center, 222 Rosewood Drive, Suite 910, Danvers, MA 01923, USA.
Fees are subject to change.

This book is printed on acid-free paper and produced in a sustainable manner.

Índice general

Fichas biobibliográficas de los autores VII

Introducción 1

PARTE 1
Historia, memoria

1 Imágenes del pasado intervenido por la ficción histórica televisiva del presente. Memoria sentimental del primer Franquismo (1939–1959) 17
   Montserrat Huguet

2 Narrativización histórica y memoria colectiva en la ficción televisiva argentina 42
   Gabriela Jonas Aharoni

3 La pantalla *nos* recuerda: la construcción de la memoria cultural en la telenovela cubana 2000–2012 64
   Janny Amaya

4 Historia, memoria y el recurso audiovisual: las narraciones del pasado en la televisión argentina actual 90
   Florencia Dadamo, Leandro Della Mora y Mariana Piccinelli

PARTE 2
Representación audiovisual del pasado

5 El martirio televisivo del presidente Francisco I. Madero. Representación del magnicidio en la serie *El Encanto del Águila* 129
   Adrien Charlois Allende

6 Representaciones televisivas de la sociedad chilena de la dictadura: estereotipos de familia y de jóvenes opositores al régimen en la serie *Los 80, más que una moda* 153
   Karima Maluk Spahie

7 Memoria cultural y la construcción audiovisual del pasado: las heroínas de la Independencia de México en la serie televisiva *Gritos de muerte y libertad*   177
    María de los Ángeles Rodríguez Cadena

Index   213

Fichas biobibliográficas de los autores

Janny Amaya
Docente e investigadora cubano-mexicana. Doctora en Ciencias Sociales con especialidad en Sociología por la Universidad de Guadalajara, México. Licenciada en Comunicación Social y Maestra en Ciencias de la Comunicación por la Universidad de La Habana, Cuba. Ha trabajado como docente en comunicación y cultura, e investigación de la comunicación en universidades cubanas y mexicanas. Ha publicado ensayos y artículos sobre cultura audiovisual y ficción televisiva; y sobre historia, memoria y medios de comunicación. Es profesora investigadora del Instituto de Gestión del Conocimiento y Aprendizaje en Ambientes Virtuales del Sistema de Universidad Virtual de la Universidad de Guadalajara.

Adrien Charlois Allende
Es profesor del Departamento de Estudios de la Comunicación Social en la Universidad de Guadalajara, México. Sus intereses de investigación principales giran en torno a los discursos de la historia en los formatos de ficción televisiva. Historiador de formación, realizó una tesis de maestría sobre las formas de escribir historia en la telenovela histórica mexicana a través de un análisis de *Senda de Gloria*. Actualmente estudia el Doctorado en Historiografía en la Universidad Autónoma Metropolitana, Unidad Azcapotzalco, con un proyecto sobre la propuesta historiográfica en la miniserie *Gritos de Muerte y Libertad*.

Florencia Dadamo
Historiadora e investigadora de la Universidad de Buenos Aires. Ha participado en diversos proyectos de investigación vinculados a la historia y el cine estadounidense auspiciados por la Facultad de Filosofía y Letras de la Universidad de Buenos Aires. Ha presentado sus trabajos en congresos y jornadas, y ha publicado artículos sobre historia cultural estadounidense y cine en revistas nacionales e internacionales, así como también en libros editados. A su trabajo en historia y cine se suma su interés más reciente orientado a la ficción histórica televisiva en Argentina.

Leandro Della Mora
Historiador e investigador de la Universidad de Buenos Aires. Ha participado en diversos proyectos de investigación en torno a la historia y cine norteamericano en la Facultad de Filosofía y Letras de la UBA. Ha presentado sus trabajos en congresos y jornadas, y publicado artículos sobre historia estadounidense y

cine en revistas nacionales e internacionales, como así como en libros editados. Su interés más reciente se ubica en la producción de la ficción histórica en la televisión argentina. Es miembro del comité editorial de la revista *Huellas de Estados Unidos. Estudios, perspectivas y debates desde América Latina.*

Gabriela Jonas Aharoni
Doctora en Estudios de Cine y Televisión por la Universidad de Tel Aviv. Docente en el departamento de Cine y Televisión y en el departamento de Artes y Ciencias de Sapir College, en Israel. Su interés central es la ficción en la televisión argentina. Su disertación de doctorado elabora un análisis de los modos en que las telenovelas argentinas contemporáneas re significan y re semantizan acontecimientos históricos y políticos. Entre sus publicaciones más recientes se destaca su libro *Argentinian Telenovelas: Southern Sagas Rewrite Social and Political Reality* (Sussex University Press, 2015).

Montserrat Huguet
Doctora en Historia Contemporánea, es Directora del Instituto de Estudios Internacionales y Europeos, y profesora catedrática acreditada en la Universidad Carlos III de Madrid, España. Ha desarrollado su docencia e investigación en Historia Internacional, Teoría de la Historia y Estudios Culturales. Es autora de cerca de cien títulos entre monografías, ensayos, y artículos académicos en ámbitos nacionales e internacionales, incluyendo estudios sobre la conexión entre pasado y presente en el imaginario audiovisual del cine y la televisión en España. Su publicación más reciente es *Estados Unidos en Secesión. De la Comunidad de Americanos a la Sociedad Estadounidense* (2016).

Karima Maluk Spahie
Es candidata a Doctor en Comunicación Social en la Universidad Complutense de Madrid, España. Se interesa principalmente en temas de memoria, memoria mediática y representación social en los medios de comunicación. Desarrolla su tesis doctoral en torno a las representaciones sociales de la dictadura chilena en cine y series de televisión. Su estudio se centra específicamente en el estudio de los estereotipos socioculturales y la reconstrucción de los relatos históricos del pasado reciente en las producciones comunicativas actuales en Chile.

Mariana Piccinelli
Doctoranda por la Facultad de Filosofía y Letras de la Universidad de Buenos Aires. Profesora de Historia e investigadora de la Universidad de Buenos Aires. Se ha desempeñado como docente en varios seminarios de historia y cine, y ha

publicado artículos y capítulos de libros sobre el tema. Es ayudante de primera en la cátedra de Historia de Estados Unidos de América. Su interés más reciente se orienta a la ficción histórica en la televisión argentina. Es miembro del comité editorial de la revista *Huellas de Estados Unidos. Estudios, perspectivas y debates desde América Latina*.

María de los Ángeles Rodríguez Cadena
Doctora en Lenguas Romances por la Universidad de Michigan. Es profesora asociada de Estudios Latinoamericanos en la Universidad Southwestern, en Texas. Su especialidad es la literatura y la cultura mexicana e hispanoamericana contemporáneas. Su principal interés de investigación son los Estudios Culturales y la construcción del pasado colectivo en narraciones de ficción escritas y audiovisuales, estudios de memoria cultural, y estudios audiovisuales. Ha presentado su trabajo en congresos internacionales, y ha publicado en diversas revistas académicas y en libros editados relativos a la ficción histórica en la televisión en México.

Introducción

La reiterada producción de ficción histórica en la televisión Iberoamericana desde hace décadas, y acentuada recientemente por las celebraciones del bicentenario de las independencias en 2010 en algunos países latinoamericanos, nos convoca a examinar desde perspectivas renovadas la función que cumplen esos textos televisivos en establecer nexos significativos entre el espectador y el pasado colectivo. El alcance de los medios de comunicación hoy en día, y las arraigadas prácticas del ver televisión como ritual en el espacio doméstico donde se articula la función interactiva de las mediaciones señalan la urgencia de discutir los textos de ficción histórica a partir de la ubicación y de las herramientas del presente. Considerando el potencial y, al mismo tiempo, sus limitaciones, la ficción histórica televisiva se erige como apremio a re pensar nuestros conceptos de lo que llamamos historia, a atender a las complicaciones intrínsecas de estructurar un relato con sucesos y personajes del ayer, y a reflexionar en las maneras en que se han elaborado y diseminado las versiones previas del pasado colectivo.

La ficción histórica manifestada en telenovelas, teleseries, y telefilms, se enfocan en la representación de una versión popular y simplificada de la historia colectiva con rasgos didácticos y de esparcimiento dirigida a audiencias masivas. Creadas por una variedad de compañías de telecomunicaciones tanto de la televisión privada como pública, transmitidas en diversos horarios, y de emisión diaria o semanal, estas producciones integran temporalmente la historia nacional a la rutina de un extenso y variado auditorio. Conllevan un perfil pedagógico con la intención de ejercer el binario educación-entretenimiento en el que se apela a los conceptos básicos de la historia nacional instalados en el imaginario social.

Los relatos de ficción histórica televisiva aparecen como propuesta para acercarse al pasado a través de una estructura narrativa que privilegia la integración del componente del drama humano y la experiencia personal de los protagonistas a la par con la esfera de la vida pública y los procesos sociales definitorios. La versión dramatizada en la ficción histórica televisiva re crea personajes relevantes de la historia nacional y la gente común dentro del contexto de las relaciones humanas contribuyendo a articular una conexión significativa de reconocimiento entre el pasado y los televidentes contemporáneos. Una aproximación tanto a las condiciones externas y complejas del entorno socioeconómico y temporal como a las motivaciones íntimas y circunstancias particulares no menos complejas de los personajes del pasado conforman finalmente lo que conocemos como los hechos históricos.

La televisión, como el medio de comunicación masiva de más alcance en la actualidad en las sociedades modernas y ubicada dentro del ámbito del hogar, ha sido considerada por la crítica detractora como incapacitada para establecer una conexión significativa y edificante con el pasado. A partir de lo que se conoce como *presentismo*, es decir, las consideraciones de que la televisión produce y se produce en el momento presente para consumo masivo e inmediato, este rasgo inherente de la producción televisiva se ha erigido para algunos críticos como la prueba contundente de la nula capacidad de la televisión para establecer un enlace relevante con el pasado. Igualmente, se considera que, a partir del concepto del presentismo, el *ahora* inherente del medio, la televisión promueve el olvido y la aniquilación de la memoria e, igualmente, describe a las audiencias como masas inertes víctimas de una epidemia de amnesia cultural lo cual, como consecuencia, inhabilita al espectador a recibir, procesar, y recordar información sobre el pasado. Si bien esta debatible incapacidad de vincular a las audiencias con otras épocas se aplica a la función televisiva, en general, aún más problemático sería plantear la ficción, en particular, como una conexión constructiva con el pasado.

En contraposición, otros críticos rechazan las caracterizaciones peyorativas más comunes, y han señalado la miopía de la corrosiva persistencia de esos prejuicios sobre la televisión y, especialmente, la reticencia y el abierto desdén hacia el medio audiovisual como vehículo legitimo para la construcción de una versión de la historia colectiva. Desde hace décadas, teóricos de los estudios televisivos han introducido valiosas e influyentes reflexiones sobre los distintos modos de apropiación de los contenidos de programas televisivos a partir del funcionamiento de redes y procesos de significación y autonomía interpretativa por parte de los espectadores. Los programas televisivos, considerados *textos*, conllevan la posibilidad de examinarse en base a la interacción de múltiples niveles de significación y de contenidos socioculturales, así como de las identidades individuales y el trasfondo comunitario de los receptores (Anderson 2011, Martin-Barbero 1987, 1999, 2001; Fiske 1978, 1987, 2010).

Igualmente, historiadores como Blake Smith, Huguet, Rosenstone, y Zerón-Medina, entre otros, adelantan la idea de que la amplia diversidad existente de formatos audiovisuales, incluyendo textos televisivos de ficción histórica, demuestra el inmenso potencial para establecer una conexión relevante entre pasado y presente y, lo más importante, funciona como reflejo de la multiplicidad de voces, acercamientos y puntos de vista que conforman los hechos, las circunstancias y la gente del pasado. La ficción audiovisual de contenido histórico se erige con la capacidad de la crear verdades metafóricas a través de imágenes visuales que nos encaminan a pensar históricamente, y con la posibilidad de funcionar a manera de comentario y desafío del discurso histórico tradicional (Blake Smith 1999, Huguet 2001, Rosenstone 2006, Zerón-Medina 2000). De ahí que, considerando el potencial y, al mismo tiempo, las limitaciones del género, la ficción histórica televisiva puede contemplarse como conexión renovada y significativa con el pasado. Asimismo, estos textos audiovisuales se constituyen en lugares de interpelación y escenario de posibilidades de re interpretación que, al ilustrar una versión de los hechos históricos en la ficción, adelantan un escrutinio de los conceptos arraigados del pasado, la historia, y su composición. La producción de numerosos documentales televisivos, teleseries y telenovelas que re crean hechos y personajes relevantes del pasado colectivo en países como Argentina, Brasil, Chile, Colombia, Cuba, España, Estados Unidos, Inglaterra, México-por nombrar sólo un mínimo- constituye una prueba decisiva del innegable propósito y capacidad del medio, no sólo para iniciar y sostener una relación con el pasado colectivo, sino para proveer las bases para una reconsideración más en detalle de nuestros conceptos sobre ese pasado.

A partir de una interpretación subjetiva condicionada a un esquema de contextualizaciones para la creación de sentido estos relatos procesados en el artificio de la ficción, del lenguaje, y de la imaginación, conjugan realidad y representación. Atendiendo a su condición dual e ilustrativa de *textos culturales*, en tanto recuento de un episodio o personaje relevante de la historia y la memoria colectiva de un país y, a su vez, de *mercancías culturales*, o *cultural commodities*, para usar el término de John Fiske, en tanto producto de consumo en el mercado de la comunicación masiva, la ficción histórica televisiva se erige en complemento y continuación, así como en ruptura y confrontación de las formas y vehículos convencionales de circulación de significados en el complicado y continuo proceso de construcción de nación y modernización.

A partir de textos residuales, de imágenes y conceptos instalados en el imaginario social, la ficción histórica televisiva provee los elementos que reformulan una alternativa circunstancial para una comprensión válida de la historia como construcción humana, como maleable narración re generativa y, sobre todo, como componente esencial de la vida diaria. Al incorporarse a la rutina del televidente e inscribirse en la cotidianidad del auditorio, la ficción histórica televisiva provee el contexto en el que el pasado aparece como un elemento significativo de identificación, comunidad y trascendencia, y como una entidad viva y presente. Igualmente relevante es considerar el hecho de que a través de la re creación emblemática de los íconos nacionales, de la gente común, y de los eventos históricos en el singular contexto de la ficción televisiva estas narraciones dramatizadas se configuran en el escenario donde nuestros planteamientos sobre el pasado y los conceptos tradicionalmente establecidos de la historia y sus protagonistas se destacan, se cuestionan, y se transforman.

El recurso audiovisual conforma el vehículo para crear un relato que, al igual que un texto tradicional de historia, es capaz de expresar diferentes matices, aclaraciones, contenidos, y diversos puntos de vista y sobre todo, actuar como un medio que, más que proveer respuestas, provoca preguntas, adelanta interrogantes (Huguet 1999, Zerón-Medina 2001). De manera que interrogar y, de ahí, interactuar con esos textos es lo que potencialmente aprendemos de la ficción audiovisual: cuestionar lo que se nos proponga como verdad, identificar el valor de esa narración ficcional en el sentido de que ésta nos acerca al pasado como novedad o como recordatorio y, sobre todo, nos exhorta a reflexionar sobre las maneras en que se accede al pasado.

Como producciones narrativas que presentan eventos y personajes relevantes de las historias nacionales en un medio de largo alcance como lo es la televisión, la ficción televisiva se fundamenta y se expresa poniendo en práctica conceptos de historia, identidad, memoria y pertenencia. En base a esta consideración, los textos de ficción estudiados en este volumen se ubican como instancia de memoria cultural. La memoria cultural se refiere, esencialmente, a referencias colectivas al pasado determinadas por una comunidad y que se transmiten de generación en generación a través de sistemas simbólicos tales como textos, documentos, imágenes, instituciones, tradiciones, y rituales. La memoria cultural va entrelazada con la identidad de un grupo; y las instituciones educativas principalmente son las encargadas de instruir imágenes y conceptos como conocimiento fundamental. El conocimiento así creado y diseminado es lo que funciona como el contexto en el que recibimos, interpretamos, y les damos coherencia y significación a los acontecimientos del presente (Assmann 2011). Para Assmann la memoria cultural es una de las dos distinciones-junto con la memoria comunicativa- de las manifestaciones de la memoria colectiva. Si Assmann se enfoca en el aspecto de la estabilización de la memoria cultural a través de instituciones, Erll adelanta los conceptos de memoria cultural a partir de los procesos dinámicos de memoria creados y diseminados a través de los medios de comunicación electrónicos que caracterizan a las sociedades modernas (Erll 2010). Para Erll la accesibilidad que conllevan los medios de comunicación masiva le da a la memoria cultural el cariz de memoria viva, siempre en proceso de constitución y, sobre todo, la posibilidad de cuestionar los discursos hegemónicos como los únicos generadores de representaciones simbólicas de memoria colectiva.

Igualmente, como todo intento de re construir el pasado, las series, las telenovelas, y los telefilms presentados en esta colección de ensayos, se manifiestan como instancias de la esencia de la memoria, y expresan su naturaleza de constante fluir, de constante formación y transformación de conceptos, ideas, la creación de recuerdos, de situaciones o personas evocadas, y la evolutiva visión del pasado a partir de las fluctuantes actitudes, contextos y recursos del presente (Sturken 1997). Esta reflexión nos orienta a considerar una actualización del pasado a través de una construcción en la que los hechos o personajes presentados han pasado por un proceso de creación, de interpretación, de ficcionalización; es decir, de confección dentro de una estructura narrativa y de una adaptación al medio específico de la narrativa televisual que, a su vez, plantea características particulares.

Las narrativas de ficción con tema histórico ejemplificadas en las series, telenovelas o telefilms de este volumen encaminan hacia la percepción de que la historia, y de ahí, la reconstrucción del pasado en un relato, se constituye como un proceso que toma sentido por medio de su interpretación en la ficción, y que se ordena a partir de su inserción en una estructura narrativa. Como actualización de hechos y personajes conocidos por los televidentes, la ficción ofrece la posibilidad de acercarnos al pasado considerándolo una entidad siempre en construcción que no acepta certidumbres ni conclusiones únicas, ni totalizantes. Los textos de este volumen promueven una reflexión originada en la consideración de que el pasado se revitaliza a través de su necesaria re construcción constante en momentos diferentes, con diversos recursos y medios, motivaciones y objetivos; que la historia se hace real en nuevas versiones que la complementan, la modifican, la afirman, o la contradicen y, sobre todo, subrayan la conciencia de que el pasado sólo cobra vida y relevancia si se incorpora a la vida cotidiana de sus audiencias.

Especialmente es necesario considerar que al tratarse de eventos y personajes ya no observables en el presente, la reproducción y la significación de estos eventos y personajes están necesariamente condicionadas por los textos, imágenes, y conceptos creados y circulados previamente, y con los que estamos, en mayor o menor grado, familiarizados y, al mismo tiempo y necesariamente, con los intereses, recursos y contextos del presente. De manera que es importante entender las representaciones del pasado como un proceso fluído en diálogo con las ya existentes, y que las nuevas versiones y visiones generen y divulguen una nueva conexión relevante. Estas nuevas versiones del pasado convocan a una observación más detallada en la que la actitud de pensamiento crítico es fundamental para interpretarlas, para evaluarlas. Lo más importante, sin embargo, radica en que esa relevancia, esa nueva significación, se convierta en reflexión e, idealmente, en fundamento de activa participación ciudadana (Cubitt 2007, 21–22).

Como observaba Rosenstone, la vía para mantener una relación con el pasado y, a la vez, apelar a las audiencias a través de modos que atiendan sensibilidades modernas y a través de medios de expresión contemporáneos nos ha llevado hacia un enfoque en los medios audiovisuales desde hace décadas (Rosenstone 2006). El medio audiovisual se ha erigido como una de las opciones de propuestas novedosas contemporáneas para acercarse al pasado y contribuir a su discusión y comprensión. Sin embargo, como observa Anderson, aún el mismo Rosenstone, que influyó grandemente en articular una conexión significativa en los estudios de la historia y la ficción histórica en el cine, no llega a proponer la necesidad enfática de un análisis dirigido a la ficción histórica a través de los estudios de la memoria y los estudios de recepción (Anderson 2011, 7). El presente volumen recoge el trabajo de académicos que ejemplifican precisamente los enfoques ausentes que señala Anderson en el análisis de la producción de ficción histórica televisiva, y que resultan medulares para contribuir a su comprensión: la perspectiva de los estudios de la memoria, la óptica de los estudios audiovisuales, la narrativización, y reflexiones que tocan en los estudios de recepción. Al mismo tiempo, estos ensayos críticos ilustran un ejemplo del enfoque de la disciplina de la historia como modelo originario a manera de transición hacia la exploración realizada a través de los estudios de memoria cultural y los estudios audiovisuales para explicar y ubicar la ficción histórica.

Esta colección de ensayos reúne el trabajo original de especialistas en la producción de ficción histórica televisiva de Argentina, Chile, Cuba, España y México. El texto sobre España presenta una reflexión a partir de la historia observando el contexto panorámico en que se insertan las producciones de ficción televisiva. Por su parte, los textos críticos sobre la producción televisiva de ficción histórica de Argentina, Chile, Cuba y México, aún cuando integran, en diferentes grados una visión del contexto histórico que los explica, ofrecen sobre todo, un análisis detallado en cuanto a formas y contenidos de los programas televisivos: eventos, personajes, y su circunstancia.

Este proyecto se propone contribuir al análisis de la producción de ficción histórica de los últimos doce años en Iberoamérica aportando propuestas para un entendimiento de esos textos de ficción como elementos dinámicos en la constante re elaboración de nuestras identidades colectivas y de la memoria cultural. Las series, las telenovelas y los telefilms aquí estudiados constituyen los ejercicios académicos reflexivos más recientes de la producción de ficción histórica televisiva que aparece como respuesta a la convocatoria-tanto de instituciones como de particulares-, de las celebraciones de los bicentenarios de nuestras independencias en 2010. Las respuestas a este llamado de recuperar el pasado desde diversos ángulos, temporalidades y formatos narrativos en la televisión se aboca tanto a re crear los hechos directamente vinculados a los procesos independentistas (principios de siglo XIX) como a la puesta en escena de un pasado más reciente, por ejemplo, las dictaduras militares en el Cono Sur (finales de siglo XX) a manera de conectar a los televidentes con el pasado y con las realidades socio culturales y políticas de la actualidad.

Una de las discusiones iniciadas entre los participantes de este volumen es la consideración sobre los acercamientos teóricos y metodológicos pertinentes al análisis de los textos televisivos primarios ya que éstos muestran diversidad en cuanto a temporalidades representadas (principios del siglo XIX, hasta finales del siglo XX), en cuanto a espacios geográficos narrados (Argentina, Chile, Cuba, España, México), y en cuanto a formato televisivo o subgénero (telenovelas, series con episodios continuados, series con episodios unitarios, y telefilms). La cuestión gira en torno a considerar si una reflexión teórica específica de las construcción audiovisual del pasado para acercarse a una telenovela cubana que retrata el siglo XIX puede constituir igualmente un acercamiento ilustrativo a una serie de unitarios argentinos que recupera la guerra de las Malvinas de 1983. Es decir, si para examinar la construcción del pasado en las variadas recreaciones ficcionales de la televisión, especialmente en cuanto a la época representada, es necesario partir de un mismo enfoque que esclarezca y, de ahí, que unifique la visión construida de ese pasado.

Nos parece que de ninguna manera un sólo acercamiento específico y prescrito es el adecuado para observar la producción televisiva de contenido histórico que precisamente se caracteriza por la variedad de formatos, temas, personajes, épocas históricas y acercamientos. Esencialmente, la relevancia de la producción de ficción histórica en la televisión parte de considerar el papel que juegan esos textos en considerar el pasado como una confección discursiva, narrativa, cultural, una entidad siempre en re elaboración, y sobre todo, la conciencia de que estos textos son el medio que hace posible un vínculo del pasado con los espectadores en la actualidad. Los acercamientos teóricos y metodológicos a los textos audiovisuales presentados en este volumen se circunscriben a la oportunidad que conllevan los programas televisivos para una reflexión sobre el sentido del pasado atendiendo ya sea al contexto socio político, institucional o de mercado en el que aparecen, o al proceso de creación, su estructura, narrativización, y otras posibilidades interpretativas. El pasado se examina, pues, como proceso de creación discursiva con sus numerosas variantes e intereses y, de ahí, los marcos teóricos y los análisis se organizan en la medida de la aportación específica identificada en cada texto primario y en sus modos de construcción.

De manera que los textos críticos de este volumen atienden principalmente -con distinta intencionalidad, alcance, y sin excluirse mutuamente- a dos rasgos fundamentalmente señalados en los estudios de la ficción histórica audiovisual en la actualidad que articulan una conexión significativa con el pasado y que responden a la necesidad de integrar acercamientos que favorezcan, como mencionamos anteriormente, los estudios de memoria y estudios audiovisuales: historia, memoria, y representación audiovisual del pasado.

Parte 1: Historia, memoria

Los ensayos críticos en esta sección del volumen se enfocan en la correlación de múltiples vínculos históricos, sociales y políticos en los procesos participantes de la construcción narrativa del pasado. Los autores exploran la ficción audiovisual de la mano de la disciplina histórica incorporando concepciones de memoria colectiva, memoria histórica, y memoria cultural que identifican en las series televisivas. El término memoria conlleva nociones complejas y multifacéticas originadas en una variedad de aproximaciones y tradiciones teóricas y metodológicas que, en los trabajos de presente volumen, se alinean con una perspectiva necesariamente sociocultural inherente a la construcción narrativa del pasado colectivo en la ficción audiovisual de la televisión. Los conceptos de la historia y de la memoria incluidos en esta sección del volumen ilustran las múltiples conexiones entre sí a propósito de la confección del pasado en estructuras narrativas.

La memoria histórica se entiende, esencialmente, como la forma colectiva de recordar, y se forja en el proceso de su elaboración a partir de hechos y personajes del pasado compartido tanto a nivel asimilado por experiencia directa, como el conocimiento aprendido/transmitido a través de las instituciones educativas, culturales, y gubernamentales. La perspectiva de la memoria colectiva aparece como reflejo y como latente re generador de conocimientos comunes compartidos tanto a nivel de grupos específicos como a nivel de nación que, en este caso, va indisolublemente aparejada con una narrativa ficcional e imágenes visuales. El término memorial cultural se refiere esencialmente a la interrelación de presente y pasado en un contexto socio cultural y se basa en la comunicación a través de diferentes medios que operan dentro de una diversidad de sistemas simbólicos: textos escritos, historiografía, audiovisuales narrativos, instituciones, tradiciones y rituales conmemorativos (Erll 2011, Sturken 1997). Igualmente, ilustra un concepto colectivo del conocimiento que dirige la conducta y la experiencia, y que se alcanza a lo largo de generaciones a través de la práctica social repetitiva (Assmann 2011, 212).

En el ensayo inaugural de este volumen, Montserrat Huguet Santos propone una reflexión sobre la función de nexo entre pasado y presente del imaginario audiovisual del pasado del siglo XX, y examina la actualización temporal de la historia cotidiana y sentimental en las series históricas en España. España

INTRODUCCIÓN

se integra en esta colección de ensayos como necesario participante en el diálogo con Hispanoamérica en cuestiones del pasado compartido de los países hispanohablantes, de las representaciones históricas, de producción cultural, y de sus tradiciones narrativas convergentes. Este ensayo ofrece una visión distintiva que radica en una reflexión que integra los campos de análisis de la teoría, la historia y la crítica. Este enfoque obedece a la ruptura de las barreras entre los campos epistemológicos entre la historia, la historia cultural, la historia de las mentalidades, y la historia de la vida cotidiana, entre otras, precisamente debido a que la Historia, como rama humanística antigua, huye de las limitaciones que la conformaron en sus primeras etapas, en el siglo XIX.

Las series en España aparecen como medio de aprender el proceso social de derechos y libertades, y el sentido de la historia cotidiana en sus dimensiones social, económica, reivindicativa o de género más allá de la trascendencia tradicionalmente otorgada a la historia política del país. Huguet analiza la conexión histórico-cultural entre el presente y el pasado por medio de las imágenes y relatos ficcionados como vehículos de la memoria, y como herramientas para la historización de la vida corriente, y de la educación generacional de los españoles. Igualmente, estos textos, a través del relato de las desdichas de la gente común del pasado cercano, aluden a las tensiones nacionales, y aportan de manera privilegiada el punto de vista de "el otro".

Gabriela Jonas Aharoni hace un análisis de la telenovela *Padre Coraje* y del telefilm *Belgrano*, en Argentina. Estos textos, producidos durante los gobiernos kirchneristas (Néstor Kirchner 2003–2007; Cristina Fernández de Kirchner 2007–2011 y 2011–2015), no sólo re-escriben capítulos de la historia argentina, sino que contribuyen a reconsiderar temas relacionados con la memoria colectiva de la audiencia local. Ambos textos forman parte de la historia oficial construida por instituciones que utilizan el pasado y lo transforman en relatos que tienden a hegemonizar las versiones de ese pasado histórico. Jonas Aharoni identifica en ambos textos una narrativización histórica que se alinea con los posicionamientos del gobierno kirchnerista, tanto en *Padre Coraje* que presenta una versión idealizada de ese período histórico como en *Belgrano*, que no sólo humaniza al personaje histórico y permite que el espectador se identifique con el 'hombre', sino que reconstruye y re significa acontecimientos y protagonistas de una 'nueva' historia nacional.

Janny Amaya analiza la construcción de la memoria histórica y cultural en la telenovela cubana durante la última década (*Las huérfanas de la Obrapía, Destino prohibido, Al compás del son, Santa María del Porvenir*), y presenta tres textos que participan activamente en la referenciación, la recreación, y la simbolización selectiva del pasado histórico. Amaya examina el contraste entre la producción más reciente de telenovelas que anclan sus tramas en el pasado histórico nacional, y las producidas en la década precedente, en la que se observó una sobreabundancia de telenovelas de este tipo. Este ensayo explica esta contracción aparentemente paradójica en el interés por la reconstrucción del pasado histórico en las telenovelas a la luz de algunas condiciones fundamentales de producción y funcionamiento social de ese género televisivo en Cuba. Igualmente, el ensayo describe el pasado evocado (contextos, coyunturas, personajes) en estas telenovelas así como los sentidos que se construyen sobre ese pasado, y cómo esas recreaciones selectivas conectan con una determinada política de la memoria articulada en el presente que las construye.

Florencia Dadamo, Leandro Della Mora y Mariana Piccinelli analizan *Lo que el tiempo nos dejó*, una serie de seis capítulos unitarios de temas independientes que retratan diferentes hitos de la historia nacional argentina (Eva Perón, las madres de Plaza de Mayo, la guerra de las Malvinas, entre otros). Los autores incorporan tanto herramientas teórico metodologías como un análisis discursivo del texto audiovisual desde un punto de vista histórico, teniendo en cuenta su contexto social de elaboración, lo cual da como resultado un reflejo de la sociedad que lo produce. Los autores proponen desentrañar las implicaciones ideológico-discursivas de las representaciones audiovisuales recientes de la historia argentina a fin de dar cuenta cómo éstas influencian la construcción de una visión determinada de la historia.

Los unitarios de esta serie reproducen preceptos que proponen una nueva mirada sobre los hechos históricos y un tipo de interpretación funcional a la necesidad de re significación del relato más acorde con los tiempos que corren. Este texto aparece de forma esquemática como estrategia para abordar de manera efectiva seis capítulos unitarios que representan seis momentos históricos diferentes de la historia argentina. Después de dar cierre a cada capítulo en particular, se genera una conclusión general sobre el ciclo completo. El breve contexto histórico de la época que se evoca en cada capítulo facilita la comprensión del análisis. Realizar un análisis en detalle tanto a nivel discursivo como a nivel de contexto histórico, explica la realización y producción del ciclo de unitarios para situarlo y entenderlo como un producto de su época.

Parte 2: Representación audiovisual del pasado

El recuento del pasado constituye una interpretación más que la réplica de una experiencia basándonos fundamentalmente en la idea de que el pasado se manifiesta, no como *representación*, sino como *presentación*. Esta diferenciación parte de una visión de la filosofía de la historia que sostiene que la *representación* se refiere esencialmente a la reproducción mimética de los acontecimientos del pasado, mientras que la *presentación* se refiere un relato interpretativo de los acontecimientos del pasado (White 1978, 1987, 2010; Keith Jenkins 2003). Por otra parte, dentro del contexto de los Estudios Culturales, el concepto de la *representación* propuesto por Stuart Hall indica el sentido opuesto es decir, para Hall la representación no es la reproducción mimética, sino que implica la creación *interpretativa*, aunque no única o necesariamente a nivel de relato o narración, y engloba el aspecto de la representación como referencia a manera de ilustración de algo que ya existía. Un aspecto capital de este concepto, y que coincide con las reflexiones de los historiadores mencionados, es la idea de que la representación forma parte del proceso de producir y compartir significados entre los miembros de una cultura a través de sistemas simbólicos (Hall 1997). Ya que los textos de ficción televisiva aparecen como evocaciones a eventos o personajes relevantes y existentes en el imaginario social y su construcción emblemática, nos referimos al término *representación* en el sentido de los estudios culturales, es decir una creación interpretativa en diálogo con otros textos o referencias construidos y diseminados a través de redes y productos simbólicos. Estas reflexiones puntualizan los textos como manifestaciones de memoria cultural.

Los trabajos críticos de esta sección estudian las maneras en que los textos de ficción se constituyen en el escenario donde ocurren narraciones simultáneas y a diferentes planos de los procesos sociales, los momentos históricos y sus protagonistas a través del análisis del lenguaje audiovisual, elemento imprescindible en los estudios de televisión que destacan el componente de construcción narrativa dramatizada. Los eventos y los personajes de los textos de ficción histórica han pasado por un proceso de ficcionalización; es decir, de adaptación a una estructura narrativa y a un medio específico de elaboración y diseminación. Para confeccionar y adaptar el pasado a un medio determinado y a un formato narrativo se requieren especificaciones muy distintivas: la producción total, la representación actoral, los diálogos como elemento indispensable para re crear una época pasada, avanzar la narración y contar la historia, el vestuario, la edición, la música, los escenarios, la simbología, y la iconografía, señalan aspectos fundamentales en el análisis de la creación audiovisual del pasado. A partir de las particularidades de la naturaleza del medio televisivo y de las características de los subgéneros narrativos se analizan los elementos que intervienen en la configuración de imágenes y efectos visuales y sonoros que nos acercan al ambiente y la gente del pasado. Asimismo, se estudian las maneras en que este lenguaje articula mensajes e interpretaciones de las maneras de percibir las construcciones simbólicas sobre el pasado a partir de nuestra ubicación contemporánea.

El texto de Adrien José Charlois Allende analiza la composición audiovisual y narrativa del magnicidio del presidente Francisco I. Madero en 1913 en la serie *El encanto del águila* sobre la Revolución Mexicana. Este análisis de la representación se ubica dentro del contexto de su enunciación: su creación en *Televisa*, una industria televisiva oligopólica con fuertes conexiones con el poder político nacional, y orientada principalmente al entretenimiento a través de la ficción. Para Charlois Allende, la representación audiovisual de la muerte de Madero ofrece claves de reconocimiento sobre su consideración como martirio. Las condiciones reales, documentadas de su muerte y las posibilidades de su entramado audiovisual (en el plano narrativo y en el plano espectacular de la televisión) en *El Encanto del Águila* perpetúan la idea del martirio político del personaje revolucionario identificando indicios intertextuales que remiten visualmente a este evento fundador de la religión cristiana a través de la iconografía del vía crucis.

En la serie chilena *Los 80 más que una moda*, Karima Maluk Spahie realiza una interpretación de las representaciones sociales y los contenidos de los discursos televisivos que abordan directamente las relaciones de la sociedad del período con la dictadura militar pinochetista (1973–1990). Este estudio rastrea las identidades chilenas que se proponen en la serie, sus características y roles dominantes, subrayando el retrato formulado de la familia de clase media y de los jóvenes opositores al régimen, y su manera de ejercer su oposición. A través de un análisis centrado en la construcción de los personajes como el núcleo alrededor del cual se organiza la trama, ese análisis ilustra la relación de esos personajes con las esferas en que se desarrollan los conflictos principales de la serie. Asimismo, se valoran los mecanismos de evocación histórica y las maneras en que las referencias a los acontecimientos ocurridos en el período se añaden como estrategia narrativa orientada a aportar veracidad a este relato televisivo. Asimismo, la serie trastoca un período considerado como traumático a través de la rememoración nostálgica, y propone formas estratégicas de aceptación para la sociedad en el Chile actual legitimando así un periodo antes deslegitimado.

En el último texto, Ángeles Rodríguez Cadena analiza el proceso que construye a dos heroínas de la Independencia de México en la serie *Gritos de muerte y libertad*. Por un lado, enfocándose en dos episodios que recrean a cada una de las dos heroínas, se examinan la serie como instancia de la memoria cultural reflexionando en las maneras en que el texto revitaliza una etapa relevante en la historia conocida por los mexicanos, y participa en el proceso dinámico que suponen los conceptos de memoria, identidad, historia, y pertenencia. Igualmente, Rodríguez Cadena desglosa los pasos del proceso de construcción audiovisual del pasado a partir de un análisis de la construcción y proyección del plano narrativo-creativo y del plano espectacular-técnico. Dicha composición visual-estudiada a través de los postulados del narrador cinemático-edifica un vehículo cognitivo que permite iluminar peculiaridades no percibidas a simple vista en la imagen visual. El análisis que conlleva a este descubrimiento de advertir una alteración en la realidad representada constituye una metáfora de una nueva manera de ver el pasado.

Utilidad de este volumen de ensayos y audiencias a las que se dirige

Los artículos de este volumen establecen una comunicación con el lector a nivel de investigación profesional por la variedad de los textos primarios presentados (periodos históricos, temas, personajes), por los planteamientos críticos y teóricos utilizados, pero principalmente por la contribución de los autores a la discusión de los planos esenciales en la investigación contemporánea del binario historia-ficción en el contexto de la televisión: historia, memoria, y representación audiovisual. De ahí que este volumen se establece como participante calificado en las conversaciones académicas en curso sobre el proceso, la complejidad, y la aportación de la confección audiovisual a nuestro conocimiento del pasado y la relación que establecemos con ese pasado.

Asimismo, la menguada producción de estudios críticos televisivos-en comparación con los estudios sobre el cine histórico- así como la riqueza de las particularidades estructurales de los subgéneros narrativos de la pantalla chica, y el volumen y tipo de audiencias que alcanza, hacen de este proyecto una contribución sobresaliente y diferenciada subrayando la productiva capacidad de la ficción para acercarnos a un diálogo trascendente e ineludible entre pasado y presente. Estas características primordiales conllevan el mayor potencial de interés a estudiosos especializados en las representaciones de la historia en la ficción, en general, y de sus representaciones audiovisuales, en particular. Además, un lector académico encontrará en este volumen un prontuario que recoge el trabajo de investigadores arraigados tanto en Hispanoamérica como en otras latitudes, y de diversas instituciones cuyas miradas no solo enriquecen el intercambio de posturas y aproximaciones en la producción de ficción histórica en la televisión, sino que reflejan diversos estilos y modos investigativos.

Igualmente, al tratarse de un trabajo de divulgación que propone circular las reflexiones de los investigadores sobre los textos primarios más recientes y, a la vez, haciendo eco de la intención intrínseca de los textos televisivos que, de entrada, han sido accesibles hacia una audiencia muy amplia y variada, el lenguaje y las aproximaciones utilizadas en los ensayos resultan adecuados, claros y amenos para dirigirse hacia un sector más diverso de lectores no especializados. El interés de un lector no especializado radica también en que este volumen ofrece una visión panorámica comparativa entre producciones de varios países en diversos formatos, personajes, y épocas históricas. Además, ya que el contenido que retratan los textos primarios puede resultar familiar al público en general, los tratamientos críticos tienen el potencial de generar conocimiento que añada, modifique o contradiga percepciones previas del lector sobre el pasado y, de ahí, funcionar como motores de reflexión y discusión ciudadana en base a imágenes y conceptos compartidos.

Este ejemplar de ensayos se propone como una aportación novedosa y oportuna a las discusiones de la ficción audiovisual de la televisión en Iberoamérica sobre todo por congregar el trabajo original de críticos de los estudios de ficción histórica que ha producido la televisión en los últimos años. En este sentido, este volumen ilustra la variedad de episodios históricos, personajes y procesos sociales que han estado más cerca del público en un ejercicio masivo y multicultural de memoria colectiva re activado por las producciones emplazadas por los bicentenarios celebrados en 2010. Dialogando desde una variedad de posturas, disciplinas, países, textos y periodos históricos en el marco de la producción televisiva, la originalidad de este trabajo se acentúa al contribuir desde un acercamiento inédito por los componentes multi institucional, internacional, multidisciplinario e interdisciplinario destacando e ilustrando la riqueza y la complejidad del texto de ficción histórica televisiva de hoy y, sobre todo, su capacidad de establecer renovadas y dinámicas conexiones significativas con el pasado. Las heterogéneas miradas y temporalidades de los textos primarios constituyen las características principales de la producción de ficción iberoamericana reciente en la pantalla chica, y esta colección de ensayos refleja esa diversidad.

PARTE 1

Historia, memoria

CAPÍTULO 1

Imágenes del pasado intervenido por la ficción histórica televisiva del presente. Memoria sentimental del primer Franquismo (1939–1959)

Montserrat Huguet

> Si hubiera sido un novelista del siglo XIX o, en realidad, un verdadero novelista que refleja la sociedad que lo rodea, habría podido proyectar muchas cosas que eran suyas en un personaje ficticio, en una fábula sobre otros. Pero ay, prisionero de aquel modo de narrar de su propia cosecha y aunque el divorcio entre su personalidad actual y la pasada hubiera sido inesperado, no tenía más remedio que admitir la realidad: su propia ola de curiosidad por analizar la experiencia...y su fracaso
>
> HENRY ROTH. *Una estrella brilla sobre Mount Morris Park* (1994). ALFAGUARA: BARCELONA, 1999, P. 490

∴

Este ensayo propone una reflexión sobre la función de nexo entre pasado y presente del imaginario audiovisual en las historia española del siglo XX. En los últimos diez años la producción de historia-ficción televisiva ha resurgido en España. Representa este un fenómeno que en la actualidad estudian tanto los expertos en comunicación audiovisual como los propios historiadores del ámbito hispano hablante. La hora de la historia-ficción llega en España a los treinta años del proceso de la transición democrática y despierta, en consecuencia, debates más o menos enardecidos a propósito de la veracidad de las historias que la televisión ofrece a los espectadores.

En este ensayo se indaga en la conexión histórico cultural entre el presente y el pasado narrado en los relatos de historia *ficcionada*, o ficciones *historizadas*, que son vehículos de la memoria y herramientas útiles para la historización de la vida corriente y de la mentalidad, en este caso de los españoles. La puesta al día sobre el tema en cuestión requiere el uso de varios tipos de fuentes bibliográficas y documentales (audiovisuales y escritas), organizadas en función de los siguientes aspectos básicos: la teoría a propósito de la historia, la memoria y la ficción, la historia contemporánea de España en la posguerra (1939–1959), la memoria sentimental de los españoles, y la ficción histórica televisiva en el presente. Se refiere finalmente un ejemplo reciente de la cadena pública TVE, la producción *Amar en Tiempos Revueltos*.

La trama de la historia

La historia decimonónica -y con ella el tiempo *progresista, tiempo continuum* como Benjamin lo llamó: componían una trama, principal conductora de las narraciones. La trama sigue siendo el vehículo mediante el que los recuerdos, los episodios del pasado, imágenes o ideas, se encadenan; en las tramas adquieren sentido incluso los argumentos menos claros del pasado, resumidos o estilizados para su comprensión en el presente. Las tramas de la experiencia y las de su narración configuran los escenarios de la historia otorgándole continuidad temporal. Las tramas dotan de continuo a la historia, haciéndola una Historia *construida* y organizada, con sus comienzos y finales, tanto en la elección como en la supresión voluntaria de elementos. En las tramas – tejido del relato- se engarzan los sujetos, los hechos y las coyunturas narradas. En ellas, mediante la selección y la relación de ideas e imágenes, se hace posible un tejido extendido en el presente y el futuro. También que en la *memoria tolerada* (Huguet 2007) -compartida a lo largo de las generaciones- circulen aquellos lugares comunes en los que las personas pueden reconocerse.

Recordaremos que en algunas culturas occidentales se ha creído que la naturaleza de los hombres actúa de manera invariable en cualquier tiempo o época (la grandeza de los mitos literarios se fundamenta precisamente en la generalidad atemporal de su validez), pues por alguna razón se hace reconfortante atribuir a la condición humana todo el conjunto de desgracias que atosigan a las personas tanto en la esfera de lo privado como en la de lo público. Desde esta óptica la trama de la historia sería siempre la misma, una permanente complicación de hilos tejida en cada momento, en parte por la indagación ex profeso, en parte por la propia memoria, que aflora de modo puntual y caprichoso en forma de discursos directos o referidos, en parte también por el olvido natural o intencionado; finalmente a partir de la previsión (utopías y distopías) del futuro imaginado.

Pero la trama nunca es estática pues está siempre activa. En ella el tiempo (Compte-Sponville 2001), junto con los actores y los escenarios, es su referencia conceptual más célebre. Ya se ha dicho que Walter Benjamin sugería con el *tiempo continuum* la manera en que el hombre moderno concibe y transforma el tiempo en una idea de progreso que avanza vertiginosamente y sin un fin aparente, un trazo pues largo por el que discurriría la historia. Frente al *tiempo continuum*, el presente está ahí como el *tiempo del ahora*. Acarreando la memoria (activa, cambiante, caprichosa) y el fruto de la indagación, se sitúa frente a la Historia, conclusa y estática aunque siempre por hacer.

La memoria sería un instrumento punzante que transgrede azarosamente la continuidad en la historia, trae del pasado al presente briznas de experiencia cuya selección obedece no obstante a leyes mutables. En su semblanza más popular, la memoria obra por casualidad, y se muestra implacable con aquello que rescata, a los que no priva nunca de sus rasgos menos agradables. En el tiempo del ahora de Benjamin la memoria puede acceder sin ser convocada, procurando eludir además la trama. Pues en la trama que se convierte en historia se perturba el interés singular de la memoria. En el presente pues, y aunque aparentemente puedan parecer disgregados, la memoria individual habita en la trama sugiriendo a su vez los hitos colectivos destacados en cada tiempo presente.

En el *tiempo del ahora* el olvido se cobija en los huecos de la memoria y al margen de la trama. Los olvidos no lo son por malicia alguna, si bien los hay intencionados y muy perniciosos para la memoria y para el tiempo del ahora. Por lo general, también los olvidos guían el discurso de la historia, pues el relato suele procurar la legitimación tanto de lo que se rescata como de lo que no. Los olvidados y los olvidos son actores y experiencias del pasado que, como los fantasmas que pueblan las novelas románticas, tienen gran corporeidad, manifestándose de tanto en tanto por las estancias del castillo a fin de que sus habitantes se aperciban de ellos y los rescaten para la escena. Aunque no se sepa que están ahí, olvidos y olvidados esperan pacientemente a que se les *recuerde* y, en el mejor de los casos, se les incorpore a la trama de la acción narrada. Con todo, la energía escondida en lo que *no es*, se debilita a fuerza de olvido pertinaz, y su tránsito a la condición de memoria seleccionada es dudoso y sobre todo arduo. Al no ser memoria, los olvidos y los olvidados, siendo historia, no son relato. Y por ello mismo se mantienen incólumes a lo largo de las épocas, nunca reinterpretados, contextualizados, o actualizados por el tiempo del ahora.

Entre la memoria y el olvido, como un destino siempre en el horizonte, suele señalarse el objeto de la historia: la *verdad*. Pero el problema de la verdad en el discurso de la historia, siendo central y clásico, ha ido acarreando otros: la justicia y la responsabilidad por ejemplo, tanto o más importantes que aquél. Al elegir qué mostrar, qué narrar, el historiador pretendería apuntar a la verdad, tanto porque la verdad es lo que se elige mostrar como lo que se decide no mencionar, y por lo tanto ocultar o desterrar al olvido. De modo que, junto a todo discurso de la historia, también su cara oculta – existente pero no visible- igualmente parte de la trama. Al erradicar de la historia sus zonas inconvenientes o bien onerosas, dirigentes e intelectuales pretendían proteger – mediante la inducción a la desmemoria- el aspecto saludable del relato. Si hace aproximadamente un siglo W. Benjamin había señalado que al historiador le cabe dar voz a quienes fueron abandonados en la trastienda de la historia transmitiendo sus experiencias, a finales del siglo XX en su crítica al relativismo los historiadores establecerían en cambio límites éticos a los relatos de historia, sugiriendo que no toda recuperación de la materia del olvido ha de ser forzosamente razonable.

La historia hecha ficción

No en todos los momentos de la historia son los mismos los métodos que mejor convienen a la representación de las ideas del presente o a la mención de lo que ya aconteció. En algunas épocas se alentó a tal fin la imaginación y en otras por el contrario se la denostó. Por su parte, comedia y tragedia, crónica o ensayo, han sido modos habituales de encarnar la representación de los discursos en cada tiempo. Podría pensarse que casi siempre, recordando el argumento de Thomas Hardy a propósito de la narrativa inglesa, que a partir del momento en que los historiadores pretenden dotar a la historia de las herramientas de la ciencia, la *imaginación* se hizo esclava de las circunstancias que la historia había tomado por inalterables, véanse por ejemplo, los acontecimientos. La ficción por su parte ha seguido las normas de su género y ello sugiere que algunos, como la tragedia, bien podían entrar en liza con los estigmas morales de las épocas. Sin embargo, era precisamente en la producción de ficción propia de cada momento donde se expresaban los debates, donde la polémica incitada por críticos, las invectivas al relato o la censura, ponían el acento en la *cualidad* específica de la configuración histórica de los grupos sociales y de las naciones. De ahí el alto significado que conviene darle a la ficción en la narración histórica.

Las quimeras o fantasías a lo largo de la historia por otra parte se han constituido en una forma de tiempo continuo que alberga un bagaje actualizado en cada tiempo del ahora. En la contemporaneidad, las ficciones, al igual que el resto de las producciones modernas sufren el mal de la contracción espacio-temporal. En absoluto resulta extraño que personas adultas hayan inventado y consuman *fantasía* (Huguet 2007) con igual deleite que los niños. Esta característica, que puede sugerir el vicio de la infancia prolongada, es un rasgo muy abultado de nuestro tiempo, compatible no obstante con una madurez precoz de los adolescentes. A lo largo de la historia los argumentos de las historias ficcionadas concitaban el punto de encuentro entre las generaciones. Pero la transmisión inter generacional es más débil en el mundo contemporáneo que en las épocas precedentes. Los jóvenes son reacios a aprender de sus mayores, quienes por su parte tampoco están interesados en aprender la mirada que sobre el mundo tienen aquéllos. Puesto que las ficciones (historia y cuentos de tradición oral y escrita) han estado siempre en el centro de la transmisión inter generacional hoy, debilitado este nexo, las ficciones parecerían instrumentos devaluados. Los presentes de los diferentes momentos históricos se han edificado en el proceso lógico del discurrir generacional, ajeno por lo común a la historia que vislumbra hitos o en su defecto acontecimientos reseñables, que no tienen por qué formar parte del relato.

En la historia reciente se observa que la vigencia de las ficciones es limitada en el tiempo: a menudo hijos y padres han crecido en tradiciones distintas que apenas si se solapan. El cuento tradicional de hadas es descartado por quienes cuidan de la salud mental de los pequeños, al considerar inapropiado a su sensibilidad el relato del mal que incluyen. El cuento *realista*, al estilo de la historia de un niño hijo de emigrante que pasa privaciones en el arrabal de una gran ciudad, ha tenido sin duda sus defensores en algunos momentos, al mismo tiempo que la fantasía más extrema – relatos de seres extra humanos capaces de magias improbables- rescataba de entre los lectores a muchos adolescentes tardíos de edad adulta que buscaban huir quizá de la parquedad de la vida corriente.

En este contexto ¿qué interés puede tener el relato de historia, incluso el ficcionalizado, para ciudadanías proclives a fantasías extremas y efímeras? ¿Qué destino o audiencia cabe a los relatos de historia ficcionados, a las fantasías sustentadas en episodios y personajes cuyo conocimiento en el tiempo del ahora permite la toma de conciencia del tiempo continuo? De la formación de las identidades nacionales (Rodríguez Cadena 2004) (Castelló 2009) algo tienen que decir desde luego las ficciones y los relatos en general. Aquí se abren dos áreas de estudio complementarias. La primera hace referencia a las formas que historiadores y filósofos han considerado más convenientes al texto de historia (Veyne 1984): historias convencionales, literatura, cine, y a sus procesos narrativos (Ricoeur 1999). El segundo área remite a las teorías sobre la importancia de los discursos de la historia en la formación de los estados nación (Carreras y Forcadell 2003). La potencia y eficacia de los relatos ficcionalizados en la configuración de las identidades sociales modernas no es solo patente sino que, en su obviedad, podría reorientar algunos aspectos fundamentales de la relación entre los pueblos y su historia.

No es poco interesante al respecto el valor como fuente de instrucción que se concedió en el siglo XIX y primer tercio del XX a la novela histórica, especialmente en la cultura anglosajona y asimilable sin duda alguna al que a partir de la segunda mitad del siglo XX habrían tenido algunos dramas cinematográficos y televisivos. Paralelamente, la escritura histórica tuvo un destino literario (antes en los libros, luego en los formatos audiovisuales) pues la literatura (relato de la ficción) y la historia (relato de la experiencia) han urdido juntas el relato cultural implícito en el discurso de las civilizaciones occidentales. Los historiadores en la madurez de su oficio acaban concluyendo por lo general que la historia, en la edificación del relato, adquiere sentido gracias a una buena escritura. La inteligibilidad y la verosimilitud del relato, su capacidad de convicción, son las cualidades inestimables tanto en la ficción como en la historia. A su vez, nada hace más accesible un relato al lector que el aderezo de la imaginación, de tal suerte que los grandes tópicos a propósito de la historia de todos los tiempos no suelen proceder de exhaustivas historias académicas sino de alteraciones imaginativas en forma de mitos, leyendas, novelas románticas, películas de *época* o fotografías singulares.

De este modo, escribir para contar la historia es también – como ya señalaran Hayden White y Paul Ricoeur (White 2003) (Ricoeur 1996)- una manera de representarla, de evocarla – añadiría- otorgándole un aspecto inteligible y una levedad que la vuelva digerible. El sentido de las cosas de ayer en cada presente es diverso como bien se sabe, por eso las narraciones históricas tienen la obligación de dotar de algún significado a lo que ya no está y no puede en consecuencia explicarse por sí mismo. Para que la historia-experiencia se materialice en la realidad del presente resulta obligada su narración, y no habiendo relatos asépticos la contaminación puede interpretarse como enriquecimiento de la historia. Igualmente, la ficción que se va colando en cada uso de la narración de historia no la encubrirá o deformará, como se ha pretendido. Muy al contrario, la dotará de los recursos que la hacen accesible a quienes en definitiva son su razón de ser, sus destinatarios: colectivos de ciudadanos anónimos.

El relato de historia ficcionado es útil en la relación empática de las personas con respecto a la historia de su comunidad o país. Al igual que sucediera en las precisas descripciones narrativas de la literatura decimonónica, que servían de espejo y de pantalla auto reflexiva para escritores y lectores, así también, situaciones y personajes históricos ficcionados en el cine y la televisión guían la percepción que los sujetos tienen con respecto a su comunidad y a su historia, sirviendo de vehículo al reconocimiento en el grupo, en la herencia cultural y la historia.

Si a mediados del siglo XIX la literatura conmovía a las sociedades a propósito de configuración de las naciones de Europa, sugiriendo ejemplos de patriotismo, de castigo moral, ascenso social, entrega desinteresada a la causa común, pero mostrando también el oprobio y humillación de los seres humanos por culpa de la salvaje industrialización y el capitalismo ignominioso, algo semejante sucedería con los relatos audiovisuales de la Europa emergente durante los Treinta Gloriosos o con la literatura y la televisión en la América Latina del último tercio del siglo XX (Huguet 2002). Por mediación de series y los llamados *culebrones* o telenovelas, los televidentes adquirirían nociones de historia, y así la Historia (relato) salió de los gabinetes de los especialistas y entró en contacto con la gente exponiéndose a su crítica, no en medios académicos sino en la salita del estar.

Precisamente era de los personajes anónimos, en los relatos políticos de la historia, de quien se aprendían las virtudes y se identificaban los vicios. Los ciudadanos más o menos iletrados, se apropiaban de los esbozos de las historias compartidas, en el sustrato de muchas historias nacionales. La estructura de los episodios – al modo de las entregas de los antiguos folletines- incidía en la repetición de los contenidos, recurrentes en cada entrega por si acaso el lector era novato. También proponía – como en la vida misma- la acción paralela de varios argumentos, señalando las circunstancias que los propiciaban, o mostrando – al estilo novelero del XIX- los rasgos de carácter de los personajes. A la gente no le importaban las pruebas que denotaban la verdad o falsedad de lo narrado, sino el resultado evocador del trabajo de guionistas, figurinistas, escenógrafos, iluminadores, etc. Con respecto a los personajes principales de las ficciones, el relato procuraba atenerse a los trazos sencillos que permitían visibilizarlos en su complejidad y papel histórico.

Claro que los protagonistas de los relatos ficcionados de historia eran sugeridos en facetas que la historia tradicional solía eludir: el sentimentalismo de su carácter, el dolor, la mezquindad, la honorabilidad, o el cinismo. Y, por supuesto, en muchas ocasiones series han cargado las tintas sobre las facetas más íntimas o personales de los ídolos históricos: Napoleón I, Garibaldi, Catalina la Grande o el Che Guevara dejando, sin embargo, mermados los rasgos de carácter expuestos a la escena pública, que han sido por otra parte razón fundamental de la popularidad del personaje. Incluso el peso de las *modas*, estéticas o éticas del presente impregnaban a los personajes del pasado, no solo en sus vestimentas o maquillajes, sino por ejemplo en la ética de sus acciones. Pese a tanta confusión y descarrilamiento de las historias ficcionadas con respecto a los modos la historia escrita por los historiadores, las series de contenido histórico se han visto casi siempre recompensadas con la fidelidad de un espectador cuya mirada indulgente empatiza con ciertos relatos, haciéndolos propios.

En el sesgo, en la parcialidad, en el enfoque cultural, e incluso en la subjetividad de estas narraciones ficcionadas cabría hallar la oportunidad adecuada para incorporar el perfil humano a la crónica. Las miradas sesgadas o particulares permiten también abarcar lo que ya no está, pues el entendimiento subjetivo de las cosas del pasado ha de preceder a la elaboración y proyección del discurso que las describe y explica. La objetivación es uno de los mecanismos habituales en la construcción del relato, un mecanismo artificioso para el que se requiere el ejercicio de una acción subjetiva anterior. Así, el conocimiento *razonable* a propósito del ayer vincula ambos estadios, el subjetivo y el objetivo. El conocimiento razonable se ciñe además a las exigencias de la comprensión agregada de las imágenes expuestas al público, pues da por imposibles los elementos narrativos que se mantienen en la mera experiencia particular (subjetiva) del narrador.

De la habilidad de la memoria al oficio de contar historias

El lazo habitual entre la historia y la memoria sugiere que ambas sean la misma cosa, tomándose en el lenguaje corriente la una por la otra. En su interés socio-cultural, la memoria viene asociada a la experiencia de contar historias, las que se recuerdan y se repiten una y otra vez mereciendo su contenido la categoría de verdad por el mero hecho de haber sido objeto de repetición hasta la saciedad. La memoria sin embargo entorpece de algún modo el constructo que es la historia, especialmente si es objeto de selección y organización por parte de los colectivos a quienes interesa y ven en ella un instrumento útil para su propia explicación y justificación. En cuanto a la así llamada memoria colectiva, lo usual será que quienes participan de ella lo hagan de varias a la vez, pues en su paso por la historia las personas toman parte de experiencias diversas que no siempre están conectadas entre sí. Resulta pues difícil dar una entidad concreta a la *memoria colectiva*, especialmente si esta se refiere a tiempos muy cercanos al presente en los que cada persona multiplica su actividad en diversos ámbitos.

Aún así, de la memoria colectiva suele pensarse en términos absolutos, –oficiales- al gusto del régimen dominante en el tiempo al que se refiere, o al de aquél del presente que la rescata y utiliza para la reescritura de la historia. Nada puede haber menos real que la memoria colectiva de una nación o pueblo, por mucho que nos empeñemos en designar pomposamente algunos rasgos como constitutivos del acervo común. Antes de ser fuente para la historia, la así denominada memoria colectiva – que se almacena y protege de múltiples maneras, desde los lugares conmemorativos hasta los anuarios escolares- es sobre todo un lugar informe: de límites imprecisos, y fiable sólo bajo la cautela que acompaña a su permanente disposición a la revisión crítica. Ninguna forma de memoria por sí sola puede hacer que el pasado se encarne en el presente, pues requiere la discriminación analítica previa y la indagación organizada del material que sitúa al espectador de la historia en la posición de mirar hacia el pasado.

El arte de contar una historia – también de contar ficciones- ha jugado con la síntesis y la reorganización de la experiencia del tiempo (Veyne 1984). En las interpretaciones clásicas se sugería que la historia era una narración de *verdad* en tanto que la ficción desatendía por naturaleza este requisito. Hoy pensamos que, estando la historia referida a la veracidad de los hechos que acumula o narra, y moviéndose la ficción en el campo de la improbabilidad de los mismos, no es tan sencillo, sin embargo, deslindar ambos espacios. Igualmente, mientras en la historia tradicional era grande el peso del acontecer primero y luego la descripción de los modelos y de los sistemas o estructuras, en los relatos de ficción los hechos tenían desigual importancia, sirviendo además al relato de ancla en el tiempo. En definitiva la distinción entre experiencia y ficción no es eficiente cuando se piensa en la novela histórica o en las series televisivas de tema histórico.

El arte de narrar historias que han practicado los escritores contemporáneos, historiadores o novelistas, o los cineastas elevó el relato en sí mismo hasta las cotas alcanzadas por los acontecimientos en él referidos. El orden narrativo -que surge del hábito de la ficción- incrementó su importancia, pues sin él difícilmente se hallaba el modo conveniente de decir la historia, pese al irreprochable trabajo indagatorio del historiador. Solo podía haber acierto pues en incorporar – incluso si con ello se encaminaba hacia la ficcionalización- la *poética* a la historia. Más aún, la asunción de formatos narrativos tomados en préstamo de los ámbitos de la ficción ha situado al relato histórico en el punto de accesibilidad que exigía su difusión. Sin estas argucias, la historia que se investiga y escribe correría el peligro de agotarse en sí misma, en su metalenguaje inaccesible a los no iniciados. Al acudir a las ficciones -y a las metáforas- como mecanismo para su presentación al lector, la historia adquiere además una cualidad auto correctora por la vía del relato, en consonancia con la flexibilidad interpretativa natural del propio devenir histórico. Recuérdese que los relatos organizados según las teorías y métodos señalados en las diversas escuelas historiográficas (Sánchez Marcos 2012) afrontaban con rigidez las posibilidades interpretativas sugeridas a lo largo del tiempo y – renegando del así llamado vicio del presentismo, destructor de la tesis principal.

Narrar la historia mediante la ficción y las técnicas propias de las tradiciones narrativas – drama, tragedia, comedia-, amplía el discurso de la historia, abundando además en aquellos de sus aspectos que son comprensibles a lo largo del tiempo. La fiabilidad en el contenido del discurso no corre peligro porque se enfaticen en él los elementos plásticos y evocadores. Obviamente, ciertos momentos de la historia – hitos significativos en la mirada trans generacional- demandan del historiador que sea sensible a sus implicaciones éticas, vigilando la pulcritud y rigor en el manejo de la historia, que para unos autores son condiciones sine qua, impedimentos para sus críticos. Así, de la brutalidad de los hechos y efectos de una guerra, cuya explicación exige una investigación sistemática, apenas nos dicen algo los relatos descriptivos o las síntesis interpretativas, pues la identificación con el absurdo que transmiten las batallas, los bombardeos o las matanzas, llega al lector antes por testimonios particulares de supervivientes (acaso recreados todos ellos en la figura de un solo personaje), o a partir de la reposición cinematográfica del escenario de una antigua ruina urbana, que por la lectura de una aséptica tabla de datos que sin embargo acoge en sus columnas la nómina de los miles de soldados muertos.

La fotografía (o el fotograma) de un campo vacío de vida, cuajado sin embargo de restos de proyectiles es sin duda más evocadora sobre la tragedia que la descripción minuciosa. Hay en la historia asuntos que, como la locura o el miedo solo son visibles en su individuación, siendo nombrados y adquiriendo rostro. Su generalización rebaja – en el relato- las señas de su identidad, pues las personas carecen de la capacidad de mostrarnos concernidas por aquello que no puede sucedernos a nosotros mismos, no como nación o pueblo, sino como individuos. Y es esta individuación del relato de la experiencia en la historia (y de la memoria) la que propone la eficacia de la ficción y de las metáforas como vehículos principales de expresión. La atención de cada espectador en el grupo sobre el drama individual del relato previene la indiferencia y el olvido, la anomia de lo que, siendo notable, ignoramos sin embargo por hartamente repetido, incluso de aquello que en su magnitud numérica resulta difícil decir y en consecuencia se margina.

De manera que la televisión, o las narrativas que se presentan en este medio, no necesariamente causa el olvido, sino que no facilita el recuerdo precisamente del modo en que sí lo hace, por ejemplo, hablar de un hecho o escribir a propósito de él. La historia que aprendemos por medio de la televisión tiene, en el recuerdo, una forma imprecisa, complementaria pero no sustitutiva de la que aprendemos leyendo o escribiendo. Además, cualquiera que sea la forma del relato, los historiadores saben perfectamente que no es posible mostrar toda la experiencia humana (la vida) en su laberíntica composición. Si la historia fuese un hilvanado de acontecimientos sucesivos, vinculados entre sí por una relación de causa y efecto, dirigidos hacia el futuro por una flecha inexorable de tiempo/progreso, este problema no existiría. Pero obviamente esto no es así. Los *acontecimientos*, especialmente en la contemporaneidad más reciente, son importantes siempre que reluzcan en un excelente telón de fondo, pues los cambios sustanciales en la identificación cultural del sujeto histórico indican que los *hechos* adquieren una naturaleza plástica variada y no siempre son identificables con el brillo con que relucían en los relatos clásicos de historia. A los de naturaleza política se suman los *hechos* socio/culturales, en alza en el marco de la convivencia de opuestos que tiñe la claridad de esta época. Desde el impresionismo pictórico o literario podría tal vez dibujarse la red de acontecimientos que en los tiempos recientes comprimen el tradicional eje del tiempo transformándolo en un peculiar afiche que ha de leerse en direcciones contrarias. Los hechos los son solo en la medida en que se los escoge y narra ya que, de no ser seleccionados por los medios de comunicación, carecerían del espacio y del momento que les concede el imaginario que alimenta el relato de la historia.

Así que, la realidad discursiva a propósito de los acontecimientos que consideramos relevantes va edificándose en paralelo al hecho en sí, compitiendo con él en importancia y en verosimilitud. Desde una lectura de la historia en la que el tiempo es fundamentalmente *cultural*, ningún elemento de la narración es ajeno a la historia. Al seleccionar un hecho o conjunto de hechos considerados *trascendentes* para ser relatarlos desde la ficción, se accede a un *tiempo cultural* (Kramer en Hunt 1989), en el que sí son factibles las caracterizaciones humanas universales: el orgullo o la vergüenza, el miedo, la cobardía, la ilusión y la esperanza, el sarcasmo y la ira. También al estilo de las clásicas narraciones, cualquiera que sea el soporte para relatar la historia -del texto tradicional y la crónica antigua al moderno docudrama-, se hace forzosa una estilización, la identificación del todo con un sujeto o conjunto de sujetos que, siendo ficticios, *representan* no obstante a los protagonistas de carne y hueso: los *encarnan*.

Las imágenes y la invención (la ficcionalizada es la dimensión imaginativa, mitificada, o poética de la historia) son instrumentos narrativos eficientes en el ejercicio de simplificación de la experiencia de todos. El tiempo narrativo ha de ser vigilado por los historiadores, pues en el medio audiovisual -y especialmente en la televisión- se comporta como un eterno presente, un *ahora continuo* que ha envejecido al momento de nacer, algo que no sucede en los libros. La calidad y el éxito de las producciones de ficción relacionadas con la historia estriba en parte en la capacidad de los autores para controlar este factor díscolo del tiempo en fuga, de modo que el relato mantenga en el tiempo cualidades de inteligibilidad.

Verdad televisiva e historia amena

En la industria televisiva, como en su momento ya sucediese con el cine, el objetivo central es la distracción o entretenimiento de los espectadores. Recordemos que la expresión en castellano *matar el tiempo* ha vinculado el ocio de las enormes audiencias modernas con el encendido del televisor. Lo cual no obsta desde luego para que las televisiones asuman además funciones informativas, propagandísticas e incluso educativas. El medio -como tantos otros en otras épocas de la historia- fue y es indicado a las demandas a su tiempo, y quien lo gestiona -gobiernos y empresas- ha hecho de la televisión un uso similar al que se hiciera en los siglos XVII o XIX con de los pliegos de cordel o de las rotativas de prensa respectivamente.

La potencia del medio para la difusión de contenidos o de ideas fue administrada desde sus inicios convenientemente por los agentes de la construcción del relato histórico. La historia de una comunidad, país o nación ha sido abordada pues en los relatos de ficción televisivos desde los inicios del medio a mediados del siglo pasado. Se tomaba en cuenta que el destinatario del discurso era un grupo social extenso y no siempre homogéneo que, bien carecía de referencias históricas previas o, con imágenes prefiguradas, era no obstante sensible a tomar por cierto lo que se le contaba desde la televisión. Y ello fundamentalmente porque el discurso que emana de la televisión proviene de una *voz de autoridad*.

Pocos cuestionan las peculiaridades de la *verdad* en los relatos pseudo históricos que se emiten por televisión. Al agente de autoridad contemporánea que es en sí mismo el medio se añade la circunstancia de que en los créditos de las series se incluyen nombres de *asesores* del tema histórico, historiadores que han limado los contenidos históricos de los guiones, de la puesta en escena, de la ambientación y del tono general de la obra. De modo que el espectador considera que una obra tan elaborada y en la que se han invertido tantos recursos no puede engañarles. ¿Qué sentido tendría, por otra parte, confundir al telespectador con mentiras históricas? Por lo general, el público no es demasiado quisquilloso con ciertos elementos de verosimilitud en la exposición de los argumentos, en las escenas o en las tramas. La afición del público a este tipo de relatos se acrecienta sobre todo porque las productoras, que conocen muy bien su trabajo, procuran *fidelizar* a las audiencias, estudiando con precisión milimétrica sus características y los distintos tramos horarios de emisión de los programas.

En países como España, en los últimos años se ha abundado precisamente en la cuestión del relato audiovisual como un recurso para ayudar a la *recuperación de la memoria histórica*. Aquí se evaporan ya, en las generaciones más jóvenes, muchos recuerdos más o menos traumáticos del siglo XX: la guerra civil en los años treinta, o la dictadura luego, pero también la transición a la democracia en el final de los setenta y en los ochenta. Se asiste además al uso *presentista* de temáticas históricas de otros siglos, más proclives a la fabulación por desvincularse de la memoria.

Pero el de España no es de ninguna manera un caso extraordinario. Antes bien, la española es una realidad -por lo que al discurso de la historia y la memoria se refiere- plenamente enraizada en la tradición latinoamericana. Con sus peculiaridades europeas sin duda, España ha concebido los relatos de la memoria por la vía de la ficción según el enfoque latino y continental.

La especificidad de la dictadura franquista, así como del modelo de la transición hacia la democracia se encarnaron en España en un modo de apreciar los asuntos de la vida por medio de una ficción universalmente reconocible en los países de habla hispana. En los modos de perder y luego recuperar para la memoria, bajo la óptica de cada presente, los asuntos del crudo pasado reciente suelen aproximar a las diversas tradiciones culturales, sin obviar la idealización y la ideologización.

El tono melodramático y trascendental de algunas ficciones a propósito de la historia en los países latinoamericanos, resulta apropiado al interés de su público por ser conmovido, por aproximarse al pasado en una clave más respetuosa con el sentimentalismo y la emoción que con aquellos de la razón y la verdad. Sin embargo, cabe decir que todos los televidentes somos en cierto modo emocionales, apreciamos en los relatos televisivos la liberación que nos proporcionan frente a la rigidez de los formatos clásicos en el aprendizaje de la historia. Y esto es un aspecto bueno, muy positivo y que hay que valorar, puesto que -a fin de cuentas- ni siquiera los historiadores más ortodoxos buscan la verdad en los relatos. Hay que conformarse con la verosimilitud, con buenas evocaciones del pasado. La emoción que procure un relato le dará una calidad añadida.

Como señalan los expertos, la ficción post dictatorial beneficia por lo común los trabajos del duelo en las sociedades dañadas por la violencia de los regímenes dictatoriales (Avelar 2000). En el caso chileno, por ejemplo, como sucede en el español, es claro el vínculo existente entre la historia reciente y las formas dadas a la historia en la pantalla (Campos Pérez 2015), y la última década ha visto la producción de diversas formas de narraciones vinculadas con la memoria, entre las que se halla las ficciones del pasado dictatorial de chileno, véase, para el Canal 13, con su serie: *Los 80, más que una moda*. En sus comienzos, este melodrama fue concebido como una estrategia de mediación con el presente, que permitía la narración de momentos traumáticos cuya violencia todavía no estaba integrada a la cotidianeidad chilena. Pero, superada esta etapa, se abundó en la exhibición de las secuencias delicadas en las que se explicitaba la violencia (secuestro, tortura) (Mújica 2013).

En relación con la actualización de la memoria histórica, en la que las ficciones televisivas juegan un cierto papel, pueden señalarse algunos aspectos que matizan la cuestión. En primer lugar, la recuperación de la memoria histórica nunca es obra solamente de actuaciones concretas ligadas a decisiones políticas o grupos de interés. Son muchos los elementos que se encuentran a la hora de rescatar del olvido ciertos asuntos históricos. La voluntad pública -y la política- no es desde luego menor. Las leyes de la memoria en diversos países del ámbito latinoamericano así lo atestiguan. En segundo lugar, conviene apuntar que los temas elevados al *prime time* de la parrilla televisiva no están forzosamente vinculados al interés público de la memoria histórica. Pueden ser coincidentes sin duda, pues los productores detectan y propician los puntos fuertes del interés histórico en las sociedades y por ello mismo aprovechan su auge para hacerlos perceptibles en las ficciones televisivas.

El exceso de *prevalencia* social de un tema histórico puede también jugar a la contra de una producción por convertirse en sensible ante la opinión pública, o cargar en exceso sobre el debate social en curso, desmotivando así a las audiencias, que buscan en el encendido del televisor una oportunidad de relajación y entretenimiento. En situaciones de crisis social por ejemplo, las audiencias tienden a premiar los relatos escapistas, escasamente profundos o verificables en términos históricos. Pero esto no es una regla universal, pues también se da el caso del aprecio popular por series localizadas en un *lugar* -tiempo y espacio- y con fuerte carga histórica. Suele ser descartable el interés por la ficción histórica que aproxima el *pasado inmediato* al presente, pues lo muy reciente no se interpreta como auténtico pasado o carece en el imaginario colectivo del atractivo de tiempos más remotos.

Que una serie de referencias históricas guste o disguste al público televisivo suele ser un enigma hasta el momento en que arranca de firme en la parrilla de contenidos pues las series televisivas -tanto si son referidas a temas históricos como si no- alimentan el gusto de las sociedades e indagan en sus interrogantes. Las narraciones arrastran consigo los usos del pensamiento del presente, aún si el pasado es su principal materia prima. De este modo y por lo general, el interés de las series con respecto a sus consumidores es de doble dirección. En algún caso pueden dar noticia de la formación histórica de los espectadores, pero lo que más interesa a los historiadores son las razones por las que el producto gusta al público, ya que son las que sugieren datos sobre la historia del presente de una nación, por ejemplo. Los expertos en teoría de la comunicación estiman que el interés de ciertas series es que ponen el dedo en la llaga de las así llamadas *heridas abiertas* de la historia -especialmente si hablamos de hechos históricos más recientes- aunque los historiadores vean en ellas el uso del relato de la historia para atender a las cuestiones del presente.

Como fuere, ¿qué ven los historiadores en estas narraciones que aluden generalmente a la historia nacional de las audiencias que las consumen? En primer término, estas producciones mejoran sin duda el vínculo general de las poblaciones con la historia. En segundo, propician escenarios para la actualización del pensamiento crítico, pues permiten que el espectador se introduzca en los nudos de los conflictos y afronten los elementos de los cambios históricos. Esta es una práctica muy útil en cualquier aspecto de la vida cotidiana que puede ejercitarse con tan solo tomar partido dentro de una disputa en la ficción televisada. Las series fomentan además la empatía, ilustrando a propósito de aspectos asumidos como universales en la ética contemporánea. Las generaciones que se reconocen en los relatos, y sucede con frecuencia en aquellos que se ubican en episodios de la experiencia nacional, juzgan la construcción de los guiones en función del relato personal, en el que predomina la memoria. Pero, como ya se vió, nunca la memoria es trasmutable por la historia y viceversa, ya que esta es un relato que se pretende veraz, en tanto aquella se edifica de manera imprecisa con retazos de recuerdo y síntesis artificiosas que se confunden con la memoria o se identifican con la historia. Muchos de los espectadores de estas series televisivas, a veces llamadas *de época*, ejercitarán juicios a propósito de lo que ven: de si es *real* o no, si se parece a lo que vieron, vivieron o respecto a lo que al menos tuvieron referencia directa. En algunos casos los espectadores sentirán amortiguada la añoranza de un tiempo, de su juventud o niñez, y repetirán a sus parientes más jóvenes la semblanza de un tiempo pleno en usos y valores desaparecidos en el presente. Tampoco es infrecuente el rechazo, el gesto torcido ante lo que se entiende es mera referencia a un tiempo erradicado, cuya sola evocación hiere la condición de un presente nuevo, encaminado hacia un futuro que se espera mejor.

Por alguna razón que conecta seguramente con la confusa sensibilidad colectiva, las series televisivas ambientadas en la historia de España tienen por lo general un tono melodramático. La sonrisa que provocan en el espectador tiende a ser leve e instigada por el candor que emana de personajes perdedores o de situaciones tragicómicas. En España el melodrama es parte de muchos seriales en los que la historia es un trasfondo muy lejano, o de la historia formal que se toma la licencia de usar personajes ficticios para suavizar su presentación. De la tradición de las complejas narrativas victorianas, de entre las cuales siempre se cita a Dickens como autor fetiche parece haber quedado vigente tan solo la parte del relato en la que predomina el drama, siendo así que los aspectos marcadamente humorísticos -aun estando en los textos- parezcan impropios de una historia procesual al uso, esto es supuestamente *seria*. A mi juicio, este es un rasgo de las narraciones de historia muy poco atractivo, pese a que se comprenda dentro de la tradición de las historias nacionales, que apercibe a quien se toma la historia a la ligera. Afortunadamente, en las producciones televisivas contemporáneas españolas referidas a la historia, la tensión dramática central se afloja gracias a la introducción de situaciones y personajes de ficción que, no refiriéndose a sucesos y figuras históricas concretas, pueden recordarnos aspectos humanos o falibles de la condición pública y heroica de quienes protagonizan la historia en la primera línea.

Las ficciones televisivas han sido esenciales en ciertas comunidades en las que el acceso al conocimiento de la historia a través de la lectura era débil. Es cierto que las ficciones televisivas pueden distraer al espectador de los discursos más armados, pero cabe añadir a este respecto que algunos de los enfoques históricos habituales en los libros carecen de menos elementos de calidad que las producciones audiovisuales. En el caso televisivo, como en el escolar, se trata de relatos de iniciación que abren las puertas al interés por el conocimiento de un tema, creando imágenes e improntas a propósito de la historia narrada. A favor de la historia ficcionada que se puede ver en la televisión, conviene señalar que los medios y recursos utilizados hoy son mucho más versátiles que los utilizados por los propios historiadores desde los inicios de la ciencia histórica. Las enormes posibilidades técnicas del discurso audiovisual para dar al relato verosimilitud histórica han sido origen por otra parte de fórmulas magníficas, al estilo de los *docudramas, biopics,* etc, que agilizan el vínculo entre discurso y receptor de la historia. También es cierto – como contrapunto- que la naturalidad con que el espectador llega a la historia a través del medio televisivo y la ficción que le sirve de acceso, limita el esfuerzo de concentración que requiere introducirse en un relato histórico para quedarse en él. El espectador declina buena parte del ejercicio de abstracción que requiere tomar contacto con la historia, y olvida con rapidez aquello de lo que ha sido informado en la pantalla.

La verosimilitud histórica en el ayer ficcionado

Las ficciones televisivas ambientadas en una época de la historia de un país tienen, especialmente en la sobremesa, un público laboralmente no activo y femenino preferente. Pese a los rotundos cambios en relación a la incorporación de las mujeres al trabajo, su persistencia al frente de la vida doméstica es, aún en el siglo XXI, un elemento definitorio de la sociedad en España, máxime al hilo de los efectos de la crisis económica española (2007) sobre la actividad laboral de las mujeres. Existen matices especiales que sugieren el vínculo a lo largo del tiempo entre estas mujeres que miran -en ocasiones sin ver- los seriales de sobremesa y aquellas del pasado cuyas vidas -de manera ficcionada- se narran en algunos de ellos. A fin de poner en contacto el ayer historiado con el ayer ficcionado, mencionaré a continuación algunos aspectos generales de la formación educativa e ideológica de las mujeres españolas en las décadas centrales del siglo XX.

Del tiempo cotidiano en la historia de posguerra han tratado en la última década algunas de las series televisivas de mayor éxito en España. Las cadenas de televisión – públicas y privadas- han asumido su parte de carga en el relato histórico ficcionado, elaborando producciones por lo general muy bien acogidas por el público. Sin duda alguna, uno de los experimentos con más apoyo de la audiencia y periplo además internacional es la serie *Cuéntame cómo pasó*, cuyos episodios, fueron grabados y emitidos semanalmente de forma casi ininterrumpida durante la pasada década. En ellos se hace una muy cuidada trasposición a la España puntera, que a mediados de dos mil consigue un hueco en el G8, de aquella España del tardofranquismo años finales de los sesenta y comienzos de los setenta, y de los primeros de la Transición a la Democracia, una época turbia y gris de frágil memoria.

Esta serie, de factura impecable -los mayores de la casa no cesan de reconocer en ella su propio entorno familiar en el hábitat y en las peripecias de sus protagonistas- caló en los espectadores y en el imaginario colectivo español de una forma muy honda. Seguramente son pocos hoy en España los que al escuchar el apellido Alcántara no evocan automáticamente a la familia de la televisión. Los avatares de la mencionada familia durante todos esos años son de alguna manera las peripecias sociales, económicas, políticas, culturales, sentimentales de la mayor parte de los españoles que vivieron en ese tiempo y de quienes -y esto es lo más interesante- no habiendo nacido aún, ven por primera vez la historia reciente del país en la pantalla del televisor. Excelentes guiones y actores apoyan esta enorme empresa de producción, muy premiada por otra parte.

Como referente internacional en el tono (dado por la narración/memoria del niño de la casa: observador/protagonista del relato), de esta serie, se recuerda otra, muy brillante: *Aquellos Maravillosos Años* (*The Wonder Years*, 1988–1993), una evocación de tono amable a propósito de la privilegiada vida estadounidense desde fines de los sesenta a los setenta. La serie española es, a mi juicio, menos lineal o más barroca, pues en ella deslumbra sobre todo el tipismo cotidiano y local, y la destreza con que los actores se transmutan en personajes de procedencia geográfica nacional diversa. En esta obra hay interés por el tono del lenguaje – diferente del actual- de un reciente pasado. Los vocablos expresan una semántica particular y los personajes se mueven en el ambiente o en la escena dentro de los márgenes físicos y anímicos – limitadísimos- que propiciaba el franquismo. Algo muy sutil que la historia escrita sobre este periodo casi nunca toma en consideración a efectos de lo que es menester contar.

También en la última década las producciones de historia televisiva en España han venido insistiendo en el tardofranquismo y en la etapa de la transición a la democracia con telefilms de títulos contundentes como: *20-N. Los últimos días de Franco*, (2008, Antena 3), o *El día más difícil del Rey* (por TVE1) a propósito del golpe de estado, y *23F. Historia de una traición* (Antena 3) emitidas ambas en 2009, rememorando el golpe de estado militar y la toma del Congreso de los Diputados del 23 de febrero de 1981. Historia en este caso altamente ficcionada con referencias históricas más difusas fue *La Señora* (Antena 3, 2008–2009) que recala en los años veinte bajo la dictadura de Primo de Rivera en la España de Alfonso XIII, un tiempo de afanes industriales y modernizadores en una España sin embargo aún rural y a desmano del boyante contexto internacional.

Pero sin duda, ha sido la telenovela de la cadena TVE *Amar en tiempos revueltos*, producida por Diagonal TV y emitida por TVE 1 diariamente entre 2005 y 2011, una de las series más populares de los últimos años. Destinada a un público variopinto y de sobremesa, se caracteriza por la benevolencia del discurso y corrección en el tono sugerido, con respecto a una época sin embargo, la de la posguerra en Madrid, sórdida y brutal que las narraciones históricas escritas tratan por el contrario con la aspereza que requiere un tiempo que no es meramente *revuelto*, sino de sorda miseria, de humillación, crueldad, y sobre todo de un silencio que ampara la vergüenza. Con respecto a esta etapa, la literatura nacional e internacional ha dejado retratos secos y brillantes, de entre los que menciono solo dos títulos, diversos en su estilo y época de redacción: el clásico y bellísimo *Nada* (1944) de Carmen Laforet, y la peculiar trama de Juan Marsé: *Un día volveré* (1982), a su vez convertida en serie de televisión a comienzos de los años noventa (TVE). Ambos libros se ambientan en la Barcelona de los años cuarenta y cincuenta y son imagen de la estrechez material y moral de la España heredera de la Guerra Civil.

La producción de *Amar en tiempos revueltos* comenzó a emitirse el 26 de septiembre de 2005, situada estratégicamente en la franja de las cuatro de la tarde y de lunes a viernes y precediendo a otra del mismo género, *Amarte así Frijolito*. En su primera temporada obtuvo una media de 2.095 espectadores, esto es: 20.9% de cuota de pantalla. Y aunque en 2007 los productores de esta telenovela de la estimaban que la vida de la serie no se prolongaría más del 2009, la alta cuota de pantalla hizo posible su prolongación en el tiempo. *Amar en tiempos revueltos* comienza narrando la historia de dos jóvenes de diferente extracción social que, ligados por un vínculo a un barrio madrileño, irán evolucionando a lo largo del tiempo. Dramáticamente condicionadas sus vidas por la Guerra Civil y los primeros y duros años de la posguerra, ambos son el epítome del sacrificio, la lucha y la solidaridad, incluso si el sacrificio de su relación exige abandonar España, en la que la dictadura franquista les afecta igual que si hubieran sido parte del enfrentamiento de la guerra.

Aunque existe una continuidad narrativa con personajes y situaciones de unas temporadas a otras, se da también el elemento de la autonomía narrativa de cada una. La serie arranca con un prólogo que se inicia en las semanas anteriores a la sublevación militar. Luego, la primera temporada de la abarca el período comprendido entre la entrada de las tropas rebeldes en Madrid (marzo de 1939) y el fin de la Segunda Guerra Mundial (agosto de 1945). La segunda temporada de *Amar en tiempos revueltos* cubre desde el otoño de 1945 hasta la primavera de 1948, que fueron los primeros años de una de las épocas más duras de la historia de España en el siglo XX, al albur además del aislamiento internacional del país.

En la tercera temporada se arranca del verano de 1948, tras la reapertura de la frontera francesa, para llegar hasta la primavera de 1950, cuando, con el comienzo de la nueva década, acaba el bloqueo internacional al régimen franquista y la ONU deja sin efecto la resolución aconsejando la retirada de embajadores. En esta época, la economía española comienza a romper la autarquía, con un leve desarrollo de cuya mano llegan los conflictos sociales y laborales que la dictadura controla mediante una férrea censura. La cuarta temporada empieza a finales de 1950, con aires de cierta modernidad que alteran la vida tradicional de los personajes, las familias, o los negocios que se han ido presentando en las anteriores temporadas. Esta temporada abarcará hasta los últimos meses de 1953, período en el que se producen hechos tan significativos como la firma del acuerdo con los Estados Unidos, pero también del Concordato con la Santa Sede. La sexta temporada arranca en el otoño de 1954 coincidiendo con las elecciones municipales convocadas por un Régimen que se sabe cada día más fuerte, y concluye a finales de 1955, con el ingreso de España en las Naciones Unidas: el aislamiento ha terminado y el franquismo se dispone a perpetuarse.

En *Amar en tiempos revueltos*, la producción ha sido bien documentada bajo el asesoramiento de historiadores muy solventes, atendiendo a temas sensibles de la época: la estricta moral impuesta por el régimen, el corporativismo y las jerarquías sociales, también la falta de un discurso libre y crítico, el aislamiento (y pobreza) cultural y educativa del país, o la anticuada, en términos de contexto occidental, posición de las mujeres en la esfera pública (Chicharro 2011). La narración televisiva está desprovista de acritud, ya se ha dicho, enfatizando incluso la resignación del carácter de algunos de los personajes que doblegados, socialmente hablando, no manifiestan la natural antipatía por quienes les controlan y sí en cambio una cierta compasión por la *infelicidad* de los poderosos -empresarios y jerarcas del sistema- bajo cuyos designios e intereses económicos ellos van sorteando los obstáculos de la penuria cotidiana. El *buenismo* que transmite el discurso del serial tiene relación con el hecho de que el horario de la sobremesa, no siendo momento adecuado para proponer cavilaciones profundas o alicientes a la irritación empática del espectador con las desgracias del débil.

Un análisis minucioso de esta producción nos acerca a ciertas temáticas muy sensibles para la sociedad española de mediados del siglo pasado. Por ejemplo, la rigidez del matrimonio, la discriminación jurídica de las mujeres: la necesidad de licencia marital para que la mujer pudiera actuar en el ámbito jurídico, la regulación de la dote, la representación legal de la mujer por el marido o por el padre, la atribución sólo al marido de la patria potestad sobre los hijos menores de edad, el delito de adulterio y el amancebamiento, o el llamado deber de reproducción. Se abordan además cuestiones de tipo cultural, como el trato dado a la mujer soltera en su relación con los varones: mujer "no honesta" o de "moralidad dudosa", su condición de objeto publicitario, las diferencias por lo que hace al abandono del hogar del marido o la mujer y las responsabilidades en el hogar y la familia. Como fuere, lo cierto es que los temas sugeridos por la trama: las dificultades económicas y los amores asimétricos de los personajes, el empleo escaso, el servicio doméstico, la maternidad heroica de las no casadas y hasta la homosexualidad de un extranjero que apenas puede respirar en el país, atraen la atención del espectador.

Tal vez este tipo de espectador conociera la época de primera mano en el sentido de medir en él la autenticidad de sus propios recuerdos, y atraen el interés del espectador joven, que quizá sabe de aquello por referencias ajenas. Ambos confrontan, comparando, lo que se dice fue el ayer nacional con lo que se cree saber es el presente del país. Al tener en consideración a este segmento de televidentes que no vivió en la época narrada, la serie ha cuidado que la propuesta de temas de comportamiento social y moral clásicos estén sugeridos por las preguntas y las inquietudes del presente. La serie hace uso de una apariencia documental en la que se inserta el uso de imágenes-documento que buscan servir de certificación de la veracidad histórica. La producción echa mano de imágenes de archivo y de la voz en *off* del narrador, un personaje ausente que conecta muy bien con el espectador. Así, lo que, de entrada, no debería pasar del género de la narración de folletín, acaba tomando la forma de un documento que ofrece información sobre las realidades de la historia.

En realidad este enfoque es poco afín a la *verdad* de la práctica cotidiana pues las relaciones extramatrimoniales o entre homosexuales, la implicación de las mujeres en la vida pública o el activismo laboral, ciertamente se daban en aquella España de mediados del siglo XX pero se trataban de un modo muy oblicuo -a fin de sortear la censura- tanto en las conversaciones domésticas como en las públicas, esto es, en las narraciones literarias, teatrales, cinematográficas, radiofónicas. Lo cual no era óbice para que los españoles estuvieran familiarizados con la doble moral, con la existencia de parejas *arrejuntadas*, que no podían casarse porque la ley de divorcio de la República había sido derogada; con los hijos ilegítimos, los abandonados en las casas de huérfanos;

o con la llamada *mariconería* de los hombres *inmorales*, un comportamiento que conducía a sus protagonistas a las comisarías, donde se les molía a palos; y cómo no, familiarizados con las *putas*, o *mujeres de la calle*, cuyo oficio estaba estigmatizado aunque era tolerado en aquella España, y al que la opinión pública de la época solía adscribir sin miramientos a las mujeres solteras con ingresos.

Frente a la tradición del realismo y la comedia de tinte negro que raya en el esperpento habitual en el cine español de la posguerra -obras maestras mencionables-, la serie *Amar* abunda en la tolerancia y la comprensión de los débiles, pero también de los que fueron intolerantes con los débiles. En la serie no hay culpa en los personajes que incurren en la anormalidad social, tampoco en los promotores de las huelgas. Se les otorga en cambio la condición de víctimas y una buena dosis de bondad que les lleva a perdonar a quienes les fustigan a diario. La deshumanización de los personajes afines al régimen franquista se muestra en *Amar* como mera cerrazón de carácter o torpeza y se dibuja de un modo tan nítido que, presa del estereotipo, hasta los malos se arrepienten de sus actos, humanizándose al cabo.

En el relato, a lo largo de los capítulos, se evocan todas las situaciones posibles en familia y sociedad de las mujeres de aquellos años: el matrimonio como lugar central de la vida, el trabajo dentro de la pequeña empresa familiar, los estudios difíciles y solo aptos para un grupo privilegiado de chicas, la religión, la mudez de las mujeres ante al discurso masculino, y también la ambición desmedida o las ansias de independencia, por supuesto escarmentada por la mala suerte. Tanta preocupación por el devenir de las mujeres no obedece a ningún rasgo de la sociedad de la época sin embargo, y refleja en cambio la importancia del tema en el presente. Las mujeres de la serie son amigas y enemigas entre sí, se muestran solidarias y celosas, propensas al radicalismo religioso o al libertinaje, pero sobre todo a la contención responsable en su comportamiento y a la sensatez de sus juicios. Se trata de personas buenas, cada una a su manera, mejores y más fuertes en general que los hombres que, amándolas, juzgándolas, o castigándolas con sus juicios y acciones, las acompañan en la vida.

La fuerza de la nostalgia que avala esta producción camufla el engaño pues, siendo cierto que las mujeres de esta serie son ejemplos atemporales de tenacidad y resistencia ante la adversidad, lo cual las acerca al espectador, no lo es menos que ya el franquismo propuso estas mismas cualidades en la educación doméstica de las españolas. Al aproximar sus avatares y logros a los de las mujeres del presente se sugiere una empatía que sólo es posible porque un sector muy extenso de las mujeres españolas del siglo XXI sigue atendiendo a ciertos estigmas socio familiares que les instan a ser eficientes en la atención a la familia, lugar en el que comienza y termina buena parte de su experiencia social. Así, el tono sentimental del formato de *Amar* contribuye a un discurso conformista, ajeno a la contestación o la rebeldía. La historia *sentimentalizada* es una historia que se *feminiza* en su apoyo a los tópicos tradicionales.

Como un logro indudable de esta producción de ficción que tiene un fuerte referente histórico, menciono los múltiples personajes que encarnan supuestamente algunos tipos -hombres y mujeres- muy concretos de los españoles de la época. Estos caracteres entran y salen de las temporadas vinculados entre sí por tramas generalmente de índole personal. Ciertos personajes de rango público se van haciendo hueco también en las historias de las últimas temporadas. Hay policías, autoridades militares, jerarcas del Movimiento Nacional, periodistas (del semanario *Sucesos*, trasunto del periódico de sucesos real, *El Caso*). La producción es cercana a una realidad de la que la España actual es muy poco consciente: la homogeneidad cultural e incluso étnica de los españoles durante buena parte del siglo XX.

Los personajes *discordantes* son escasos y se integran en la narración muy artificiosamente, pues lo habitual en la España de aquel tiempo era gente muy parecida entre sí (blancos y católicos), con independencia de su condición económica. La diversidad en la España de la posguerra estaba limitada prácticamente a la condición de los extranjeros, pues ni siquiera podía uno toparse en el régimen con sujetos *disidentes*: muertos o exiliados. De este modo, en la serie, los filo republicanos en sus más variadas categorías, ocupan en la narración -que no se pretende *política*- el lugar gris y escurridizo que les dio el sistema en su momento, entre otras razones porque -al igual que en la vida real- la política era inexistente incluso en las charlas cotidianas. Las referencias al mito republicano se van dejando caer muy de tanto en tanto en las conversaciones de tono resignado o nostálgico, a media voz, en la portería o en el bar.

Epílogo: El *Presentismo* en la historia de relato ficcionado

La ciudadanía y los televidentes buscan en la pantalla, además de entretenimiento y amenidad, las huellas de su memoria (la suya propia o la heredada) y la verificación, mediante algún tipo de discurso formal, de estas fuentes de narración voluble o informal. El debate sobre la historia reciente de España, la de las décadas centrales siglo XX en especial, ha entrado en los hogares en los últimos diez años a la hora de la sobremesa o en el prime time nocturno, que en España corresponde a un tramo horario inusual, a partir de las 9 horas. Como fenómeno paralelo, pasados los años de tensa inquietud por establecer el discurso de los hechos políticos, se aprecia un incremento en el interés popular por la historia cotidiana y sentimental del país. No es ajena a este interés la baja estima que los españoles, como tantos europeos hoy, tienen por la actividad política, en plena crisis del modelo europeo.

De modo que, tras años de debates mediáticos a propósito de temas históricos *hard*, véanse los relativos a los aspectos políticos e la Guerra Civil y del Franquismo, en los comienzos de la democracia, la tendencia es la de mirar el pasado en una clave más *soft*. Así, la confluencia de guiones certeros y del interés generacional por abundar en aspectos de la historia menos irritantes y que conciten la atención y cierto diálogo inter generacional confluyen en la producción de tramas de tinte histórico en las que el espectador encuentra fácilmente un espacio cómodo para reencontrarse o tomar un primer contacto con el pasado nacional.

La cuestión central, a mi juicio, desde una perspectiva de la escritura de la historia, habría de ser la de llamar la atención en cómo estas producciones televisivas contribuyen a fijar un imaginario renovado, una ficción comunitaria de tinte verosímil a propósito de una historia cada vez más remota y ajena a las generaciones vigentes. Pero este asunto es tangencial en los debates propuestos por los historiadores españoles pues se considera aún prioridad las cuestiones político-sociales (también la cultura como experiencia pública y gubernamental) de la historia española del siglo XX. El impacto en la formación de las mentalidades colectivas del presente que tienen las series televisivas de éxito como *Amar en tiempos revueltos* o más recientes como *El tiempo entre costuras* (2013) constituye para los historiadores un horizonte menor en su trabajo investigador o meramente reflexivo.

Sin embargo es un error no fijar la atención en estas cuestiones aparentemente insignificantes, ya que son las series televisivas que toman como referencia la España de las décadas centrales del siglo XX las que los españoles menores de cuarenta años toman como fuente de conocimiento a propósito de las circunstancias que han limitado en España el libre acceso y uso de los derechos y libertades fundamentales durante buena parte del siglo XX. Los jóvenes ven también que el país de sus mayores estuvo dominado por un conjunto de hábitos cotidianos tales como la obediencia ciega a la autoridad, a la jerarquía irracional, o el miedo atávico al *qué dirán*, a ser socialmente *señalado*, cuando no al peligro constante de denuncia a las autoridades por parte de algún vecino o familiar.

Este tipo de hábitos del pasado referidos en los seriales son importantes, pues afectaron a la población cuya historia en cambio se aleja de asuntos tales como el relevo de autoridades en un ministerio o la implantación en un país de una legislación lesiva. Los hábitos y las circunstancias que los propician son más *historia* si cabe que la circunstancial, ya que la madeja de las relaciones y de los hábitos sociales atrapa a todos los miembros del grupo y define su suerte inmediata. La forma de la historia cotidiana y sentimental carece ciertamente de un perfil claro, si bien en los relatos de ficción a propósito de las dichas y las desdichas de la gente anónima que vivió en un pasado cercano también hay implícitas tensiones a propósito de la nación y del estado.

Sin embargo, los historiadores tienen su parte de razón al acusar a estas producciones del vicio del *presentismo*. Y no hace falta mucha perspicacia para darse cuenta de la perspectiva *Whig* que por lo general abunda en el relato histórico de ficción en televisión. *La interpretación Whig de la historia* fue, con este título, publicada en 1931 por el historiador británico Herbert Butterfield, que criticaba el uso presentista de la historia que hacían los historiadores en su época (Orsi 2013). Al uso presentista de las ficciones a propósito de la historia reciente de un país en general, cabría añadir, ahora para el caso español, la intención aleccionadora e instructiva de los discursos televisivos que tienden inevitablemente, pese a la moderación de la retórica discursiva que usan, a la moralización. Es posible que en estas narraciones de historia ficcionada no se haga otra cosa que incidir en lo ya aprendido por la España de la Democracia (1975 hasta hoy), véanse las indudables bondades del diálogo y de la solidaridad en la sociedad, el valor de la diversidad y del uso crítico del legado histórico en todas sus dimensiones. Ello en contraposición a la estúpida maldad de la tiranía presente en autoritarismos y dictaduras.

Los valores éticos de la democracia han sido objeto de aprendizaje en la escuela pública española desde los años ochenta hasta el presente, razón por la cual, y de estar bien hecho el trabajo de los maestros, los españoles jóvenes cercanos a la madurez habrían de estar familiarizados con ellos. De este modo, puede resultar desconcertante, o síntoma de la supuesta inmadurez cívica de los espectadores, el patente *conservadurismo* discursivo de estas producciones televisivas, en las que se explicitan dos tipos de personas: las que aman la concordia y el progreso en igualdad de oportunidades, y las que aspiran al inmovilismo e intentan imponerlo mediante las técnicas autoritarias de toda la vida. Al aludir al conservadurismo que, a mi juicio, observan este tipo de producciones recientes, no puedo sino mencionar el tinte paternalista que rezuman algunas de estas ficciones de referencias históricas -como *Amar*-, temerosas quizá las televisiones (pública y privada) aún en España, de propiciar en las audiencias miradas críticas hacia su pasado, no como eternas menores de edad sino como personas adultas atentas sobre todo al presente en curso.

Bibliografía

Avelar, Idelver. 2000. *Alegorías de la derrota: la ficción postdictatorial y el trabajo del duelo*. Santiago de Chile: Cuarto Propio.

Campos Pérez, Marcy. 2015. "Construcciones visuales y memorias de la dictadura de Pinochet a través de películas y reportajes extranjeros (1973-2013)", *Amnis* 14. http://amnis.revues.org/2645; DOI: 10.4000/amnis.2645.

Carreras, Juán José y Forcadell, Carlos. 2003. *Usos públicos de la historia*. Madrid: Marcial Pons, Universidad de Zaragoza.

Castelló, E. 2009. "The Nation as Political Stage: A Theoretical Approach to Television Fiction and National Identity", *International Communication Gazette* 71: 303-322.

Chicharro, Merallo, 2011. "Aprendiendo de la ficcion televisiva. La recepción y los efectos socializadores de «Amar en tiempos revueltos»", *Comunicar*, xviii, 36. http://dx.doi.org/10.3916/C36-2011-03-10.

Compte-Sponville, A. 2001. *¿Qué es el tiempo? Reflexiones sobre el presente, el pasado y el futuro*. Barcelona: Andrés Bello.

Huguet, Montserrat. 2002. "La memoria visual de la historia reciente", en *La mirada que habla: cine e ideología*, ed. Gloria Camarero. 8-22. Madrid: Akal.

Huguet, Montserrat. 2007. "La memoria tolerada" en *Congreso Internacional: Historia y Memoria*. Granada: Universidad de Granada.

Kramer, L.S. 1989. "Literature, Criticism, and Historical Imagination: The Literary Challenge of Hayden White and Dominick La Capra" en L. Hunt, *The New Cultural History*, coord, L. Hunt. London: University of California Press.

Mújica, Constanza. 2013. "Ficción televisiva: Ficción y memoria chilena", en *Panorama del Audiovisual Chileno*, 7. Santiago de Chile: Dirección de Artes y Cultura de la Pontificia Universidad Católica de Chile.

Orsi, Rocío. 2013. *Butterfield y la razón histórica. La interpretación Whig de la historia*. Madrid: Plaza y Valdés.

Ricoeur, Paul. 1996. *Tiempo y Narración*. III. *El tiempo narrado*. Madrid: Siglo XXI.

Ricoeur, Paul. 1999. *Historia y narratividad*. Barcelona: Paidós.

Rodríguez Cadena, Mª Ángeles. 2004. "Contemporary Hi (stories) of Mexico: Fictional Re-Creation of Collective Past on Television", *Film and History* 34. 1: 49-55.

Sánchez Marcos, Fernando. 2012. *Las huellas del futuro: historiografía y cultura histórica en el siglo XX*. Barcelona: Universitat de Barcelona.

Veyne, Paul. 1984. *Como se escribe la historia. Foucault revoluciona la historia*. Madrid: Alianza Universidad.

White, Hayden. 2003. *El texto histórico como artefacto literario*. Barcelona: Paidós I.C.E. de la Universidad Autónoma de Barcelona.

CAPÍTULO 2

Narrativización histórica y memoria colectiva en la ficción televisiva argentina

Gabriela Jonas Aharoni

Este ensayo se basa en el análisis de dos textos televisivos emitidos en la televisión argentina: la telenovela *Padre Coraje* (2004), y el telefilm *Belgrano, la película* (2010). Ambos producidos durante los gobiernos kirchneristas, no sólo re-escriben capítulos de la historia argentina sino que contribuyen a re-considerar temas relacionados con la memoria colectiva de la audiencia local. Tanto *Padre Coraje* como *Belgrano* forman parte de la historia oficial construida por instituciones que utilizan el pasado y lo transforman en relatos que tienden a hegemonizar las versiones de ese pasado histórico. Ambos textos presentan una narrativización histórica que se alinea con los posicionamientos del gobierno kirchnerista.

La relación entre historia y medios es sumamente compleja ya que los medios de comunicación no sólo ofrecen y proyectan diferentes visiones históricas sino que también transmiten y reportan acontecimientos que influyen en la percepción popular y en el recuerdo histórico mismo. Tal como lo afirma Edgerton (2001, 1–5) la televisión se ha constituido en la actualidad en la principal fuente de significaciones históricas a nivel cuantitativo y cualitativo al difundir modos narrativos y estilísticos que suscitan un efecto de verosimilitud. Desde sus comienzos, pero en especial a partir de la década del sesenta, la televisión se erigió como una suerte de catalizador de una serie de visiones y enfoques dominantes sobre el pasado. La pantalla chica cobró relevancia social al definir una historia popular televisiva, tanto en el plano de las modalidades documentales como en la ficción (Chicarro Merayo y Rueda Laffond 2008, 62).

Esta historia popular televisiva, compuesta por textos históricos ficcionales y documentales, ofrece representaciones de un pasado mediatizado, reformulado y transformado por la industria misma (Erin Bell y Ann 2007, 115)[1]. De este modo, hoy los relatos históricos televisivos se han transformado en centros de

---

[1] Es interesante señalar el lugar y la función de la televisión como fuente de recuerdos y por ende como articuladora de memorias individuales y colectivas, al tiempo que es considerada como metáfora del olvido mismo, ya que se trata de un medio que privilegia lo inmediato y el acontecimiento. Huyssen señala el creciente rol de la televisión en la constitución de memorias culturales contemporáneas (Huyssen 2003, 18; Holdsworth 2011, 2).

producción de memoria. Estos relatos apelan a la memoria histórica del espectador aguardando su confirmación y validación, al tiempo que ofrecen interpretaciones libres de los hechos históricos a tono con las exigencias del lenguaje y de la industria televisiva (Kaes 2006, 311).

Este artículo se basa en el análisis de dos textos audiovisuales producidos por la televisión argentina: la telenovela *Padre Coraje* (2004), y el telefilm *Belgrano, la película*, (2010). Ambos producidos durante los gobiernos kirchneristas[2], no sólo re escriben capítulos de la historia argentina sino que contribuyen a reconsiderar temas relacionados con la memoria colectiva de la audiencia local. Tanto *Padre Coraje* como *Belgrano* forman parte de la historia oficial construida por instituciones que utilizan el pasado y lo transforman en relatos que tienden a hegemonizar las versiones de ese pasado ya histórico. La telenovela *Padre Coraje* se centra en la historia de Coraje, un bandido rural que adopta la identidad de un cura. Clara, la protagonista femenina, se enamora del sacerdote y no del hombre. El texto televisivo recupera, de este modo, la transgresión del celibato. *Belgrano* se centra en los últimos diez años de la vida de Belgrano, subrayando la manera en la que el prócer priorizó su misión política por sobre su vida personal. En palabras de Rueda Laffon, y otros (2009) estos contenidos históricos representaron y representan formas de identidad sociopolítica o de reconocimiento de instancias de poder. Este ensayo aborda el modo en que la historia televisada legitima un universo simbólico de valores, coherente con un sistema político o una cultura social. Los textos en cuestión difunden versiones del pasado que testimonian los discursos del presente en que son construidos. *Padre Coraje* ofrece una lectura actualizada de ciertos hechos del pasado relevantes para la audiencia actual en el interminable proceso de reproducción y re-construcción de la memoria histórica como, por ejemplo, el conflicto que enfrentó al gobierno de Néstor Kirchner con la Iglesia local[3].

Belgrano, producida como parte de los festejos del Bicentenario de la Independencia argentina en 2010, retrata los últimos diez años de vida del

---

2   Néstor Kirchner asumió la Presidencia el 25 de mayo de 2003. Siendo presidente aplicó políticas de orientación progresista en el terreno económico y en particular en el terreno político y social. En el año 2007 hizo entrega del mando a su esposa Cristina Fernández de Kirchner quien, en el 2011, fue reelegida como presidenta de la Nación (Novaro 2006, 303).

3   Entre los temas que tensionaron las relaciones de las autoridades eclesiásticas y el gobierno caben destacar: el conflicto público sobre políticas sociales desatado tras la decisión de los obispos de impedir la distribución de anticonceptivos gratuitos en planes sociales; el silencio episcopal tras el decreto del presidente Kirchner quien crea el 24 de marzo del 2004 el Museo de la Memoria. El momento más conflictivo fue en marzo del 2005 cuando el presidente decidió echar del cargo al obispo castrense Antonio Basseotto luego de que éste sugiriera que el ministro de Salud, Ginés González García, merecería ser "arrojado al mar con una piedra al cuello" (Mallimaci 2005, 57–76).

creador de la Bandera Argentina. El telefilme desarrolla, tal como lo afirma Aprea (2012, 10), versiones recortadas del pasado, que narran y discuten la construcción de grandes identidades colectivas. Las actividades conmemorativas, como lo fue el caso del Bicentenario, tienen un carácter social y político, e involucran la coordinación de memorias individuales y grupales. En tiempos en los que se observa una suerte de privatización de la memoria y un reforzamiento de las identidades plurales/individuales, los días feriados y monumentos antiguos han perdido mucho de su poder para conmemorar y forzar una única visión del pasado (Gillis 1994, 15–16). Gillis sostiene que éstos se erigen como tiempos y lugares donde grupos con muy diferentes memorias sobre los mismos eventos pueden comunicar, apreciar y negociar sus respectivas diferencias. Sin embargo, mi argumento es que ambos textos ofrecen una narrativización histórica y una noción de memoria que se alinea con los posicionamientos del gobierno kirchnerista. En el caso de *Padre Coraje*, la trama presenta una versión edulcorada e idealizada de ese período histórico, y remite en forma directa a los esfuerzos invertidos por el gobierno kirchnerista para consolidar su identidad económica, política y social recurriendo a una retórica de neto corte peronista. Belgrano, no solo humaniza al personaje histórico y permite que el espectador se identifique con el 'hombre', sino que reconstruye y resignifica acontecimientos y protagonistas de una 'nueva' historia nacional que se inscriben en la retórica del discurso kirchnertista.

Como metodología propongo un análisis de contenido de los dos textos elegidos que tendrá en cuenta las siguientes categorías o parámetros: la representación del tiempo histórico, la formalización de conflictos históricos a través de los diferentes personajes, la esquematización de relaciones sociales y de género. Con este fin se identificarán elementos temáticos, escenarios, y personajes con el objetivo de detectar el modo en que los textos analizados reflejan y se refieren en forma velada o explícita al contexto histórico y social en el que fueron elaborados, desentrañando así una suerte de diálogo entre el tiempo pasado y el tiempo presente (Chicarro Merayo y Rueda Laffond 2008, 60; Zand 2002).

Cine, historia, y telenovelas de época

La relación entre producciones audiovisuales e historia fue investigada en profundidad por Ferro (1986, 29–31), quien argumentó que el cine puede ser analizado como fuente y agente de la Historia y como recurso didáctico para la enseñanza de esta disciplina. Es fuente auxiliar en la medida que se considera que a través de la lectura histórica de un filme -ya se trate de documentales, noticiarios, o películas de ficción- puede realizarse un contra-análisis de la sociedad que lo produce. Sorlin (1980, 19–22), por su parte, argumenta que las películas son un testimonio y a la vez testigos de la historia y, de ahí, su importancia como fuentes auxiliares para la investigación histórica. Cabe destacar la postura de Rosenstone (1995, 78–79) quien considera a las películas históricas como otra forma de representar, interpretar y pensar la historia. El cine, a través del sonido, la imagen y el montaje ofrece diferentes versiones de los hechos y puede generar reflexiones diversas sobre los mismos.

La industria latinoamericana desarrolló a lo largo de su rica historia diversos sub-géneros encuadrados dentro del género telenovela. El desarrollo y la mixtura de las telenovelas con géneros televisivos y cinematográficos surgió ante la necesidad de la industria vernácula de conquistar nuevas audiencias y mercados, y como una fase más del desarrollo del género. Esta tendencia se inició en la industria latinoamericana, y en la argentina, en particular, a fines de la década de 1980. Con el fin de conquistar nuevos mercados, el europeo entre otros, productores locales se asociaron con productores extranjeros quienes comenzaron a invertir en la industria de la telenovela argentina. Con el tiempo, durante los años 1990 y los 2000, los productores locales desarrollaron telenovelas e introdujeron elementos y características propias de géneros como la novela policial, la novela de suspenso y la comedia, entre otros[4]. Cabe aclarar que un importante número de telenovelas, producidas a fines de los noventa y en los dos mil, fueron denominadas "tiras". Este término comodín se refiere a una instancia industrial, de producción y de frecuencia de emisión equiparable al de la serie, que borra las pertenencias de géneros transformando a las telenovelas en un producto híbrido con una textualidad lábil y de menor anclaje genérico (Mazziotti 2006, 28–29). A continuación, ofrezco un breve repaso de las variantes en la producción de telenovelas latinoamericanas.

Las telenovelas históricas constituyen una suerte de sub-género desarrollado por la industria latinoamericana. Producidas como drama televisivo seriado, las telenovelas históricas cuentan una historia dirigida a un público masivo, con los elementos fundamentales de una narrativa de ficción. Por lo general, las tramas dramatizan un período específico y representan épocas en las que se han producido y producen importantes cambios sociopolíticos de la historia nacional. Estos textos combinan personajes, eventos históricos y ficticios en tramas que retratan y reconstruyen usos y costumbres de la época, guerras, conspiraciones, hechos heroicos y hazañas de héroes nacionales. Rodríguez considera a estas telenovelas -las producidas por la televisión mexicana en particular- como "murales históricos animados que reconstruyen y representan

---

4   Acerca de las etapas del género telenovela: Steimberg (1997, 17–29).

una versión popular y simplificada de la historia de México con rasgos didácticos y de esparcimiento" (Rodríguez Cadena 2004, 49).

La televisión brasilera produjo a fines de los años 1990 la telenovela *Terra Nostra* (1999–2000). Ambientada a fines del siglo XIX, la telenovela contó la historia y avatares de los inmigrantes italianos, quienes arribaron a Brasil para trabajar en las haciendas de los barones del café brasileros. La telenovela se refirió en forma explícita a diversos sucesos históricos y políticos de la historia brasilera, aportando a la audiencia una visión de los hechos que simplificó la comprensión de sucesos políticos complejos. De este modo, la telenovela cumple un rol fundamental ya que brinda a la audiencia herramientas que le permiten comprender dilemas y perspectivas de las políticas democráticas en Brasil (Porto 2005).

La industria argentina optó por una variante de este sub-género con la intención de captar mercados externos al producir telenovelas "de época" en las cuales los relatos se ambientan en el pasado y lo tematizan. "Estas telenovelas se distinguen por tres rasgos: el anacronismo, el desdibujamiento de los conflictos que signaron las épocas elegidas, y la invención del pasado, además de un tratamiento no verosímil de las etapas históricas abordadas" (Mazziotti 1996, 143). Para Mujica (2007), quien analiza telenovelas de época chilenas, éstas escenifican la doxa, el sentido común. Constituyen "un espacio paradójico porque, aunque su carácter depende de retratar el pasado, el tiempo que escenifica es indeterminado, fluido". La investigadora postula que la telenovela de época pone en escena la memoria nacional a través de dos matrices: la metáfora, que representa al pasado como el llegar a ser del presente, y la metonimia, que encarna traumáticamente los momentos conflictivos de la historia que no han podido ser incorporados narrativamente en el discurso popular.

Entre 1990 y 1994 el productor argentino Omar Romay produjo cuatro telenovelas de época, tres de ellas en coproducción con el magnate televisivo Silvio Berlusconi (*La extraña dama, Cosecharás tu siembra, Más allá del horizonte* y *Con alma de tango*), generando la internacionalización del género. La experiencia finalizó abruptamente a fines de 1994 a causa del efecto Tequila, la crisis financiera que se desató en México y que generó la devaluación de la moneda del mencionado país. La crisis mexicana afectó de sobremanera el desarrollo de la industria de las telenovelas argentinas, ya que redujo las inversiones extranjeras y las coproducciones.

Desde el mes de marzo y hasta diciembre del 2004 Canal 13 emitió la telenovela *Padre Coraje*, coproducida por la productora independiente Pol-ka[5] y

---

5 Pol-ka es una de las grandes productoras de televisión independiente que surgieron a fines de la década del '90. Sus telenovelas se destacan por su costumbrismo y por la creciente hibridización

el empresario argentino-israelí Yair Dori, en la franja horaria de las diez de la noche[6]. La trama transcurrió en la Argentina de los años 50, en un pueblo imaginario de la provincia de Buenos Aires. La misma contó la historia de tres jóvenes bandidos rurales, quienes robaban a los ricos para ayudar a los pobres[7]. Los tres amigos llegan a un pueblo llamado La Cruz, para limpiar el nombre de Coraje, el cabecilla del grupo, quien es acusado por un crimen que no cometió.

La telenovela se emitió durante el segundo año de la presidencia de Néstor Kirchner. Si bien *Padre Coraje* no se refirió de manera explícita a la realidad socio-política argentina de ese momento, se observa una suerte de homología entre los dos momentos históricos: los tempranos años cincuenta, años de oro del peronismo, y la primera etapa del gobierno kirchnerista quien empleó una discurso que retomó, en parte, la retórica de Juan Domingo Perón. Kirchner profundizó la presencia de símbolos nacionales y populares, y las coordenadas simbólicas que orientaron al presidente se inscribieron en la constelación nacional-popular procedente de la historia del peronismo mismo (Muñoz y Retamozo 2008).

Es así como Kirchner combinó con maestría varios estilos políticos y cosmovisiones: el populismo, el nacional ortodoxo, y el que asume las tareas de desarrollo en un contexto de economía abierta. El populismo se observó con la adopción de rasgos del peronismo más clásico o la satisfacción de las necesidades más inmediatas de las clases populares. El nacionalismo ortodoxo es expresado por las negociaciones del presidente ante los organismos internacionales, tomando el riesgo de romper con ellos (Gerchunoff y Aguirre 2004, 1–2). El kirchnerismo se instaló en un espacio de crítica al neoliberalismo, cosmovisión que coincidió con la emergencia de un nuevo polo latinoamericano, visible en los gobiernos de centro izquierda como el de Lula Da Silva en Brasil, Hugo Chávez en Venezuela, entre otros (Svampa 2007, 42).

Padre Coraje, cuyo contexto temporal se ubica durante el segundo gobierno de Juan Domingo Perón (1952–1955), emplea la intertextualidad como una

---

de las tramas, que combinan elementos de la telenovela clásica con características del género telecomedia, entre otros.

6 En esta franja horaria la televisión argentina emite en particular telenovelas de alta calidad, dirigidas a un público heterogéneo. Muchos de estos títulos se caracterizan por las escenas de alto voltaje erótico y el tratamiento de temas 'serios y complejos', siempre en el marco del formato 'telenovela'.

7 Este fenómeno fue analizado por el historiador Eric Hobsbawm (2001) quien destaca la universalidad del mito de Robin Hood. La injusticia empuja fuera de la ley a estos bandoleros sociales.

herramienta que re-construye segmentos de la memoria histórica[8]. La relación intertextual se genera a partir del tema central de la telenovela: la relación prohibida entre un cura y una señorita de sociedad, tal como fue representada en el film *Camila* (1984) de María Luisa Bemberg. La telenovela cuestiona un tema tabú como el celibato en el sacerdocio, y se refiere en forma velada a la conflictiva relación que mantuvo el gobierno de Perón con la Iglesia Católica[9]. Las relaciones entre Perón y la Iglesia comenzaron a tensionarse a partir de 1950, y el enfrentamiento alcanzó su punto de ebullición en 1954. Si bien el conflicto se instaló en el campo de la religiosidad principalmente, entre 1954-1955 se agudizó la competencia, entre el gobierno y la Iglesia, también por el control de los mecanismos de reproducción social (Bianchi 1994).

A pesar de que Coraje no es más que un bandido rural que adopta la identidad de un cura, Clara, la protagonista femenina, se enamora del sacerdote y no del hombre[10]. De este modo, la telenovela cita y recupera el conflicto central presentado en la película de Bemberg: la transgresión del celibato, pecado que debe ser castigado y condenado por la Iglesia y por la sociedad. Aún más, al ser Coraje un Robin Hood local que con su banda roba a los ricos para ayudar a los pobres, el texto critica a la Iglesia como institución alejada y desvinculada de las verdaderas necesidades de la población, una de las claves que marcó el conflicto establecido entre el gobierno de Perón con esta entidad.

El compromiso de Coraje para con los más necesitados lo enfrenta, en su papel de cura, a la oligarquía local y a la dirigencia de la Iglesia. La intertextualidad toma la forma de apropiación creativa o inclusión, dispositivo estilístico en el que un texto se apropia e integra fragmentos de otro texto (Brian y Cameron 2000). Este recurso, cuya práctica es popular en la industria del cine y de la televisión, funciona en ciertos casos como una suerte de celebración u homenaje de una obra o texto anterior reconocido por la audiencia y la crítica especializada. En el caso de *Padre Coraje*, la apropiación creativa, que se manifiesta en la estética del film y en una serie de escenas que serán analizadas a continuación, no sólo operan como homenaje o celebración de la película *Camila,* sino que actúan como nexo que une las dos creaciones, retomando y re

---

[8] Relación que no es casual ya que en el 2004 se cumplieron treinta años de la muerte de Perón, aniversario recordado por el gobierno de Kirchner en un acto celebrado en el teatro Ateneo. En dicho acto el actor Víctor Laplace personificó a Perón tal como lo realizó en la película Eva Perón (Juan Carlos Desanzo 1996) y en la telenovela Padre Coraje.

[9] El celibato no constituye un dogma de fe sino una medida disciplinar.

[10] El celibato, conflicto central de la telenovela, también es explicitado en el tema musical "Y que...", que abre la tira, cuya letra se refiere a una pasión prohibida.

debatiendo el tema del celibato en el seno de la Iglesia Católica y de la sociedad argentina[11].

El primer capítulo de *Padre Coraje*, y especialmente en la escena en la que el padre Coraje celebra su primera misa ante los pobladores de La Cruz, no sólo recrea motivos presentes en la película *Camila*, sino que nos introduce a la personalidad de los protagonistas masculinos e instala en la trama el conflicto central: la historia de un amor prohibido[12]. El cura (padre Juan/Coraje) permite que las prostitutas del pueblo compartan la misa con el resto de los habitantes, decisión que genera estupor y resquemor en los presentes, entre quienes se encuentran miembros de la dirigencia y de la elite local[13]. La escena de la telenovela finaliza con el acto de tomar la comunión de los fieles entre los cuales se encuentra Clara, la protagonista. Este motivo rememora la escena de la película *Camila* en la que el protagonista, el sacerdote jesuita Ladislao Gutiérrez, atormentado por sus sentimientos de culpa, se niega a darle a Camila el sacramento de la comunión.

La actitud y la decisión de desafiar a las autoridades en busca de la verdad y la justicia, también están presentes en el sermón del padre Ladislao, quien condena abiertamente los hechos de violencia cometidos por el gobierno de Juan Manuel de Rosas (1829-1852), tras el asesinato del librero que le proporcionaba lo que se consideraban libros prohibidos a Camila. El régimen rosista se convirtió en símbolo de opresión y represión en la memoria histórica argentina. La diatriba del cura no es pasada por alto por las autoridades eclesiásticas y Ladislao es reprendido ante tal acto. De igual manera, el confesionario, y el acto de confesión son elegidos en la telenovela -citando al texto fílmico- como el lugar donde los enamorados se sinceran y 'confiesan' su amor. La recordada escena de *Camila*, se caracteriza por un constante juego de luces y sombras que enmarcan el rostro de la protagonista, sus expresivos ojos y su boca.

Usando la tercera persona, Camila le confiesa a Ladislao su amor por él. El uso de ángulos oblicuos y el reflejo de la red labrada como ventanilla del confesionario en el rostro de Ladislao transmiten al espectador la complejidad

---

11   Durante el año 2004 el celibato se instaló como tema de discusión en los medios periodísticos locales y en la opinión pública en general, tras la publicación de las memorias del sacerdote cordobés José Mariani, quien se refirió sin tapujos a la violación del celibato y a la homosexualidad en la Iglesia Católica.

12   La escena de la primera misa celebrada por Coraje en la piel del Padre Juan, funciona como exposición y presentación de los diferentes personajes que jugarán papeles relevantes en la historia.

13   El padre justifica su decisión citando al Evangelio según San Juan (Juan 8-4) y la célebre frase de Jesús: "Quién esté libre de pecado que lance la primera piedra".

de sus sentimientos y la lucha que se debate en su interior. El mismo lenguaje y estilo cinematográfico son retomados por *Padre Coraje*, en la escena en que Clara y el sacerdote se confiesan su amor. En este caso también se destacan los juegos entre luces y sombras en los rostros de Clara y de Padre Coraje. La luz ilumina la mitad de sus rostros en los que se refleja la sombra de la red del confesionario. La sombra y la luz simbolizan no sólo el conflicto interno de los personajes, sino también al celibato que, como ley inflexible e inviolable, no acepta matices.

En ese juego de identidades cambiadas, el texto -como una caja de resonancia- reproduce la voz del sacerdote quien le dice a su amada: "Cuando estoy con vos, Clara, yo soy un hombre común". Esta afirmación dialógica por excelencia, nos permite escuchar la voz del hombre (Coraje) y al mismo tiempo la voz del sacerdote y de los sacerdotes "quienes en definitiva son hombres comunes", a pesar del celibato que, como ley, prohíbe esta posibilidad[14]. El dialogismo de la frase remite a las voces, por lo general censuradas y reprimidas, de muchos religiosos quienes se ven obligados a callar y a vivir en la mentira o a abandonar la iglesia para "vivir como hombres comunes". La afirmación del protagonista refuerza el carácter intertextual del texto que parafrasea, en forma crítica, las complejas relaciones que mantuvo el gobierno de Kirchner, "quien del alineamiento automático de los gobiernos de Menem-De la Rúa (1989–2001) con la institución Iglesia, pasa a una toma de distancia y a una política propia respecto a las relaciones con el poder episcopal"[15].

En *Padre Coraje* los hechos históricos son recreados en forma puntual a través de diversos personajes reales que se integran en la trama como el caso del boxeador Gatica, Evita y Juan Perón. Estas figuras históricas refuerzan la relación intertextual entre el universo ficcional y la misma historia, que se torna explícita. La telenovela ofrece una lectura actualizada de ciertos

---

14 Dos enunciados, dos maneras de hablar, dos estilos, dos "lenguas" y perspectivas, no existe ninguna frontera formal-compositiva ni sintáctica [...] la misma palabra pertenece simultáneamente a dos lenguajes, tiene dos perspectivas que se cruzan en la construcción híbrida y tiene, por lo tanto, dos sentidos contradictorios, dos acentos [...] (Bakhtin 1989, 141–142).

15 Entre los temas que tensionaron las relaciones de las autoridades eclesiásticas y el gobierno caben destacar: el conflicto público sobre políticas sociales desatado tras la decisión de los obispos de impedir la distribución de anticonceptivos gratuitos en planes sociales; el silencio episcopal tras el decreto del presidente Kirchner quien crea, el 24 de marzo del 2004, el Museo de la Memoria. El momento más conflictivo fue en marzo del 2005, cuando el presidente decidió echar del cargo al obispo castrense Antonio Basseotto luego de que éste sugirió que el ministro de Salud, Ginés González García, merecería ser "arrojado al mar con una piedra al cuello" (Mallimaci 2005, 57–76).

hechos del pasado relevantes para la audiencia actual en el interminable proceso de reproducción y re-construcción de la memoria histórica[16]. Es interesante analizar el encuentro entre el Presidente Perón y el protagonista de la telenovela.

Perón arriba en forma inesperada al pueblo de La Cruz, enterado de los poderes sobrenaturales del Padre Juan/Coraje y le pide que salve a la agonizante Evita[17]. Perón le dice: "Usted está frente a un hombre simple y desesperado. Sálvela y tráteme como si yo no fuera el Presidente. Salve a la mujer que amo, hágalo por el bien del país, hágalo por la Argentina toda". Durante su visita, Perón toma mate con Coraje y su sacristán, y mantiene una charla informal con sus anfitriones en la que expresa su preocupación por los más necesitados y le promete al padre Juan/Coraje subsidios para los pobladores de La Cruz. La telenovela presenta así una lectura edulcorada de los hechos del pasado y glorifica la figura de Perón, en un momento histórico en el que, paralelamente, el joven gobierno de Kirchner busca consolidar su identidad en el plano económico, político y social, recurriendo a elementos y figuras retóricas utilizadas por el mismo Perón durante su primera presidencia.

La relación intertextual establecida entre los textos analizados no sólo permite reescribir capítulos de la historia argentina sino que contribuyen a reconsiderar temas relacionados con la memoria colectiva del público argentino (Rosenstone 78–79). La memoria resulta un factor esencial a la hora de articular la relación entre tiempo, espacio e identidad colectiva. La televisión es considerada hoy como un agente de la historia y de la memoria, al preservar y representar diferentes acontecimientos y sucesos (Edgerton 2010, 366–367). Esta función queda plasmada no sólo en los noticieros o documentales emitidos sino también, fundamentalmente, en textos dramáticos con la incorporación de hechos históricos y su consiguiente interpretación y re-lectura. En ese sentido, la telenovela, como uno de los géneros más populares e identificados con la industria televisiva latinoamericana, juega un importante papel en la re lectura e interpretación de la historia pasada y reciente y, por ende, en la construcción de la memoria histórica.

---

16 Tal como lo afirma Glenn Creeber en su análisis de las miniseries históricas Raíces (Marvin Chomsky 1977) y Holocausto (Marvin Chomsky 1978) entre otras. El autor destaca el realismo empírico y emocional de estas series cuyas tramas adoptan características propias del género telenovela/soap opera (Creeber 2007, 19–43).

17 La trama de la telenovela incluye elementos fantásticos y sobrenaturales, tendencia observada en un gran número de telenovelas emitidas en los año dos mil. En la telenovela analizada Coraje tiene poderes sobrenaturales que se manifiestan en diversas oportunidades (revive a una mujer, cura la parálisis de una joven entre otros milagros).

Conectando con la memoria, para Pierre Nora (Nora 1989, 7–24) los 'lieux de memoire' son lugares donde se fomenta la memoria; una suerte de taller de memoria donde se elabora cierta visión del pasado. En la sociedad, el lugar de memoria es básicamente un lugar de falseamiento de la verdad histórica, de mitificación de ese pasado. Estos lugares pueden ser concretos tales como museos, monumentos, nombres de calles, pero también pueden serlo colores, símbolos, personajes reales o inventados. Todos ellos ayudan a rememorar y a recordar construyendo versiones oficiales de la historia. En ese sentido, el texto en cuestión, producido por empresas televisivas privadas, difunde versiones y lecturas alineadas con la visión oficialista de la historia y de la realidad, re significándola a partir de las convenciones del género y del momento histórico en que fue producido. Al mismo tiempo, el texto, al ser construido a modo de palimpsesto[18] permite pensar en una lógica de la memoria en la que no habría una forma verosímil única, sino versiones diversas de hechos históricos recreados de modos diferentes. La intertextualidad se convierte de esta manera en la herramienta que posibilita este diálogo entre categorías como pasado y presente, historia y ficción en la creación de memoria histórica.

Belgrano: humano tan humano

El telefilm, *Belgrano, la película*, fue producido por los entes estatales argentinos Televisión Pública, Canal Encuentro, con el apoyo del Instituto Nacional de Cine y Artes Visuales (INCAA), la Universidad de San Martín (Unsam) y el Ente Cultural de Tucumán, en el contexto del Bicentenario de la Revolución Argentina. En un principio la película fue planteada como un telefilme que se emitiría como una miniserie de cuatro capítulos, pero con el tiempo el proyecto se transformó en un largometraje de una hora y veinte minutos de duración[19]. La premiere se llevó a cabo el 28 de noviembre de 2010 en la ciudad de

---

18   El concepto de palimpsesto desarrollado por Kristeva y posteriormente adoptado por Genette, que lo convierte en metáfora y lo define como "un texto que se superpone a otro, al que no oculta del todo sino que lo deja ver por transparencia" (Genette 1989, 49).

19   Belgrano no es la primera obra fílmica que re-produce la vida del prócer. En 1971 se filmó la película Bajo el signo de la patria, centrada en el período transcurrido desde que Belgrano recibe su designación como jefe del ejército del Norte en Marzo de 1812 hasta las postrimerías de la batalla de Salta en febrero de 1813. La trama narrativa del film es secuencial y lineal a diferencia de Belgrano cuyo relato está construido como una suerte de hipertexto.

Rosario, en el Monumento de la Bandera mismo[20]. Esta proyección, en un espacio público de la ciudad, con entrada libre y gratuita, inauguró "una nueva manera de ver cine" en el ciclo Cine para todos[21]. El 20 de junio del 2011, luego de casi siete meses de recorrer el país, en el Día de la Bandera Argentina, la película fue proyectada en la TV Pública a las 22.30[22].

Con el tiempo y en el marco de los festejos del Bicentenario, el telefilme pasó a ser parte integral de un proyecto pedagógico lanzado a nivel nacional por el Ministerio de Educación que editó un libro para las escuelas con propuestas de trabajo destinadas a "leer y observar para reflexionar y relacionar, para construir y comunicar."[23,24] La difusión del telefilme coincidió con el fallecimiento de Néstor Kirchner, ex-presidente y cónyuge de la presidenta de la Nación Cristina Fernández de Kirchner, acontecido el 27 de Octubre de ese mismo año. Tal como lo explican Catterberg y Palanza, el inesperado fallecimiento, sumado a la marcada expansión de la economía y a la fragmentación de la oposición, sellaría la dinámica política y electoral desde fines de 2010 hasta la reelección de CFK un año más tarde. Durante este período se generalizó la popularidad

---

20 Allí, a orillas del río Paraná se llevó a cabo el primer izamiento de la Enseña Patria, el 27 de febrero de 1812.

21 Más de veinte mil personas asistieron a la proyección inaugural que contó con la presencia de los directores del filme, Juan José Campanella y Sebastián Pivotto, los protagonistas Pablo Rago y Valeria Bertuccelli y el presidente de Radio y Televisión Argentina S.E, Tristán Bauer. Este tipo de proyecciones también se llevaron a cabo en las ciudades de Buenos Aires, Tucumán, Córdoba entre otras. Cabe agregar que en el mismo año se completó el rodaje del filme Revolución: El cruce de los Andes (Ipiña 2010), que reconstruye la imagen del Libertador, General José de San Martín. La película también fue producida por los entes estatales argentinos Televisión Pública y Canal Encuentro, con el apoyo del Instituto Nacional de Cine y Artes Audiovisuales. "Más de 20.000 personas asistieron al estreno de 'Belgrano' en Rosario". 29/11/2010. http://www.escribiendocine.com/noticia/0002020-mas-de-20000-personas-asistieron-al-estreno-de-belgrano-en-rosario/

22 El 20 de junio, es una fecha patria y feriado nacional, en el que se conmemora al creador de la Bandera Argentina, Manuel Belgrano, fallecido el 20 de Junio de 1820.

23 El libro es parte de la colección Libertadores, libros para las escuelas. En ese sentido, cabe destacar la función de la escuela, como institución oficial, formadora de ideologías, que "trabajan con alumnos de muy poca edad, que no han desarrollado aún las habilidades cognitivas para percibir la aculturación del formato histórico-académico que se les imparte" (Carretero 2007, 38).

24 Según Tal (Tal 2013) el filme Revolución reconstruye una imagen del Libertador, José de San Martín que difunde el discurso del finado presidente Néstor Kirchner y de la presidente en ejercicio Cristina Fernández de Kirchner, también apodado "discurso K". El film manifiesta la reconstrucción de la identidad argentina convocada por el discurso K y el bloque histórico constituido en torno a su proyecto.

de la mandataria, entre amplias franjas de la clase media y los jóvenes. La masiva empatía generada desde noviembre de 2010 se estuvo durante todo el 2011, año que también experimentó un fuerte crecimiento económico, y se volcó en el resonante triunfo reeleccionario (Catterberg y Palanza 2012, 4–5)[25].

El rodaje de la película se realizó en escenarios naturales de la provincia de Tucumán, en la zona de Tafí del Valle y los alrededores de la capital de la provincia, donde los actores principales y más de 500 extras le dieron vida a las escenas principales, entre las que se cuentan la jura de la bandera, el encuentro entre el general Manuel Belgrano y el general José de San Martín y la posterior batalla de Tucumán[26]. La película, concebida como un drama épico histórico, comienza con los festejos en la ciudad de Tucumán, tras la victoria de Tucumán en setiembre de 1812[27]. En las primeras escenas se descubre y se presenta a Belgrano, el hombre, su intransigencia, cosmovisión y preocupación por los desvalidos[28].

El carácter onírico del filme se observa en la apertura del mismo con la intercalación de escenas de Manuel Belgrano en su lecho de muerte con escenas de las batallas por él libradas en otro tiempo y espacio. El sonido extra-diegético reproduce las voces de Belgrano y sus soldados en el campo de batalla. Las sábanas que arropan al prócer derrotado por la enfermedad se transforman en los trozos de tela celeste y blanco cosidos por manos anónimas[29] que se convertirán en la bandera que flameará en el recuerdo-alucinación del convaleciente Belgrano. Estas escenas retrospectivas (flashbacks) juegan un papel fundamental en la película concebida como una suerte de contrapunto entre el Belgrano optimista de 1812 y el Belgrano enfermo y moribundo de 1820. El diálogo sostenido entre los dos Belgranos tematiza cuestiones de índole ideológico y político,

---

25 Es importante acotar que un año más tarde, en el 2011, se concretó uno de los proyectos má s controvertidos del gobierno: la reforma de La Ley de Medios, heredada de la época de la dictadura.

26 "Cine a cielo abierto", Página 12, Sábado 18 de diciembre 2010.

27 La decisión de abrir el filme con la victoria de Tucumán no es aleatoria: se trata de una de las batallas más importantes libradas contra los realistas (de este modo se denominaban a los españoles) ya que es el primer triunfo argentino en el norte del país, seguido por la batalla de Salta. Según historiadores el triunfo salvó la revolución argentina de 1810.

28 Belgrano entra al convite acompañado por su amigo y médico de cabecera, Dr. Terranova, y su amante, María Josefa Ezcurra. Lo reciben representantes del gobierno de Buenos Aires, miembros de la burguesía local y de la iglesia católica. En el 'small talk' que mantiene con cada uno de los miembros del establishment argentino de esa época expresa Belgrano su preocupación por los indios ("a quienes se les han quitado las tierras"), por los soldados "quienes no tienen donde caerse muertos y pelean como leones".

29 El espectador ve sólo las manos de las costureras.

dos cosmovisiones del mundo que cambiaron de plano en sólo ocho años en los que Belgrano libró batallas con las armas y con las palabras[30].

Por lo general, las biografías reafirman el estatus quo, contribuyen a la cohesión social y permiten a los ciudadanos la posibilidad de identificarse con una figura ejemplar- unificadora. Cabe destacar que los filmes biográficos e históricos despertaron desde los albores de la industria cinematográfica sumo interés para los realizadores y para el público. Con la apertura del proceso democrático en Argentina en diciembre de 1983 el film biográfico se caracterizó, sobre todo, por la lectura personal del pasado y de los protagonistas realizada y plasmada por los directores (Lusnich 2007)[31]. En palabras de Tal (2010) las cambiantes interpretaciones de los personajes históricos expresan las fluctuaciones en el balance de poder entre sectores en pugna, por lo tanto, analizar las estrategias que operan la memoria de los héroes y el énfasis puesto en la defensa de la historia consagrada y el Panteón Nacional contribuye a la comprensión del proceso dinámico de la hegemonía ideológica.

En el caso del filme *Belgrano* se observa una tendencia presente en el cine actual de desmitificar a los héroes de bronce que fueron construidos por la historia, transformada en memoria oficial. Los héroes son representados como personas de carne y hueso, que adoptan modalidades de enunciación y pensamiento característicos de nuestra época[32]. De este modo se le otorga al discurso una suerte de verosimilitud, artificio cinematográfico, que adecua los datos que ofrece la historiografía al lenguaje cinematográfico mismo. Verosimilitud y cotidianeidad que se observan en los comentarios del personaje de María Josefa de Ezcurra (Josefa), amante de Belgrano, durante el convite ofrecido por la burguesía tucumana. Josefa es representada como una mujer asertiva y liberal, quien no esconde sus ideas políticas ni se avergüenza de su condición de amante del prócer[33].

---

30   Los guionistas del film, Marcelo Camaño y Juan Pablo Domenech explican su intento por retratar "las contradicciones de personalidad de un personaje épico y muy recto, como cuando se da cuenta de que él, siendo abogado, es enviado a enfrentar al peor de los ejércitos realistas que es el que baja desde el Norte. Y él sin experiencia militar". Según los guionistas el quiebre se produce tras su envió al Norte y cuando el prócer decide no asumir la crianza de su primer hijo (Respighi 2011).

31   Como en El general y la fiebre (Jorge Coscia 1985) entre otras películas (Lusnich 2007).

32   En palabras de Aprea (2012 11) "Estos héroes se hacen creíbles en la medida que se ven aspectos de su vida que exceden el marco de su actuación pública. La ampliación de lo contable a aspectos de la vida cotidiana o privada los "humaniza" de acuerdo con las pautas que existen para reconocer a los personajes públicos en la vida mediática contemporánea".

33   Como, por ejemplo: "Mira que bueno, recién llegás y ya tenés un montón de amigos".

Este comportamiento proto feminista del personaje, estilo observable en las telenovelas de época o históricas, no guarda relación con el momento histórico en que transcurre la trama. Tal como lo afirma Mazziotti (1996, 143) el anacronismo en el comportamiento de estas heroínas radica en su discurso verbal combativo y estilo que asume la actitud progresista hacia cuestiones sociales. Estas versiones deshistorizan la interpretación de los hechos narrados delineando así un versión hegemónica de los acontecimientos para así convertirlos en una suerte de 'historia oficial'[34].

La película presenta un constante juego entre los acontecimientos relacionados con la esfera pública y la vida íntima del prócer, que por lo general transcurre en su alcoba, en su cama de amante o en su cama de muerte. Estas escenas llaman la atención por su simbolismo teatral: similar que en el teatro, en el filme se opta por un decorado abstracto, luces enfáticas y artificiales las cuales introducen al espectador en un mundo mágico y simbólico[35]. Tal como se observa en la escena en la cual Belgrano se separa de su amante (Josefa) y renuncia a su primer hijo que será criado por Juan Manuel de Rosas[36], cuñado de la misma.

La escena funciona como una especie de bisagra ya que introduce al espectador a una nueva etapa de la vida de Belgrano. El espectador es testigo del diálogo que mantiene Belgrano, en su dormitorio, con Josefa quien le comunica, tras descubrir su embarazo, que se irá a la estancia de unos amigos. La escena presenta un interesante contraste entre claros y sombras: la misma comienza con una gran luminosidad que finaliza abruptamente cuando Belgrano sale del cuarto y se detiene a la derecha de la puerta, pintada de celeste oscuro. En ese instante, la luz sólo ilumina la silueta desdibujada de Josefa, que se observa a lo lejos enmarcada por el marco de la puerta. Las sombras cubren al prócer, sombras que no sólo simbolizan su estado de ánimo sino que funcionan como una suerte de prolegómeno a los acontecimientos por venir, como las derrotas de Vilcapugio y Ayohuma, el derrumbe de los proyectos de Belgrano,

---

34 Cabe aclarar que existen claras diferencias entre la memoria colectiva y la historia oficial ya que ésta es una reconstrucción exterior, artificial de las memorias colectivas. Más aún, se trata de una reconstrucción "que reproduce la representación que los grupos dirigentes hacen de la historia en oposición a la historia popular, excluyendo las interpretaciones de las memorias colectivas populares" (Halbwachs 1997, 293).

35 Aún así los ambientes recreados son realistas y los escenarios tienen un referente concreto y real (Méndiz Noguero 1994).

36 Juan Manuel de Rosas se desempeñó como gobernador de Buenos Aires desde 1829 hasta 1852. Su segundo gobierno fue considerado como tiranía a causa de la total ausencia de garantías personales y del clima de terrorismo implantado por las acciones de La Mazorca (Lynch 1981, 15–16).

y las enfermedades que comenzarán a atormentarlo en el futuro cercano (Rock 1985, 84).

Más tarde en la escena, tras unos segundos aparece, a la izquierda del plano cinemascópico el Belgrano ya enfermo, derrotado y arrepentido de abandonar a su hijo, quien interpela al Belgrano optimista que está por dejar "todo por la revolución"[37]. En esa misma alcoba se ve a Belgrano con su nueva amante, la señorita de sociedad María Dolores Helguero, quien deja a su familia y renuncia a su fortuna para vivir con el general. De este modo, el espectador reconstruye una imagen del Belgrano que, como hombre y revolucionario, cree en la necesidad de consolidar una identidad argentina[38], y brega por la igualdad de oportunidades y considera a la educación como un elemento liberador. Se entiende claramente que a pesar de su condición de burgués[39] y a pesar de sus ideas monárquicas Belgrano se expresa por la repartición de tierras, la abolición de la esclavitud, y por el bienestar de los indios[40]. Estas preocupaciones son formuladas por el prócer durante el mitificado encuentro con José de San Martín, en la Posta de Yatasto, en el cual Belgrano traspasa el mando de las casi aniquiladas huestes al Libertador[41]. La conversación por ellos mantenida crea una suerte de paralelismo entre los dos próceres, quienes expresan su descreimiento y desilusión para con el gobierno central de Buenos Aires que "no habla de Independencia, ni envía dinero y comestibles para los soldados."

37   En ese diálogo imaginario el Belgrano optimista expresa parte de su cosmovisión y en particular su convicción que la libertad permitirá educar al pueblo generando equidad e igualdad.

38   Belgrano se refiere a la bandera como un símbolo que generará identificaciones y creará expectativas en los soldados. En ese sentido, se observa la existencia de una suerte de identidad nacional prefigurada a fines del período colonial aunque estos vocablos no traducen la existencia de un sentimiento nacional unívoco. De las diversas formas de identidad colectiva que convivieron a fines del período colonial se distinguirán con mayor claridad tres formas luego de Mayo de 1810: la identidad americana, la urbana, la provincial y la rioplatense o argentina (Goldman 1998, 40).

39   Belgrano nació y se crió en el seno de una familia acomodada. Su padre comerciante, "adquirió riquezas para cómodamente y dar a sus hijos la educación mejor de aquella época". El historiador. Belgrano Manuel, Autobiografía (1770–1820). Consultado 1 de Noviembre, 2013. http://www.elhistoriador.com.ar/biografias/b/belgrano_autobio.php.

40   Belgrano viajó a Europa junto a Bernardino Rivadavia, con el objetivo de que algún príncipe europeo se coronase monarca constitucional de las Provincias Unidas. Ante el fracaso de las negociaciones propuso, sin éxito, que la corona fuera atribuida a algún príncipe inca.

41   Los personajes fueron interpretados por los actores argentinos Pablo Rago y Pablo Echarri cuya identificación y compromiso con el gobierno kirchnerista refuerzan la analogía establecida por el texto fílmico y el proyecto político del gobierno.

Lo cotidiano se filtra también en este encuentro donde se enfatizan tópicos relacionados a la vida privada de Belgrano y de San Martín, tales como enfermedades y malestares que ambos padecen, o cuestiones vinculadas a la vida amorosa de los dos próceres. De este modo el filme crea una imagen humanizada y actualizada de los héroes, ya que su conversación se realiza de acuerdo a pautas contemporáneas. En particular se enfatiza el hecho que tanto Belgrano como San Martín comparten el mismo proyecto ideológico y conforman un 'nosotros' que pueden enfrentar a ese 'otro' que rechaza las ideas de los mismos[42]. Esta retórica puede ser transpolada y equiparada a la retórica kirchnerista que a lo largo de los años va confrontando con diversos modelos y proyectos. Retórica que fundamentalmente legitima un universo simbólico de valores coherente con un sistema político o una cultura social[43].

El filme finaliza del mismo modo en que comenzó, con un Belgrano en su lecho de muerte quien, también en los últimos momentos de su vida, piensa en la Patria, y en lo que aún puede hacer por ella. Esta secuencia es relatada y presentada desde el punto de vista de su amigo y hombre de confianza el Dr. Terranova quien recuerda el primer encuentro con el prócer a orillas del río Paraná el día de la creación de la Bandera Nacional. El filme descubre así una estructura narrativa circular, presente y ampliada a largo del texto diegético a través del diálogo mantenido entre los dos Belgranos (el optimista y el pesimista-enfermo). Las escenas retrospectivas-recuerdos del médico, filmadas con planos generales y medios, presentan un juego cuasi perfecto entre *phatos* y *ethos*, acentuados ya sea por la estética cinematográfica como también por la banda sonora extra-diegética que le confieren solemnidad, pomposidad y dramatismo[44].

---

42 La simultaneidad de acción de estos próceres se observa también en filme En el Santo de la espada que recrea la vida de San Martín, que sitúa a estos hombres comprometidos por la Independencia (López y Rodríguez 2009, 32–39).

43 Durante los primeros años de su presidencia Kirchner confronta, en el plano externo, con instituciones como el Fondo Monetario Internacional y empresas extranjeras. En el plano interno cuestiona fundamentalmente el modelo y la ideología neo-liberal de los noventa. El gobierno se enfrenta y confronta con el sector agropecuario y con grupos empresariales multimediales.

44 El pathos y el ethos son "pruebas psicológicas" a partir de las cuales el orador busca emocionar. El pathos remite a los afectos del auditorio, a las pasiones, los sentimientos que el orador intenta movilizar en aquél para predisponerlo positivamente hacia su mensaje; el foco está puesto aquí en el público. El ethos, en cambio, remite a los rasgos de carácter que el orador busca mostrar al auditorio para causar buena impresión y parecer creíble;

Por ejemplo, los soldados, con la escarapela celeste y blanca en sus pechos, forman filas prestos ante el izamiento de la bandera bicolor[45], bajo el mando de un Belgrano fuerte y decidido que, a caballo, preside el juramento de la enseña nacional por él creada, y proclama: "Soldados de la Patria, juremos vencer al enemigo interior y exterior, y América del Sur será el templo de la Independencia y de la libertad!". Su breve discurso sintetiza de manera perfecta parte de los postulados de los presidentes Néstor y Cristina Kirchner quienes, a lo largo de sus gobiernos, construyeron destinatarios, y en especial contra-destinatarios negativos como el caso del multimedio Clarín, que resultaron fundamentales en el proceso de construcción hegemónica del kirchnerismo (Preatoni 2012, 46). Las palabras de Belgrano también hacen referencia al surgimiento y consolidación de gobiernos populistas de izquierda surgidos en América Latina a mediados de los noventa y principio del dos mil que, para ciertos investigadores, forman parte de la tercera ola populista[46]. La escena final de la película recurre nuevamente a un efecto del mundo del teatro: las sombras y la oscuridad se instalan en el cuarto de Belgrano. Una tenue luz ilumina su lecho de muerte, en el que yace el cuerpo inerte del prócer cobijado por la misma bandera enarbolada a las orillas del río Paraná, un 27 de Febrero de 1812.

La línea de representación de los dos héroes nacionales elegida por los realizadores del filme aquí analizado, continúa con naturalidad la representación de los mismos en *El Santo de la espada* (1970(, y en *Bajo el signo de la Patria* (1971) como líderes natos, buenos estrategas y militares que no ambicionan el poder. Ambas versiones presentan una lección tradicional y hegemónica de la historia resaltando los aspectos militares de los héroes ya que ambas películas fueron producidas en un contexto dictatorial (del Valle Dávila 2013, 247). *Belgrano la película* se inscribe así en un proyecto más amplio fomentado por el gobierno de Cristina Kirchner, que retoma identificaciones históricas y produce la hilación de una historia política y de una memoria del pasado para construir una nueva identidad argentina (Patrouilleau 2010).

---

 el foco está puesto en este caso en el orador (Barthes 1970, citado por Pedrazzini, Cornaglia, Scheuer y de la Cruz 2012, 136).

45   Si bien la bandera argentina es tricolor, dos franjas celestes y una franja blanca con un sol en el medio, la bandera de Belgrano era bicolor (una franja superior blanca y una inferior celeste) ya que fue diseñada con los colores de la escarapela nacional.

46   Gratius afirma que tanto en la Argentina de Kirchner, como en la Bolivia de Evo Morales y en la Venezuela de Hugo Chávez y de Nicolás Maduro entre otras naciones, el populismo se enmarca en un inconcluso proyecto de construcción de una nación en torno a símbolos de fácil identificación colectiva (Gratius 2007, 7).

A modo de conclusión

Los dos textos analizados pueden ser considerados como textos que difunden la historia popular y articulan la memoria colectiva, que suele estar repleta de héroes, mitos y ritos que dan forma a sus contenidos y poseen una alta dosis de prescripciones morales y éticas (Carretero 2007, 39). La telenovela *Padre Coraje* no intenta re-crear de manera fidedigna hechos históricos específicos. El texto televisivo presenta una lectura actualizada de ciertos hechos del pasado, relevantes para la audiencia actual en el interminable proceso de reproducción y reconstrucción de la memoria histórica.

Si bien, la telenovela, a diferencia del telefilme *Belgrano*, no contó con el apoyo explícito del Gobierno Nacional, sí entabló una suerte de diálogo con la realidad imperante en en el momento de su emisión. *Padre Coraje*, realizada por una empresa televisiva privada, difundió versiones alineadas con la visión oficialista de la historia y de la realidad, resignificándola a partir de las convenciones del género y del momento histórico en que fue producida. *Belgrano*, se inscribe en un proyecto cultural más amplio desarrollado por el gobierno, que trata de hilar una historia nacional observable fundamentalmente en las actividades y discursos pronunciados en el marco del Bicentenario. *Belgrano* se erige así como un texto, que no sólo permite re-escribir la historia sino que "pone en disputa la historia y activa el reconocimiento de los sujetos en nuevas definiciones sobre lo nacional" (Patrouilleau, 2012, 56).

Bibliografía

Aprea, Gustavo. 2012. "Cine histórico argentino contemporáneo: una nueva manera de relacionarse con el pasado." Conferencia presentada en el Congreso Internacional de la Asociación Argentina de Estudios de Cine y Audiovisual, Córdoba, de Mayo, 10–12.

Bakhtin, Mikahil. 1989. *Teoría y Estética de la Novela*. Traducción Elena S. Kriúkova y Vicente Cazcarra. Madrid: Taurus.

Bell Erin and Gray Ann. 2007. "History on television. Charisma, narrative and knowledge." *European Journal of Cultural Studies* 104: 113–133.

Bianchi, Susana. 1994. "Catolicismo y peronismo, Catolicismo y peronismo: la religión como campo de conflicto (Argentina, 1945–1955)." *Boletín Americanista* 34: 25–37.

Brian, Ott and Cameron, Walter. 2000. "Intertextuality: Interpretive Practice and Textual Strategy." *Critical Studies in Media Communication* 17: 429–446

Carretero, Mario. 2007. *Documentos de Identidad. La construcción de la memoria histórica en un mundo global*. Buenos Aires: Paidós.

Catterberg, Gabriela y Palanza Valeria. (2012). "Argentina dispersión de la oposición y el auge de Cristina Fernández de Kirchner." *Revista de Ciencia Política*, 32 (1).

Chicharro Merayo, María del Mar y José Carlos Rueda Laffond. 2008. "Televisión y ficción histórica: Amar en tiempos revueltos." *Comunicación y Sociedad*, 2: 57–84.

Creeber, Gleen. 2007. *Serial Television. Big Drama on the Small Screen.* London: BFI Publishing.

Del Valle Dávila, Ignacio. 2013. "La actualización de los mitos fundacionales de la nación en el cine histórico folclórico argentino, la obra del grupo Cine Liberación y el cine histórico cubano." *Revista Eletrônica da ANPHLAC*, 14: 241–264. http://revista.anphlac.org.br/index.php/revista. Consultado Noviembre 2, 2013.

Edgerton, Gary. 2010. "Where the Past Comes Alive: Television, History, and Collective Memory." In *A companion to television*, edited by Janet Wasko, 366, 367. Malden M.A: Blackwell Publication.

Edgerton, Gary R. 2001. "Television as Historian. A Different Kind of History Altogether". In *Television Histories Shaping Collective Memory in the Media*, edited by Gary R. Edgerton and Peter Rollins, 1–5. Lexington: Kentucky University Press.

Ferro, Marc. 1986. *Cinema and History*. Detroit: Wayne University Press.

Genet, Gerard. 1989. *La literatura en segundo grado*. Madrid: Taurus.

Goldman, Noemí. 1998. "Crisis imperial revolución y guerra (1806–1820)." En *Nueva Historia Argentina. Revolución, república, confederación*, coord. Noemí Goldman, 40–41. Editorial Sudamericana: Buenos Aires.

Gratius, Susanne. 2007. "La 'tercera ola' populista de América Latina." *Documento de Trabajo Fride 45*.

Halbwachs, Maurice. 2004. *La memoria colectiva*. Traducción Inés Sancho-Arroyo. Zaragoza: Prensas Universitarias de Zaragoza.

Holdsworth, Amy. 2011. *Television, memory and nostalgia*. Hampshire: Palgrave Macmillan Memory Studies.

Hobsbawm, Eric. 2001. *Bandidos*. Barcelona: Crítica.

Huyssen, Andreas. 2003. *Present Pasts: Urban Palimpsest and the Politics of Memory*. Stanford: Stanford University Press.

Kaes, Anton. 1990. "History and film: Public Memory in the Edge of Electronic Dissemination." *History and Memory*, 2 (1): 308–323.

López Marcela y Rodríguez, Alejandra. 2009. *Un país de Película. La historia argentina que el cine nos contó*. Buenos Aires: Del Nuevo Extremo.

Lusnich, Ana Laura. 2007. *El drama social folklórico. El universo rural en el cine argentino*. Buenos Aires: Editorial Biblos Artes y Medios.

Lynch, John. 1981. *Argentine Dictator. Juan Manuel de Rosas 1829–1852*. Oxford: Clarendon Press.

Mazziotti, Nora. 2007. *Telenovela: industria y prácticas sociales*. Buenos Aires: Grupo Editorial Norma.

Mazziotti, Nora. *La industria de la telenovela. La producción de ficción en América Latina*. 1996. Buenos Aires: Paidós Estudios de Comunicación.

Mallimaci, Fortunato, "Catolicismo y Política en el Gobierno de Kirchner." *América Latina Hoy*, 41 (2005): 57-76.

Méndiz Noguero, Adolfo. 1994. "Diferencias estéticas entre teatro y cine. Hacia una teoría de la adaptación dramática." En *Transvases culturales: Literatura, cine, traducción, coord. Federico Eguíluz y otros*, 332-340. Bilbao: Servicio Editorial, Universidad del País Vasco.

Mujica, Constanza. 2007. "Chilean Costume Telenovela: Between Metaphor and Trauma." *Cuadernos de Información* 21: 20-33

Muñoz, María Antoña y Retamozo, Martín. 2008. "Hegemonía y discurso en la Argentina contemporánea. Efectos políticos de los usos de 'pueblo' en la retórica de Néstor Kirchner." *Perfiles Latinoamericanos* 16: 121-149.

Nora, Pierre. 1989. "Between Memory and History: Les Lieux de Memoire." *Representations* 26: 7-24.

Novaro, Marcos. 2006. *Historia de la Argentina contemporánea. De Perón a Kirchner*. Buenos Aires: Edhasa.

Patrouilleau, María Mercedes. 2013. "Discurso y narración en las dinámicas de constitución identitaria. La experiencia kirchnerista en Argentina." *Confines de Relaciones Internacionales y Ciencia Política* 6: 37-58. Consultado 28 de Noviembre. http://www.redalyc.org/articulo.oa?id=63313128003.

Pedrazzini, Ana, Cornaglia, Pablo, Scheuer, Nora, Montserrat de la Cruz. 2012."Variabilidad léxica y estrategias de persuasión en el discurso oral y público de la presidenta Cristina Fernández de Kirchner en su primer mandato (2007-2011)." *RÉTOR*, 2, no. 1: 133-161.

Porto, Mauro. 2005. "Political Controversies in Brazilian TV Fiction. Viewers' Interpretation of the Telenovela Terra Nostra". *Television & New Media* 6, no. 4: 342-359. Doi: 10.1177/1527476405279862.

Preatoni, Bruno. 2012. "La construcción del otro negativo en el discurso kirchnerista. Clarín: el adversario ideal. Ley de Medios y resurrección." *La Trama de la Comunicación*, 16.

Rock, David. 1985. *Argentina. From Spanish Colonization to Alfonsín*. University of California Press: Berkley.

Rodríguez Cadena, María de los Ángeles. 2004. "Contemporary Hi (stories) of Mexico: Fictional Re-creation of Collective Past on Television". *An Interdisciplinary Journal of Film and Television Studies* 34, no. 1:49-55. Doi: *0.1353/flm.2004.0010*.

Rosenstone, Rob. 1995. *Vision of the Past. The Challenge of Film to Our Idea of History*. Cambridge: Harvard University Press.

Rueda Laffond, José Carlos, Coronado Ruiz, Carlota, Raquel Sánchez García. 2009. "Televisión y relatos históricos: una aproximación a las estrategias de representación de la historia en la pequeña pantalla." *Historia Actual Online* 19:199–211. Consultado 28 de Setiembre, 2013. ISSN 1696-2060.

Sorlin, Pierre. 1980. *The Film in History. Restarting the Past*. New Jersey: Barnes and Boble Books.

Steinberg, Oscar. 1997. "Estilo contemporáneo y desarticulación narrativa. Nuevos presentes, nuevos pasados de la telenovela". En *Telenovela. Ficción Popular y Mutaciones Culturales*, comp. Verón, Eliseo y Escudero Chauvel, Lucrecia, 17–29. Buenos Aires: Gedisa Editorial.

Tal, Tzvi. 2010. "Libertadores de celuloide: San Martín y Bolívar en películas de la globalización." HAL-SHS (Hyper Article en Ligne – Sciences de l'Homme et de la Société). Consultado Octubre 16, 2013. http://halshs.archives-ouvertes.fr/halshs-00496211/fr/.

Tal, Tzvi. 2013. "El Kruce de los Andes: memoria de San Martín y discurso político en Revolución (Ipiña 2010)". *Cuadernos del Centro de Estudios en Diseño y Comunicación*, Universidad de Palermo, Buenos Aires.

Ulanovsky, Carlos y Sirvén Pablo. 2009. *Qué desastre la TV! (pero cómo me gusta...) Argentina desde la pantalla 1999-2009*. Buenos Aires: Emecé.

"Cine a cielo abierto". 2010. *Página 12*, Diciembre 18. Consultado Octubre 28, 2013. http://www.pagina12.com.ar/diario/suplementos/espectaculos/5-273-2010-12-18.html.

"Más de 20.000 personas asistieron al estreno de "Belgrano" en Rosario". 2013. *Escribiendo Cine*, Noviembre 29. Consultado Octubre 28, 2013. http://www.escribiendocine.com/noticia/0002020-mas-de-20000-personas-asistieron-al-estreno-de-belgrano-en-rosario/

Filmografía

Bajo el signo de la Patria. VHS. Dirección René Mujica, 1971; Buenos Aires: Clan-Sud.

Belgrano, la película. DVD. Dirección Sebastián Pivotto, 2010; Buenos Aires: INCAA, Canal 7, Canal Encuentro.

Camila. VHS. Dirección María Luisa Bemberg, 1984; Buenos Aires: GEA Producciones.

El Santo de la espada. VHS. Dirección Leopoldo Torres Nilson, 1970; Buenos Aires: Producciones Maipú.

Padre Coraje. DVD. Dirección Martín Sabán y Sebastián Pivotto, 2004; Buenos Aires: Canal 13.

CAPÍTULO 3

La pantalla *nos* recuerda: la construcción de la memoria cultural en la telenovela cubana 2000–2012

Janny Amaya

Hace ya más de una década, el crítico e historiador de la cultura Andreas Huyssen (2002) observaba en la emergencia de la memoria, en el giro hacia el pasado, un fenómeno cultural y político de proporciones crecientes. Asistimos, afirmaba Huyssen, a un auténtico "boom de la memoria", una "obsesión cultural" por el recuerdo que no es sino un síntoma de nuestro "pánico al olvido". Este "boom de la memoria"- que para Huyssen era reconocible en la creciente "musealización" de la sociedad, la restauración de los centros urbanos, la moda retro y la proliferación de productos culturales de contenido histórico- puede leerse también en relación con el creciente interés por la memoria como objeto de estudio interdisciplinar (Erll 2008, Võsu, Kõresaar y Kuutma 2008). Este tipo de estudios comparte el interés por las dimensiones sociales, culturales y políticas de la memoria; esto es, su consideración como proceso y fenómeno social, y su preocupación por "el orden simbólico, los medios, las instituciones y prácticas a través de las cuales los grupos sociales construyen y comparten el pasado" (Erll 2008, 5). Uno de los ejes de investigación en esta área ha sido el de las conexiones entre los medios de comunicación y la construcción de la memoria en las sociedades contemporáneas.

En esa línea de investigación se inscribe este trabajo, que se propone indagar en el lugar del melodrama televisivo cubano en la construcción de sentidos sobre el pasado colectivo en Cuba durante la última década, tomando como puntos de partida los conceptos de memoria cultural (Assmann, 1995; 2008) y memoria mediática (Neiger 2011). Se analizará el *fictionscape,* es decir, el paisaje imaginario determinado y desplegado por el conjunto de historias ofrecidas y disponibles en un determinado periodo de tiempo (Buonanno 2002)- referido al pasado en la telenovela cubana durante el periodo 2000–2012. Este *fictionscape* del pasado está conformado por las telenovelas *Las huérfanas de la Obrapía* (2000), *Destino Prohibido* (2004), *Al compás del son* (2005) y *Santa María del Porvenir* (2012). El ensayo procura describir cuál es el pasado evocado y recordado en estas telenovelas (contextos, coyunturas, personajes), pero también qué sentidos se construyen sobre ese pasado, y cómo esas recreaciones selectivas conectan con una determinada política de la memoria articulada en el presente que las construye.

El trabajo está dividido en cuatro apartados fundamentales. El primero de ellos es de carácter teórico- metodológico, en el que se sintetizan algunos presupuestos y conceptos fundamentales en el estudio de las relaciones entre el melodrama televisivo y la memoria cultural. El segundo acápite ofrece al lector un marco general para entender las peculiaridades de la producción y circulación social del género telenovela en Cuba, y profundiza, además, en algunas de las regularidades observadas en la construcción de representaciones sobre el pasado en el periodo 1990–1999. En el tercer apartado se analizan las telenovelas seleccionadas; y por último, se identifican algunos rasgos prominentes en este "paisaje del pasado colectivo" ofrecido por la telenovela cubana durante la última década.

El *pasado presente*: memoria, cultura y medios de comunicación

La memoria puede ser definida, en términos generales, como "la operación de dar sentido al pasado" (Jelin 2001). Ella es, entonces, el *pasado presente*. El tiempo de la memoria- ese tiempo pasado recordado, activado- es siempre un *tiempo- ahora* (Benjamin 1940), una evocación que adquiere sentido en tanto interpela el presente y se orienta hacia el futuro. Adscribiéndose a las consideraciones de Paul Ricoeur (1999)- según el cual la memoria constituye la expresión de una paradoja fundamental: el intento de retornar al presente una cosa ausente- la investigadora brasileña Marialva Barbosa (2001, 106) define la memoria como una "reconstrucción selectiva del pasado, basado en acciones subsecuentes- es decir, no localizables en ese pasado-, en percepciones y en nuevos códigos a través de los cuales se delinea, se simboliza y se clasifica el mundo". La memoria constituye un proceso activo, que implica la movilización de determinados códigos y representaciones de dicho pasado.

La reflexión en torno al carácter social y cultural de la memoria fue introducida por el sociólogo francés Maurice Halbwachs, en las primeras décadas del siglo XX. Frente a una perspectiva psicologista e individualista, Halbwachs plantearía la noción de "marcos sociales de la memoria", y postularía la existencia de una "memoria colectiva", que sitúa en relación dialéctica con los recuerdos individuales. Vale destacar con Erll (2008, 4), el carácter de "metáfora operativa" de esta noción: el concepto de recuerdo (un proceso cognitivo individual) es metafóricamente transferido al nivel social y cultural para aludir al orden simbólico y las prácticas sociales de construcción y circulación del pasado histórico (Erll 2008, 4).

Desde esta perspectiva fundacional se han desarrollado en décadas recientes aproximaciones conceptuales diferentes al estudio social y cultural de la memoria[1]. Una de las aproximaciones ha este fenómeno ha sido a través del concepto de memoria cultural, propuesto por el historiador de la cultura Jan Assmann (1995, 2008). La *memoria cultural* es una forma de conocimiento colectivo sobre el pasado que está en estrecha relación con la construcción de las identidades de grupos sociales. Para Assmann, es importante establecer una distinción entre dos niveles o tipologías fundamentales de memoria social y colectiva: aquella que se construye al nivel micro- social de las interacciones cotidianas de los sujetos, y sus grupos de pertenencia y esferas de acción inmediatas, que apela a la oralidad y a los relatos familiares (abordado fundamentalmente desde la perspectiva de la "historia oral"), a la que denomina *memoria comunicativa*; y aquella otra forma de memoria que se construye en la *cultura objetivizada* -en textos, imágenes, rituales, monumentos, edificios, etc.-, que constituye la *memoria cultural*.

Según plantea este autor, la memoria cultural se caracteriza por su *trascendencia* con respecto a las prácticas orales de comunicación cotidiana; por su *fijación*, es decir, se construye en la delimitación y en el enmarcado de eventos y horizontes temporales relativamente estables; y por el hecho de que es construida y transmitida a través de procesos y prácticas culturales institucionalizadas (1995, 129). "La memoria cultural es un tipo de institución. Ella es exteriorizada, objetivada, y almacenada en formas simbólicas" (2008, 110). Otro de los rasgos fundamentales de la memoria cultural es su estrecha vinculación con la construcción de las identidades sociales. La memoria cultural -afirma este autor- se articula en un sistema de valores y diferenciaciones básicas (entre lo importante y lo no importante; lo central y lo periférico) en dependencia de cómo estos operan en la producción, representación y reproducción de una auto- imagen grupal (1995, 130–132).

---

1 La denominación de "estudios sobre la memoria" (*memory studies*) se ha convertido en un "término- paraguas" para agrupar toda la investigación social y humanística que asume la memoria como objeto de estudio. Según algunos críticos, la expansión de este tipo de estudios y su falta de formalización han propiciado un abuso excesivo del concepto de memoria, generando así una falta de claridad en cuanto a su definición y valor heurístico (Võsu, Kõresaar y Kuutma 2008, 244–245). Sin embargo, otros autores como Astrid Erll sostienen que, si bien los usos indistintos de conceptos como memoria colectiva, memoria social y memoria cultural han sido objeto frecuente de críticas y de polémicas, ha sido precisamente en su condición de "término- paraguas" donde ha radicado su potencial para estimular el diálogo inter y trans-disciplinar que caracteriza actualmente los estudios sobre la memoria social y cultural (Erll 2008, 1–2).

La memoria cultural es, en cierto sentido "memoria encuadrada", es decir, una (re)construcción dominante del pasado que proporciona marcos y puntos de referencia comunes a un grupos sociales amplios, que sirve para mantener su cohesión, y para "definir su lugar respectivo, su complementariedad, pero también las oposiciones irreductibles" (Pollack 1989, 10–11). Estas operaciones de visibilización y encuadramiento se construyen siempre en un proceso de conflicto y negociación con otras memorias "subterráneas", "silenciadas", "mudas".

En las sociedades contemporáneas, los medios de comunicación constituyen instancias centrales en el proceso de construcción y circulación pública de representaciones dominantes sobre el pasado colectivo. De ahí que autores como Neiger, Meyer y Zandberg (2011) propongan el concepto de *memoria mediática* -media memory- para aludir a ese pasado colectivo "narrado por los medios, a través de los medios, y sobre los medios". En otros términos, puede considerarse que la memoria mediática refiere a los modos específicos en que los medios de comunicación participan en la construcción de la memoria cultural de las sociedades contemporáneas.

La importancia de la televisión en la producción y difusión de representaciones del pasado colectivo ha sido ampliamente reconocida. Algunos autores proponen incluso el término de "memoria televisiva" para aludir a la centralidad de este medio en las dinámicas de construcción de las memorias sociales (Rueda 2011, Orozco y Vassalo de Lopes 2013). Particularmente, se ha destacado cómo los productos ficcionales constituyen objetos relevantes para el análisis de las políticas de la memoria y el olvido, para el examen de "la administración de la agenda sobre el recuerdo socialmente pertinente" (Rueda 2011, 28).

El melodrama televisivo y la memoria sentimentalizada: notas teórico-metodológicas

Como género popular por excelencia de la ficción televisiva latinoamericana, la telenovela ocupa un lugar central en el proceso de construcción de la memoria cultural de nuestras sociedades. En el juego y la tensión entre pasado y presente que supone la operación de la memoria, el género actúa como mediación en la representación melodramática del pasado colectivo (Orozco y Vassallo de Lopes 2013, 81). La telenovela es "esa modalidad de melodrama en la que las más viejas narrativas se mezclan y hacen mestizaje con las transformaciones tecnoperceptivas de las masas, cuya oralidad secundaria han incorporado las gramáticas de lo audiovisual" (Martín Barbero y Muñoz 1992, 13–14).

Las singularidades de la telenovela en cuanto discurso melodramático televisivo pueden tener implicaciones importantes en los modos de construcción de la memoria cultural que ella articula. En este sentido, es necesario considerar que "el pasado no nos es dado, sino continuamente re-construido, y re-presentado. Esto es válido no sólo para aquello que es recordado (eventos, datos), sino también para el modo en que es recordado; es decir, la calidad y el sentido que ese pasado asume" (Erll 2008, 6). Como resultado- plantea esta autora- existen distintos modos de recordar eventos pasados idénticos. "Cuando el pasado es representado, la elección de medios y formas tiene un efecto en el tipo de memoria que es creado" (Erll 2008a, 390). Así, la existencia de distintos modos de representación del pasado -que apelan a recursos distintos en su evocación y (re)construcción- está asociada a la articulación de diferentes "modos de la memoria cultural", a la activación de formas específicas del recuerdo colectivo.

Debe considerarse que- en su cualidad de discurso ficcional- la telenovela no se apega, o no está obligada a apegarse, a los criterios de verdad establecidos y validados por los relatos historiográficos. Lo que está en juego en este tipo de discursos no es la verdad, sino la verosimilitud en la representación del pasado. Así, aunque la ficción puede tomar como referente el conocimiento científico del pasado, se trata de modos de memoria distintos. Lo que interesa, por lo tanto, no es sólo la "veracidad" o la "fidelidad" de la ficción a la historiografía, sino la construcción de representaciones del pasado, desde otros principios, con otros recursos y otros verosímiles. En dependencia del tipo de relación que los discursos telenovelescos plantean con el conocimiento y el discurso historiográfico, se plantea entonces la distinción fundamental entre *telenovelas históricas*- aquellas que enfocan en la presentación de un periodo específico de la historia colectiva y sus héroes principales en tramas que recrean esos hechos históricos, complementados con personajes de ficción (Rodríguez Cadena 2004, 49) y *telenovelas de época*, que retratan un momento del pasado sin incluir en sus tramas figuras históricas o hechos trascendentes; se ambientan en el periodo y lo tematizan, pero sus personajes y anécdotas son ficticios, y no están sometidos al rigor de un texto histórico (Mujica 2007, 22).

La telenovela comparte algunos rasgos típicos del "modo melodramático" (Brooks 1995), una forma de "imaginación moral" y un "modo performativo y narrativo" que funciona "sobre la base de metas altamente emotivas y altamente expresivas" (Herlinghaus 2002, 27). Según Dorcé, el modo melodramático estructura una episteme, un modelo de legibilidad del mundo "que tiende a reducir y simplificar los orígenes de todas las tensiones de poder humano, las aflicciones emocionales y sus soluciones correspondientes a la esfera de la familia, el amor, la religión y la agencia individual, en los términos de un binarismo maniqueo que raramente acepta otra causalidad o complejidad posible" (Dorcé 2005, 302).

Así, la fusión de los dominios de lo público y lo privado les permite sintetizar problemáticas amplias en figuras y tramas puntuales, y al mismo tiempo, sugerir que dramas personales y puntuales pueden tener significado público (Vassallo de Lopes 2009, 27). En el plano expresivo, el modo melodramático se caracteriza por una "cierta cualidad excesiva o exagerada" (Singer 2001, 160); y por la apelación al *pathos*, es decir, la movilización visceral, intensa y liberada de los sentimientos y de las sensaciones físicas asociadas a éstos (Singer 2001, Aprea 2003). Otro elemento básico en este tipo de discursos es el reconocimiento como esencia de la trama; el modo melodramático de representación es siempre "el drama de la virtud" menospreciada, "hecha visible y reconocida" (Brooks 1995, 27-28). Además, el mundo del melodrama es construido en términos de un maniqueísmo irreductible, en "el conflicto entre el bien y el mal como opuestos no sujetos a compromiso" (Brooks 1995, 36).

Esta serie de regularidades o rasgos típicos de la telenovela en cuanto discurso audiovisual melodramático pueden tener implicaciones importantes en el tipo de representaciones del pasado que ellas pueden construir, así como en las formas específicas de recuerdo colectivo que puede activar, por lo que deben ser tenidas en cuenta en el análisis de la telenovela como *modo particular de construcción de la memoria cultural*. En términos generales, ellas proponen una representación sentimentalizada y moralizante sobre el pasado colectivo, en la que las tramas, preocupaciones, diferencias y problemáticas de carácter público y social se construyen en relación con situaciones fundamentalmente vinculadas a la esfera privada y familiar. Construyen entonces un *modo retórico experiencial de la memoria* (Erll 2008, 390) en la que los eventos y situaciones del pasado común -enmarcadas y visibilizadas desde el presente que los enuncia y (re)construye- son representadas en primera persona, como eventos vividos, padecidos y enfrentados por los personajes ficcionales.

En esta dinámica de construcción de sentidos sociales sobre el pasado común, conviene atender también a las dinámicas de *remediación* del pasado colectivo (Erll 2008a, 392) en las que participa el género telenovela. La memoria cultural, afirma Erll, es el resultado de la interrelación de distintas construcciones y representaciones sobre el pasado colectivo que conforman un *canon*, un patrón reconocible e identificable en las narrativas e imágenes circulantes en una cultura mediática determinada (2008 a, 392). Aunque esta autora refiere específicamente a la necesidad de considerar la construcción de sentidos sociales sobre el pasado como un proceso transmedial -es decir, una dinámica que involucra la participación de distintos medios de comunicación en la reiteración y el reforzamiento de ciertas evocaciones del pasado colectivo- es posible considerar que estas dinámicas de *remediación* de ciertas zonas del pasado colectivo pueden producirse también al interior de un mismo medio, o incluso, al interior de un mismo género, como la telenovela.

Estas proposiciones conectan con la postura de autoras como Buonanno (2002) y Vassallo de Lopes (2008), quienes abogan por considerar la ficción televisiva no "como una historia específica, como una particular producción de género, sino más bien como corpus y flujo de las narrativas en el tiempo" (Vassallo de Lopes 2008, 39). En este sentido, resulta útil recuperar la noción de *fictionscape* propuesta por Milly Buonanno, para denominar a ese "territorio (paisaje) imaginario determinado y desplegado por el conjunto de las historias de ficción ofrecidas y disponibles en un determinado periodo de tiempo" (2002, 77). En los términos de este trabajo, el *fictionscape orientado al pasado* comprende a todas aquellas telenovelas producidas y exhibidas en Cuba durante la última década, cuyas tramas se anclan y construyen en referencia al pasado histórico de la nación. Para el análisis de la construcción de la memoria cultural en estas telenovelas, he asumido como guía metodológica las siguientes dimensiones de análisis:

- *Tiempo histórico representado:* La noción de tiempo es esencial en el proceso de "encuadramiento" de las memorias, pues las representaciones de la temporalidad, "la propia noción de qué es pasado y qué es presente son culturalmente variables e históricamente construidas" (Jelin 2001, 6).
- *Escenarios de representación del pasado:* aquellos "emplazamientos físicos propuestos por el relato mediático con la función de fijar determinados hechos o procesos pretéritos de relieve y darles sentido. Se trataría, por tanto, de una coordenada de encuadramiento que asumiría el rango de espacio semiotizado" (Rueda 2011, 30).
- *Temas y conflictos sociales representados:* la construcción de sentidos sobre el pasado puede asociarse a la articulación de determinadas problemáticas sociales (superadas o no) que adquieren prominencia no sólo en la descripción de una época o periodo histórico determinado, sino en relación con el presente desde el cual éste se enuncia.
- *Actores y polarizaciones sociales:* mecanismos como la polarización y el maniqueísmo, características de los discursos melodramáticos, pueden operar en la construcción de *determinaciones identificatorias positivas* (quiénes somos) y *negativas* (quiénes no somos), interviniendo así en la construcción de la autoimagen normativa de grupos y comunidades nacionales (Assmann 1995, 130).

En el periodo 2000–2012, el *fictionscape orientado al pasado* en la telenovela cubana estuvo conformado solamente por cuatro títulos: *Las huérfanas de la*

Obrapía (2000), *Destino Prohibido* (2004), *Al compás del son* (2005) y *Santa María del Porvenir* (2012), que fueron seleccionadas como casos de estudio para este trabajo. Se delimitó un corpus de análisis conformado por los primeros diez y los últimos cinco capítulos de cada una de estas telenovelas, que constituyen los momentos de planteamiento y resolución de las tramas propuestas. En los primeros capítulos quedan delimitados los entornos espaciotemporales, así como las temáticas y conflictos que darán forma a la trama telenovelesca. En los últimos, la resolución de las tramas refuerza las oposiciones identificatorias que operan en la construcción de identidades sociales. En cada uno de estos capítulos, se identificaron escenas relevantes para la descripción de las categorías de análisis propuestas.

El número reducido de telenovelas cubanas orientadas a la descripción del pasado en el periodo contrasta con los datos de la década precedente, en la que se observó una sobre abundancia de telenovelas de este tipo (más de 60% de la producción nacional). Por lo tanto, antes de pasar al análisis de las telenovelas mencionadas, resulta interesante ofrecer algunas pistas para explicar esta contracción aparentemente paradójica en el interés por la reconstrucción del pasado histórico en las telenovelas, a la luz de algunas condiciones fundamentales de producción y circulación social del género telenovela en Cuba.

Un poco de historia: del melodrama socialista al *boom* de la memoria en la telenovela cubana (1990-1999)

Ver telenovelas es una práctica arraigada en la cultura popular cubana. Los orígenes y la popularidad de este género en el país se remontan a finales de la década de 1940, cuando el escritor santiaguero Félix B. Caignet paralizaba la isla (y el continente) con las lágrimas de Mamá Dolores y Albertico Limonta en *El derecho de nacer* (1948). La radionovela de Caignet devino en paradigma del género, y con el paso de la radio a la televisión, se convirtió también en un canon para la producción de telenovelas en Cuba, y en América Latina.

Sin embargo, pese compartir una matriz cultural y genérica común, la producción de melodramas televisivos en Cuba tomaría derroteros diferentes de los adoptados en el resto del continente. Con la llegada de la Revolución al poder, en enero de 1959, todo el sistema de comunicación mediática -y dentro de éste, la televisión- experimentó transformaciones significativas. Gradualmente, todos los medios pasaron a ser públicos y fueron centralizados por el Estado. Desde entonces, el Estado ha poseído históricamente un estatus cuasi monopólico en la producción ideológico- cultural (Dilla 2003, 131), desempeñando un papel decisivo de control sobre las instituciones mediáticas, y en sus dinámicas de producción de sentido.

En este contexto comenzó a generarse una actitud de reticencia ante los códigos melodramáticos. Si bien no se trataría de una disposición oficial que normara o impusiera el rechazo oficial hacia el género -no existen, o no se reconocen documentos o directivas oficiales al respecto-, se impuso una suerte de acuerdo tácito, que presumía su desvalorización y necesaria readecuación. Sin embargo, ello no supuso un abandono del género telenovela, sino más bien su sobrevivencia accidentada. Se produjo un proceso de reconversión de este género melodramático, de modo que fuese capaz de construir significados, valores y relaciones de sentido que tributaran a la articulación y el reforzamiento del orden simbólico y moral fundado por la revolución. Para la radio y la telenovela, se estableció "un super objetivo: conseguir, a través de un espectáculo válido, y de eficacia probada, que el público se dé cuenta de los cambios que operan en la nación" (Cuartas en Bianchi 1998, 20).

El espacio *Horizontes* -que se mantendría al aire durante aproximadamente veinte años, desde la década de 1960 y hasta la década del 80- sería indicativo de los nuevos modos de concebir el género: una suerte de híbrido entre el melodrama y el realismo socialista. Conocidas popularmente como "novelas de sindicato", en clara alusión a los temas obreros y campesinos que pretendían representar, *Horizontes* se caracterizó por su interés en ilustrar la lucha de líderes obreros, por la descripción de los nuevos escenarios y conflictos sociales que debían enfrentarse en la construcción cotidiana de la sociedad socialista.

Sin embargo, el fenómeno popular desatado por la exhibición de *La Esclava Isaura,* a mediados de los ochenta, podría en evidencia el desgaste estético de la fórmula de los *Horizontes* nacionales. "Fidel Castro preguntó si nosotros no podíamos hacer algo parecido, que detuviera al país en el horario de la transmisión", rememora una realizadora cubana (González Grau 2009). La respuesta de la televisión cubana fue precisamente un melodrama de época: *Sol de Batey*, que con guión de Dora Alonso y bajo la dirección de Roberto Garriga, retomaría nuevamente la fórmula más tradicional del melodrama cubano, pues se trataba de la adaptación de una radionovela original transmitida en Cuba en 1950.

A pesar del éxito de *Sol de Batey*, no fue sino hasta la década de los años 90 en que la telenovela de producción nacional pasaría a ocupar el primer lugar en los índices de teleaudiencia (Alonso 1999). Fue a partir de esta década que tuvo lugar un proceso de reajustes en cuanto a los contenidos, temáticas, enfoques y conflictos en la telenovela cubana. Este proceso de reajuste del género, de búsqueda de otros modos posibles de reactivación de las prácticas melodramáticas en el medio televisivo se produciría en el contexto de la peor crisis que ha enfrentado el Estado y la sociedad cubana desde 1959, el denominado "Periodo Especial"[2]. Una revisión previa del *fictionscape* cubano de esta década crítica evidencia que la mayoría de los títulos producidos en la televisión nacional fueron melodramas históricos o de época (14 títulos, 66.7%), mientras que sólo 4 títulos anclaron sus tramas en la actualidad cubana de aquellos años (19%).

Dentro de los melodramas históricos estrenados en el periodo 1990–1999 se encontraba, por ejemplo, *De tu sueño a mi sueño* (1991), cuyo tema central es la lucha clandestina desarrollada en las ciudades durante el mandato del expresidente Fulgencio Batista. La telenovela se presentaba como un tributo a los "héroes anónimos" que habían sacrificado sus vidas en la lucha revolucionaria, y aunque no se enuncia abiertamente, queda bastante claro que constituye una recreación ficcional de una coyuntura histórica conocida oficialmente como la *Pascua Sangrienta;* una ola de asesinatos desatada por la policía batistiana en los días posteriores al alzamiento de fuerzas revolucionarias en la ciudad de Santiago de Cuba, y al desembarco un grupo de revolucionarios comandados por Fidel Castro en el yate Granma, en 1956.

Por otra parte, se estrenaron también en esta década telenovelas de época como *Magdalena* (1992), o *El Eco de las Piedras* (1998), – todas con un anclaje en el siglo XIX cubano- en las que los personajes se debaten entre dramas como la esclavitud y las relaciones inter clasistas e inter- raciales, las conspiraciones políticas o las luchas por la independencia, o, incluso, se involucran en procesos históricos como la Ilustración y las guerras napoleónicas, o el exilio y el Pacto del Zanjón. Los tópicos socio históricos más recurrentes en este tipo de telenovelas fueron tres: la *esclavitud* y el carácter injusto de las relaciones inter-raciales e inter-clasistas; la aspiración a la *soberanía nacional* y la agudización de los conflictos entre criollos y peninsulares; la *crítica a la moralidad* de las altas clases nacionales.

Además, se produjeron también telenovelas como *Pasión y Prejuicio* (1993) y *Tierra Brava* (1997) que, aunque orientadas hacia el pasado, tenían un anclaje espacio- temporal indefinido, y fueron exponentes fundamentales del rescate de la fórmula más rancia del modelo tradicional (Mazziotti, 1996) en la ficción televisiva cubana de los años 90. Por último, la *hibridación temporal* fue un

---

2 Con la desaparición del denominado "socialismo real" en los países de Europa del Este, Cuba atravesaría "la mayor afectación que haya sufrido desde su constitución como Nación" (Domínguez 1996, 1). *Periodo Especial en tiempos de paz* sería la denominación construida desde el discurso oficial para nombrar la crisis en todos los órdenes de la sociedad cubana que se desencadenó en este contexto.

recurso en otras telenovelas de la época- como *Entre mamparas* (1996), y *Cuando el agua regrese a la tierra* (1993)-. Aunque sus tramas se despliegan en la contemporaneidad cubana de esos años, el pasado se introduce como un segundo tiempo de narración que permite la reconstrucción retrospectiva de la biografía de los personajes protagónicos.

En una situación de crisis económica, política y social extrema, como la que atravesaba Cuba en esos años, la re descripción ficcional y melodramática del pasado permitía, por una parte, eludir la representación de una contemporaneidad crítica, y altamente problemática. Un análisis de estas telenovelas, muestra que la metáfora epocal operó como *dispositivo de contrastación con el presente*, y de *exaltación de la continuidad histórica*: el pasado revela conflictos públicos de carácter histórico y político -desde las guerras de independencia, la lucha revolucionaria, la explotación de esclavos y campesinos o la desigualdad social-; o conflictos privados estructurados desde lo público- como la imposibilidad de un amor entre clases sociales diferentes, la subordinación de la mujer y los límites socialmente impuestos a su plena realización personal e intelectual y los mitos burgueses al respecto-. La referencialidad de época e histórica en la telenovela operó, simbólicamente, en la *narrativización* (Thompson, 1998) del sistema sociopolítico revolucionario, conectándolo a una historia nacional que lo *legitimaba*, y que trascendía la experiencia de conflicto que suponía la crisis. Pero, además, puede concebirse que este predominio notorio del melodrama de época en la Cuba de los 90 constituyó también un *recurso metonímico*: el recurso al pasado expresaba la incapacidad de asimilar un contexto de cambios, la dificultad de asumir lo emergente, lo disfuncional, lo contradictorio. El pasado- la versión instituida y legitimada del pasado- vino a sustituir entonces la representación ficcional de un presente crítico, plagado de incertidumbres y de contradicciones.

Memorias recientes de un pasado (im)perfecto: ¿Qué y cómo *nos* recuerda la telenovela cubana 2000–2012?

El *exceso de memoria*, es decir, el recurso excesivo al pasado en la telenovela cubana durante la década 1999–2000, terminó generando una oleada de críticas en la audiencia y en la prensa cultural nacional. Lo que pesaba era no tanto la mirada obsesiva hacia el pasado, sino sobre todo la ausencia de representaciones del presente. Televidentes y críticos -hartos de dramas de esclavitud y liberación, de señoritas y de criadas que no parecían establecer conexión con su presente- insistían en la necesidad de reconocerse a sí mismos en la pantalla. Más aún, esta reticencia hacia la vuelta al pasado ofrece indicios importantes acerca de la *cualidad y la calidad de la memoria construida en la telenovela*: el pasado reactivado y reconstruido en ellas, se mostraba, en todo caso, como un pasado clausurado, insuficiente en la tarea de hacer sentido sobre el presente, a la luz de las auténticas problemáticas y preocupaciones de los televidentes cubanos contemporáneos.

La reacción de la institución televisiva ante las críticas a la sobreabundancia de producciones históricas o de época fue bastante radical: la producción de telenovelas de época o históricas disminuyó ostensiblemente. En todo el periodo 2000-2012 sólo se estrenaron cuatro títulos con estas características. Cabría pensar que la experiencia de la década anterior introduciría cambios importantes en las representaciones del pasado en la telenovela; pero, más allá de las suposiciones: ¿Cuáles fueron las regularidades en el *fictionscape* del pasado durante los últimos trece años? ¿Qué transformaciones, continuidades y rupturas con respecto a la década precedente pueden observarse en la representación del pasado y la construcción de la memoria cultural cubana en la telenovela?

Las Huérfanas de la Obra Pía: el género en la memoria

En mayo del año 2000 -luego de haber retomado la contemporaneidad como materia de representación en apenas dos telenovelas- la División de Programas Dramatizados del Instituto Cubano de Radio y Televisión decidió retomar su apuesta por los melodramas de época, con el estreno de *Las Huérfanas de la Obra Pía*. El proyecto fue ambicioso: previo a su estreno, la telenovela era presentada en la prensa como el proyecto más costoso en la historia de la televisión cubana[3] (Hernández, Juventud Rebelde, abril 4, 2000, 6). Dirigida por Rafael Vidal, y con guión original de la escritora Silvia Pérez Llera, la telenovela constó de un total 102 capítulos de aproximadamente una hora de duración cada uno, y fue transmitida en el horario estelar de las 9:00 pm entre mayo de 2000 y enero de 2001.

Las Huérfanas de la Obra Pía anclaba su trama en el siglo XIX cubano. No era una telenovela histórica, sino un melodrama de época; pero partía de la

---

3 No se hicieron públicas cifras concretas al respecto. Sin embargo, en varios artículos de prensa se insistió en el alto costo de producción de la telenovela, que fue descrita repetidamente como "el proyecto más ambicioso y costoso concebido por el ICRT en toda su historia" (Hernández, Juventud Rebelde, abril 4, 2000, 6), o como "uno de los proyectos más ambiciosos y costosos de la televisión cubana en los últimos veinte años" (del Río, Juventud Rebelde, enero 21, 2001, 9).

recreación ficcional de un hecho real: desde el año 1669 el Capitán Don Martín Calvo de la Puerta había instaurado una peculiar obra de beneficencia, que consistía en el sorteo anual de una dote de mil pesos entre doncellas huérfanas y blancas. En torno al sorteo se construyen las historias de cuatro muchachas huérfanas -Irene, Laura, Ondina y Teresa- que, por razones distintas, se ven involucradas en éste. Cada una de las protagonistas cuenta una historia de vida diferente que, sin embargo, confluyen hacia un drama común que es eje central de la telenovela: el drama de la dominación masculina en una sociedad patriarcal y moralmente corrompida. Para las huérfanas sólo hay dos alternativas de realización posibles: el matrimonio, o el convento. La contraposición entre ambas alternativas, y el hecho de que éstas son las únicas opciones posibles para la mujer, son reforzados reiteradamente en el discurso de la telenovela.

El sorteo de la Obra Pía es también el pretexto alrededor del cual se nuclean los más sórdidos personajes de la aristocracia habanera. El certamen está trucado, los premios han sido ya previamente arreglados según los criterios y conveniencias de Don Mariano, el Marqués de Asunción, y su grupo de amigos. El futuro de las muchachas depende la dote, pero no es el azar, sino el interés o la gracia de los caballeros lo que decidirá si resultan o no beneficiadas. A partir del simulado sorteo, y de la obtención o no del dinero de la dote, la vida de las protagonistas cambia drásticamente, y se desencadenan una larga serie de conflictos e intrigas folletinescas.

A diferencia de la tendencia observada en otras telenovelas de época producidas en la década 1990–1999, *Las Huérfanas de la Obrapía* no construye su trama en torno a los dilemas de la libertad y la independencia nacional. En cambio, se sitúa en un tiempo histórico previo al estallido de las luchas independentistas en Cuba, cuya representación pareciera alejarse de tramas explícitamente políticas. Sin embargo, los conflictos nucleares que son abordados desde la esfera de lo íntimo en sus diversas sub tramas se centran en tres tópicos fundamentales: (a) la crítica abierta a la dominación de género; (b) la crítica a las relaciones inter-raciales e inter- clasistas; y (c) la crítica a la hipocresía y a la falsedad de la moralidad aristocrática. El relato de las peripecias y los obstáculos de las protagonistas engarza así con la denuncia de un pasado esencialmente injusto.

Las protagonistas y los personajes femeninos -independientemente de su raza o condición social- son construidas como víctimas de empoderados aristócratas, son sometidas por ellos, son el objeto de su deseo, de sus intrigas y traiciones, y tratan de rebelarse contra ellos para asumir las riendas de su propio destino. Por otra parte, la crítica a la esclavitud y a la desigualdad racial se estructura principalmente alrededor de los personajes de Rosario y su esposo,

Isidro- subastados en plena plaza pública en las escenas iniciales de la telenovela- cuya familia es separada por Mariano con el fin de poseer sexualmente a la esclava. Además, la condición de mestiza "casi blanca" de Irene y su amor por Julián, que se torna imposible al develarse el origen aristocrático de la muchacha sirven como recurso de contrastación entre dos mundos paralelos y opuestos: el de la opulencia blanca de la aristocracia criolla de la ciudad intramuros; y el de los mestizos, negros y pobres de extramuros.

Los espacios de representación reproducen esta polarización esencial entre ricos blancos y pobres mestizos y negros. La telenovela recurre a emplazamientos históricos reales en la construcción de la imagen opulenta de la ciudad intramuros: sitios históricos y reconocibles en la geografía habanera como la Plaza Vieja, la plaza del convento de San Francisco de Asís, entre otros, construyen la "geografía de la memoria" en la telenovela, operando además como dispositivos en la construcción de la "proximidad cultural" con los televidentes[4] (Rueda 2011). La plaza funciona también como espacio de confluencia, como centro articulador de la vida social y escenario de representación pública de las relaciones poder y de estratificación social, en el que coexisten- aunque sin mezclarse- el caballero, el esclavo, el mestizo, la dama rica y la negra subastada como esclava. En cambio, la ciudad extra-muros se construye, fundamentalmente, desde el interior de las modestas y mal iluminadas viviendas de los pobres; ellas constituyen los marcadores geo simbólicos de un pasado sin derecho a monumentos. El hogar de los pobres- recluidos simbólicamente al espacio privado- plantea, sin embargo, una oposición interesante con respecto a las casas señoriales: el hogar de extramuros es el espacio de la familia, de los amigos, el espacio de la solidaridad; en contraste, la casa señorial- especialmente la de Don Mariano, Marqués de Asunción- viene a ser un espacio intermedio, ni público ni privado, en el que se reproducen a escala reducida los contrastes, las tensiones y los juegos de poder público. La casa señorial es espacio conflictivo de intrigas, de hipocresía, y de dominación.

De este modo, se refuerza una de las polarizaciones centrales articuladas en la telenovela, construida en torno a la desigualdad entre ricos y pobres, y entre blancos, mestizos y negros. Pero, además, asociada a esta polarización de clase y raza, se estructura la crítica a la moralidad aristocrática, codificada fundamentalmente en torno al personaje de Mariano, Marqués de Asunción, quien representa la prepotencia, la ambición, la corrupción y la degeneración de la aristocracia adinerada, para quien todo puede comprarse con dinero. Así, en el

---

[4] Según explicó a la prensa el escenógrafo, para la grabación de esta telenovela se emplearon cien locaciones, no sólo en La Habana Vieja, sino también en la ciudad de Camagüey, además de los estudios televisivos (en Hernández, Juventud Rebelde, abril 5, 2000, 9).

discurso de *Las Huérfanas de la Obra Pía*, la memoria de esta época pasada se construye en asociación directa con la desigualdad- de género, de raza, y de clase o de casta-, una asociación que refuerza y valida la memoria oficial construida por el discurso historiográfico. Ella puede considerarse, en cierto sentido, como una *remediación*- una versión experiencial, sentimentalizada y moralizante- de la crítica a la aristocracia criolla y a las relaciones coloniales que ha sido erigida como canon en el discurso historiográfico nacional.

Destino Prohibido: la memoria exotizada

Destino Prohibido fue estrenada en la televisión cubana en mayo del año 2004. Con guión original y dirección general de Xiomara Blanco, la telenovela constó de 120 capítulos de aproximadamente 45 minutos de duración cada uno. Con ella, su directora y guionista retomaba la fórmula más clásica de los melodramas radiales, cuya aceptación popular ya había sido comprobada por la propia Blanco con la adaptación en 1997 de *Tierra Brava*, una radionovela de la década de 1950. Cuenta la historia del amor de la María del Pilar Montebello y Fernando Mendoza, quienes deben enfrentarse a las intrigas de Rebeca, a las presiones sociales, y a la autoridad familiar para realizar su amor. Siguiendo la fórmula más tradicional del melodrama radial y televisivo, ancla su trama en un entorno rural pasado, pero sin marcas temporales y espaciales concretas.

El uso del lenguaje, la existencia de personajes que se definen como hacendados o exportadores tabacaleros, y la estructura social que dibuja la telenovela permite inferir que se ubica en el occidente cubano. Otros detalles como el vestuario, o el uso de artefactos como teléfonos o automóviles, y otros indicios aislados, permiten ubicar la trama en la Cuba republicana, entre las décadas de 1940 y 1950. Sin embargo, todas las marcas de identidad y ubicación temporal parecen haber sido intencionalmente borradas de la telenovela. Este desdibujamiento de las referencias espacio- temporales opera en la construcción de un tiempo y una sociedad que, paradójicamente, pueden resultar a la vez, lejanos, imprecisos, pero reconocibles como "pasados" para el presente que las enuncia.

La reiteración en *Destino Prohibido* de algunas de las temáticas y códigos utilizados previamente por la misma directora en la exitosa telenovela *Tierra Brava*- como la trama rural, el desanclaje espacio-temporal, e incluso, el mismo elenco de autores- establecía fuertes parentescos entre ambas telenovelas. De este modo, *Destino Prohibido* articulaba una relación con la memoria en múltiples niveles: era un relato que construía memorias sobre el pasado, aunque éste fuese un pasado difuso; era también un discurso que reactivaba la memoria del género en su versión más clásica, canonizada por la radionovela cubana; y por último, la telenovela evocaba otra telenovela, reciente aún en las memorias de los receptores.

Esta telenovela apeló más que al rescate, a la invención de una memoria exotizada de lo nacional. El detonante de la trama es la llegada al pueblo de un grupo de gitanos, un recurso que la telenovela explota visual y narrativamente en términos de anomalía extravagante y colorida. Aunque no existen investigaciones exhaustivas acerca de la presencia del pueblo romaní en Cuba, se ha documentado aisladamente su presencia desde tiempos coloniales, y con mayor fuerza durante el periodo de la Segunda Guerra Mundial. Sin embargo, su presencia se extinguió prácticamente después de la revolución (Del Valle 2005).

Destino Prohibido tiene el mérito de haber recuperado la presencia del pueblo gitano en la memoria del pasado nacional cubano. Sin embargo, construye una representación estereotipante de este grupo social, que recurre al vestuario exagerado y deformante, a la descripción caricaturesca de su forma de vida, y a la simplificación extrema de sus relaciones y conflictos con los habitantes del pueblo. Los gitanos de la telenovela son siempre exagerados en sus gestos, en sus actitudes, y en su discurso, y sus relaciones con los habitantes del pueblo se construyen en términos de otredad, de no pertenencia.

La trama melodramática central -el triángulo amoroso entre Mari Pili, Fernando y Rebeca- se articula como un conflicto en el que las relaciones humanas son determinadas por criterios sociales y económicos. Los verdaderos obstáculos que debe vencer la pareja protagonista no son las intrigas de la malvada Rebeca, sino esencialmente, la ambición económica y las imposiciones de una moral pública fundada en las apariencias, que establece normas muy estrictas de comportamiento social. Además de este conflicto central, una sub trama importante se construye en torno a Mari Pili y Samuel, un joven mestizo, empleado de confianza de su padre. Samuel está enamorado de la muchacha, pero su condición racial y económica hacen de éste un amor imposible. El joven desconoce la identidad de su padre, pero se sabe hijo de una negra pobre.

La telenovela construye la representación de un pasado afincado en convenciones clasistas y racistas, aderezado con la nota exótica y estereotipante del pueblo gitano. Las polarizaciones fundamentales son construidas en torno a las tensiones entre ricos y pobres, patrones y empleados, blancos y negros, gitanos y lugareños. Estas oposiciones se codifican siempre desde la esfera de lo íntimo. Predominan los escenarios de representación interiores: las residencias lujosas, las imponentes haciendas, y las modestas viviendas de los empleados. El espacio interior es también un espacio codificado según las convenciones sociales de la época: la discreción de la cocina es el escenario asignado a las domésticas; el salón y el comedor señorial son el espacio de la socialidad burguesa. El único espacio público es el del café, e incluso allí la estratificación social es clara: los gitanos cantan y bailan, los pobres sirven, y los burgueses rurales disfrutan.

Sin embargo, las polarizaciones planteadas terminan por diluirse en la resolución armónica de los conflictos sociales planteados, en un universo ficcional en el que todos los personajes "buenos"- ricos y pobres- pueden terminar siendo felices porque se inventan un destino hecho a la medida de sus posibilidades: así, por ejemplo, Samuel, el mestizo, puede olvidar a Mari Pili, y terminar emparejado con Rosario, una bella gitana que es, como él mismo, víctima de los prejuicios sociales; Rosario, a su vez, puede abandonar a su pueblo porque se revela que ella no es en realidad gitana; y Amalia, la prima que vive como recogida en la casa terrateniente, puede casarse sin remordimientos con el señorito rico, porque se revela su identidad oculta de damita heredera.

De este modo, la telenovela construye una evocación del pasado que se sitúa deliberadamente al margen de cualquier asociación con el conocimiento historiográfico. Abandonando las referencias explícitas a un tiempo y un espacio específico, introduciendo personajes y recursos exóticos -alejados de aquellos que han sido referentes culturales centrales en la construcción de la identidad nacional cubana-, y centrándose prioritariamente en la crítica a las convenciones y la moralidad burguesa, *Destino Prohibido* terminó construyendo la evocación nostálgica de un pasado idílico. Una memoria del ayer que, por sus fuertes matices conciliadores y exóticos, pareciera ser más bien la ensoñación escapista de un presente que se refugia en la imaginación de su pasado.

Al compás del son: "el pueblo" en la memoria

Al compás del son fue estrenada en mayo de 2005. La telenovela, de aproximadamente cien capítulos de 40 minutos cada uno, fue escrita por Mayté Vera y dirigida por Rolando Chiong, y anunciaba, desde su propio título, el diálogo con uno de los géneros musicales más arraigados en la cultura popular cubana. Esta telenovela anclaba su trama en la sociedad habanera de la década de 1930, en el contexto de la crisis económica y política que condujo a la revolución popular contra el gobierno dictatorial de Gerardo Machado, quinto presidente de Cuba durante el periodo republicano (1925–1933).

Cuenta la historia de Lino, un tresero mulato que emigra desde el oriente hacia la capital del país en busca de oportunidades para ganarse la vida como músico. En La Habana, se integra a un sexteto sonero, y conoce a Aurorita

Martínez, una dama de la alta sociedad habanera. Alrededor del amor imposible de estos dos personajes, y de los distintos integrantes del conjunto musical se despliegan un gran número de sub tramas que involucran a diversos personajes-tipo de la sociedad cubana de esa época. Aunque no se trataba de una telenovela histórica, sino de un melodrama de época, *Al compás del son* incorpora y recrea hechos históricos reconocidos en la historiografía nacional, en el marco de la denominada Revolución del '30, tales como las revueltas de obreros y estudiantes, la clausura de la Universidad de La Habana, la huelga general que terminaría por derrocar el gobierno, y la huida del propio Machado hacia Estados Unidos. Algunos de los personajes participan directamente en las manifestaciones y huelgas, otros se ven involucrados en ellas de modo accidental, pero ninguno permanece al margen del clima de descontento político y de revolución social. Los hechos históricos son retomados como recursos de anclaje temporal, y en ocasiones, como recursos narrativos en la construcción de la trama ficcional.

Algunos personajes operan abiertamente como dispositivos de articulación de la esfera sentimental- privada con los conflictos sociales, públicos. Tal es el caso, por ejemplo, del senador Eleuterio Armenteros -el villano de la telenovela- que encarna una figura de la institucionalidad política republicana y que representa la prepotencia, decadencia y caída de la clase política nacional. Otro personaje como Arce, el periodista, permite incorporar al relato conflictos públicos concernientes a la libertad de expresión, a la censura, y al papel de la prensa en la denuncia de los abusos y la corrupción gubernamental. La figura del militante opositor, codificada en el personaje de Enrique, o de la luchadora feminista, en el personaje de Fabiana funcionan también como recursos de representación de la realidad histórica en la telenovela. Un caso peculiar es el de Regla, "la mambisa", un personaje que opera en la codificación de la memoria del pasado reciente de lucha por la independencia en el presente republicano construido en la telenovela. Regla, que había participado en la guerra contra España en 1895, se resiste a la expropiación de sus tierras por parte de una gran compañía estadounidense. El personaje representa, a un tiempo, la frustración de los ideales independentistas, y la resistencia a la penetración norteamericana en la isla.

Además de estos personajes, la telenovela utiliza como recurso de referencialidad histórica la presencia constante- a modo de cortinilla entre una escena y otra- de una serie de figuras populares, como el vendedor de periódicos, que vocea las últimas noticias políticas, el yerbero, el viandero, el manisero, el florero, el globero, o el afilador de cuchillos. Estas figuras populares, encarnadas siempre por el mismo actor, operan en la simbolización del pueblo. Incluso, en algunos de los capítulos se apela a la figura del Bobo, personaje fácilmente reconocible, que simbolizaba el pueblo dentro de la caricatura política republicana, y que fuera uno de los símbolos populares de crítica hacia la dictadura machadista. En ocasiones, la inclusión de estas figuras se combina con otros recursos, como la presentación de primeras planas de la prensa de la época, o la utilización de imágenes de archivo.

Este énfasis en la reconstrucción ficcional de las luchas sociales y políticas de los años 30 se combina con el recurso a la memoria de la cultura popular nacional. La música popular tradicional- no sólo el son, sino también la trova tradicional, la rumba o el bolero-, y toda la atmósfera cultural asociada a ella son objeto de representación en la telenovela. En cada uno de sus capítulos los actores interpretan clásicos temas musicales cubanos, y en los créditos de cierre de cada uno de ellos se recuperan grabaciones de sus intérpretes originales. Este rescate de la cultura popular nacional se expande también a la poesía, con la lectura de textos de Nicolás Guillén, el poeta nacional cubano. Poemas, canciones y música son también objeto de discusión y de debate entre los personajes. De este modo, la telenovela opera en la reactivación de algunas matrices de la cultura popular cubana, al tiempo que se afinca en ellas como recurso de referencialidad histórica y como dispositivos de reconocimiento de los receptores.

Los escenarios más frecuentemente utilizados para la representación de los ámbitos públicos en la telenovela son precisamente ámbitos en los que se presentan el septeto, el trío, o la orquesta de mujeres, es decir, los cafés, los salones de baile y los clubes de sociedad. Otros espacios utilizados son el solar- casa de vecindad-, y la pensión. Ambos funcionan como recursos de condensación metonímica de las clases populares: los músicos, las bailarinas, los estudiantes, las lavanderas y hasta las prostitutas confluyen y coexisten en estos espacios de condensación de la heterogeneidad.

En la telenovela, los conflictos de amor se construyen en estrecha relación con conflictos sociales y políticos. La trama melodramática central -el amor entre Lino y Aurorita- se articula a modo de crítica a las convenciones sociales de la burguesía de la época: una familia burguesa venida a menos que vende su hija al mejor postor con tal de recuperar su buen nombre y su fortuna; una madre manipuladora que sacrifica la felicidad de su hija; y el deber socialmente impuesto de mantener el matrimonio, pese a todo. En función de esta crítica a la moral burguesa se despliega también el discurso de género, y la denuncia del sometimiento femenino.

Las polarizaciones melodramáticas son también polarizaciones políticas: en el polo positivo se sitúan no sólo la pareja protagonista, sino "el pueblo", en general, los músicos, los estudiantes, los periodistas, las secretarias. En el polo negativo se ubican, en cambio, personajes asociados al gobierno machadista: el senador Eleuterio Armenteros, esposo de Aurorita y villano de la telenovela; Vitico, el gentleman inescrupuloso y parásito; El Pandeao, proxeneta y esbirro; entre otros. Finalmente, son eventos históricos como la huelga general y la huida de Gerardo Machado los que hacen posible la realización del amor de los protagonistas, y el final feliz de la telenovela.

Así, sin ser propiamente una telenovela histórica, *Al compás del son* es un discurso que redescribe- aunque no redefine- una coyuntura que ha sido construida como hito en la historia del movimiento revolucionario cubano. El recurso a la música, al baile y la poesía, opera en la redescripción de un episodio histórico de naturaleza política, desde referentes directamente asociados a la cultura popular y la identidad nacional cubana, que actúan como dispositivos de producción de reconocimiento entre los receptores. El relato de esta coyuntura política se traduce entonces en una narrativa incrustada en "lo popular- nacional", que se construye en la oposición abierta a la clase política y la burguesía republicana.

Santa María del Porvenir o el fracaso de la memoria

En octubre del año 2012, se estrenó en las pantallas cubanas *Santa María del Porvenir*. Fue dirigida por Rolando Chiong, y contó con un guión original de Gerardo Fernández y Lucía Chiong. Tuvo un total de cien capítulos, de 45 minutos cada uno, y contó con un elenco de más de setenta actores. La telenovela- que había sido bastante anunciada y celebrada en la prensa en el contexto previo a su estreno- fue introducida por sus propios realizadores como una propuesta original, "una mezcla entre el programa humorístico *San Nicolás del Peladero* y la telenovela brasileña *Roque Santeiro*" (Chiong en Nórido 2012). La apuesta era entonces recuperar las claves de dos referentes centrales en la memoria de los televidentes cubanos: la farsa y el humor costumbrista de uno, con el realismo mágico del otro. Con esos ingredientes, los realizadores pronosticaban un éxito de audiencia, e incluso, algunos funcionarios del Instituto Cubano de Radio y Televisión (ICRT) auguraban que la telenovela "iba a significar un antes y un después en la manera de hacer telenovelas en Cuba" (Nórido 2013).

La historia se desarrolla en el año 1951, en *Santa María del Porvenir*, un pueblo ficticio de la provincia de Matanzas. Una noche, en que los habitantes del pueblo- todos protagonistas de esta trama coral- padecen de un calor asfixiante, comienza a caer del cielo una lluvia de billetes de a cien pesos. Los habitantes se apresuran a recogerlo, creyendo que es un milagro de Dios que los salvará de la pobreza. En realidad, el dinero había sido robado por un grupo de mafiosos, que escapaban con él en una avioneta cuando sufrieron un accidente: la bolsa se abrió, y el dinero voló hasta el poblado. Las peripecias inician cuando los mafiosos llegan a Santa María, tratando de recuperar su botín, y los habitantes del pueblo se organizan para conservarlo a toda costa.

La telenovela construye una representación del pasado que no se ancla en eventos históricos concretos, sino que apela a recursos, escenarios y personajes prototípicos en la recreación general de una época claramente pre revolucionaria. En este sentido, opera la descripción -en el microcosmos pueblerino- de la estratificación social republicana, y la introducción de personajes típicos como el del alcalde, el policía, el cura, el monaguillo, las burguesas, el mayordomo, las criadas, el bodeguero, el emigrado español, el comerciante polaco, el negro "santero", y el sobreviviente de las guerras de independencia. La utilización recurrente de escenarios como la iglesia y la plaza aledaña a ésta como los espacios públicos centrales en la vida social pueblerina refuerzan la representación de un tiempo pasado previo a la revolución de 1959.

Sin embargo, los marcadores temporales más precisos están asociados a la memoria mediática nacional: en el contexto en que se desarrolla la historia, se transmite en la radio *El derecho de nacer*, y entre los habitantes de Santa María se comenta la existencia -allá en La Habana- de un artefacto increíble que todavía no entienden, pero añoran comprar con su inesperada fortuna: la televisión. La radionovela y la televisión se tornan así en objeto de discurso entre los personajes, y la memoria mediática opera como recurso de anclaje temporal, y como dispositivo de interpelación, de producción de reconocimiento entre los receptores.

La memoria de esta época pasada en la telenovela es, además, la memoria de lo real maravilloso: un pasado en que lo insólito, lo asombroso, es la esencia misma de la normalidad cotidiana. Una cotidianeidad en que los santos de la iglesia se derriten de calor, en que los cuadros hablan, en que el viento es presagio de eventos terribles, en que un músico loco frece espléndidos conciertos en las noches de luna llena; y en que leyendas populares como la de la caimana que vive en las márgenes del río, o de la ciguata que se lleva a los hombres es sustancia de la vida cotidiana.

Un tópico central en la telenovela es el de la desigualdad social. La caída del dinero se convierte en un dilema ético, que contrapone el respeto a la propiedad privada a la reivindicación del derecho del pueblo a aspirar a una vida mejor. El dinero es un recurso simbólico de representación de las necesidades de los habitantes de Santa María, y de sus sueños insatisfechos: tener una casa más grande, estudiar en la universidad, costear un ritual de "santificación" de la religión afrocubana, comprar un radio, o una televisión. Pero también desata las ambiciones más viles entre aquellos que no "recogieron dinero": el alcalde del pueblo, el jefe de la policía, María Paula- la rica benefactora del pueblo- entre otros oscuros personajes. Las polarizaciones se construyen entonces, no solamente con respecto a los mafiosos forasteros, sino sobre todo, en relación con sus aliados pueblerinos, todos representantes de la burguesía y la institucionalidad política republicana. La conservación del dinero se convierte así en una metáfora de rebeldía y resistencia contra el *status quo* republicano.

Otro tópico importante es el de las relaciones inter-raciales, construido en torno a los amores proscritos entre mulatas y blancos. La condena a este tipo de relaciones proviene, sin embargo, de personajes negros: Tafiá, el viejo africano que no admite las relaciones de su nieta mestiza con un joven blanco; y Zulueta, el negro mambí que ha cortado todo tipo de relación con su hija, porque ésta se ha emparejado con un inmigrante español. Curiosamente, estos personajes negros se resisten a las relaciones inter- raciales por un asunto de memoria: la memoria de la esclavitud y de la explotación, y la memoria de la guerra contra el colonizador. Sin embargo, la resolución de estos asuntos en la telenovela se articula en términos de conciliación entre las razas, y por lo tanto, de neutralización y actualización de estas memorias oprimidas: las oposiciones raciales pierden sentido, porque ellas han sido superadas en nombre de un nosotros, "el pueblo" de Santa María.

Finalmente, la telenovela construye una metáfora de crítica a las ambiciones materiales. La mayoría de los pueblerinos pierde el dinero de las maneras más absurdas: se lo comen los ratones, se convierte en cenizas, se lo lleva la crecida del río, se lo llevan los mafiosos y la benefactora, María Paula. Los personajes negativos salen ganando; pero sólo aparentemente: el pueblo en cambio, consigue la felicidad. La moraleja-que había sido descrita desde el pre-estreno de la telenovela a la prensa cubana- es muy clara: "no es más rico el que más tiene, sino el que menos necesita" (en Márquez 2012).

Santa María del Porvenir constituyó uno de los mayores fracasos en la historia reciente de la televisión cubana. En marzo de 2013, la telenovela acumulaba los índices más bajos de teleaudiencia y gusto entre las propuestas televisivas de los últimos diez años (Nórido 2013). Fue calificada por la prensa como "uno de los espacios dramatizados más penosamente disfuncionales producidos durante los últimos cinco o diez años" (del Río 2013). Generó una polémica bastante intensa en los medios digitales cubanos, y fue incluso uno de los puntos de rendición de cuenta del presidente del ICRT ante el parlamento nacional (Armas 2012). Sus errores fueron tan diversos como ostensibles: un guión insuficiente, que establecía fuertes confusiones entre la farsa, la sátira y el melodrama televisivo, personajes caricaturescos e inverosímiles, una producción extremadamente pobre, y un notable desbalance en el desempeño actoral.

La telenovela intentó construir "un *pastiche* con aires de nostalgia y moralejas adjuntas" (del Río 2013), y falló estrepitosamente en este empeño. En algunas telenovelas de época ha sido reconocida la tendencia a construir evocaciones del pasado basadas en un efecto *pastiche* que pretende activar "los imaginarios vinculados a una determinada época, a través de la acumulación de imágenes desconectadas de su contexto" (Mujica 2007, 22). Sin embargo, en el caso de *Santa María del Porvenir el fracaso* puede asociarse directamente a la insuficiencia para integrar en un mismo discurso objetos de memoria tan disímiles entre sí. El pasado representado se convirtió así en un conglomerado inconexo de géneros, estilos, en un desfile satírico y carnavalesco de figuras populares y estampas de época incapaces de interpelar a una audiencia desorientada, que no se reconoció a sí misma, ni a su historia común, en la pequeña pantalla.

A modo de conclusiones: el pasado (im)perfecto en el paisaje de la memoria

El análisis del *fictionscape* permite reconstruir la "comunidad imaginada" creada por las historias de ficción durante un determinado tiempo (Buonanno 2002, 78). Más allá del examen de discursos puntuales, la descripción de este *fictionscape* del pasado permite reconocer algunas pautas recurrentes, algunas regularidades discursivas observables en las dinámicas de *remediación* del pasado (Erll 2008 a, 392) en la telenovela cubana contemporánea. Una de estas regularidades en la construcción de la memoria cultural en la telenovela cubana de la última década ha estado asociada a la construcción de la temporalidad.

El tiempo histórico representado como "pasado" en la telenovela es, en todos los casos, anterior al año 1959, el tiempo del pasado pre- revolucionario. Esta construcción de la temporalidad permite varios ángulos de análisis: en primer lugar ella remite a una ruptura, un antes y un después que queda delimitado simbólicamente a partir de la llegada de la revolución al poder, una demarcación temporal que codifica la transformación de la vida social, económica y política de la isla a partir de 1959 en términos de su asociación con un presente continuo y vigente. En segundo lugar, esta equivalencia del pasado con "el pasado pre- revolucionario" lleva implícita la definición temporal de la Cuba "revolucionaria" en términos de su oposición con un pasado concluido, superado. El pasado representado es entonces un pasado cerrado- un *pasado perfecto*- un tiempo que denota un estado de cosas anterior al presente que lo evoca.

Por otra parte, aunque las telenovelas analizadas son relatos de época- y no telenovelas históricas- la redescripción que ofrecen del pasado nacional se estructura en torno a un conjunto de tópicos sociohistóricos recurrentes, comunes a todas ellas: (a) la crítica a la desigualdad social y a la discriminación racial; (b) la crítica a la moralidad y las convenciones sociales asociadas a la aristocracia y la burguesía nacionales; (c) la crítica a la corrupción de las instituciones y de las clases rectoras de la nación. En este sentido, la memoria cultural construida en la telenovela adquiere *dimensiones formativas* (Assmann 1995): ella informa sobre un tiempo pasado cerrado, concluso, pero *imperfecto*, cuyas proyecciones sobre el presente sólo pueden ser articuladas en términos de contrastación crítica con respecto a la autoimagen dominante de una sociedad que presume haber superado esas formas de dominación, desigualdad e injusticia social.

Asimismo, la construcción del pasado como un entorno polarizado entre ricos y pobres, blancos y negros, mujeres y hombres opera en la construcción de referentes identificatorios positivos -representado en los pobres, en los desclasados, en los oprimidos, en los otrora dominados- y negativos -los aristócratas, burgueses, políticos, esbirros- que son excluidos en términos simbólicos y sentimentales de la comunidad nacional imaginada en la telenovela. La memoria conecta así con el presente en la definición -el reforzamiento- de un "nosotros" nacional codificado en "el pueblo", y que reviste fuertes asociaciones con la continuidad histórica y con el carácter popular de la propia revolución de 1959.

La pantalla *nos* recuerda entonces, en un doble sentido. Por un lado, ella construye imágenes de *nosotros*, produce sentidos sobre nuestro pasado y nos vincula con la comunidad nacional imaginada, sintetizada en "el pueblo". Pero, además, las historias de estas telenovelas *nos recuerdan* la imperfección de ese pasado común; operan como recursos de contrastación con el presente continuado de la revolución cubana; recuperan y reactivan las contradicciones sociales que ella se propuso erradicar, y operan así como recursos de narrativización del presente. Lo que subyace entonces, es una cierta política de la memoria que, a tono con el discurso político y con el orden simbólico y moral instituido por la revolución cubana, (Bobes 2000, 111) identifica la revolución y el socialismo con la realización plena de la patria.

Bibliografía

Alonso, Margarita. 1999. *Enfoque teórico-metodológico para el estudio de la recepción de telenovelas*. Tesis de Doctorado. La Habana: Facultad de Comunicación, Universidad de La Habana.

Aprea, Gustavo. 2003. *El melodrama negado*. Ponencia presentada en XIV Congreso de la Asociación Alemana de Hispanoamericanistas en la Universidad de Regensburg, Ratisbona, Alemania. http://www.catedras.fsoc.uba.ar/steimberg/pdf/aprea04.pdf.

Armas, Paquita. 2012. No solo el porvenir...de Santa María. *Cubadebate*, diciembre 23. http://www.cubadebate.cu/noticias/2012/12/23/no-solo-el-porvenir.

Assmann, Jan. 1995. "Collective Memory and Cultural Identity". *New German Critique* 65: 125–133. http://www.jstor.org/stable/488538.

Assmann, Jan. 2008. Communicative and Cultural Memory. En *Cultural Memory Studies: An International and Interdisciplinary Handbook*, editado por Astrid Erll y Ansgar Nünning: 109–118. Berlin/New York: Gruyter.

Barbosa, Marialva. 2001. "Medios de Comunicación y conmemoraciones. Estrategias de reactualización y construcción de la memoria". *Signo y Pensamiento* 39: 104–112.

Bianchi, Ciro. 1998. Joaquín Cuartas: escribo para ese ciudadano de a pie. *La Gaceta de Cuba*, marzo-abril: 20–22.

Bobes, Velia C. 2000. *Los laberintos de la imaginación. Repertorio simbólico, identidades y actores del cambio social en Cuba*. México DF: El Colegio de México.

Brooks, Peter. 1995. *The Melodramatic Imagination. Balzac, Henry James and the Mode of Excess*. New Haven: Yale University Press.

Buonanno, Milly. 2002. "Conceptos clave para el story-telling televisivo. Calidad, mediación ciudadanía". *Diálogos de la Comunicación* 64: 76–85.

del Río, Joel. 2013. Santa María y la predestinación a la desmemoria. *Juventud Rebelde*, febrero 16. http://www.juventudrebelde.cu/cultura/2013-02-16/santa-maria-y-la-predestinacion-a-la-desmemoria/.

Del Valle, Amaury. 2005. "Gitanos en Cuba". *Revista Trimestral de Investigación Gitana* 49: 16–18.

Dilla, Haroldo. 2003. La gobernabilidad en la transición incierta. En *Cuba: sociedad, cultura y política en tiempos de globalización*, compilado por Mauricio de Miranda: 127–150. Bogotá: Pontificia Universidad Javeriana.

Domínguez, Jorge I. 1995. Cuba en un nuevo camino. En *Cuba en crisis: perspectivas económicas y políticas*, compilado por J. Rodríguez Beruff: 23–42. San Juan: Editorial de la Universidad de Puerto Rico.

Dorcé, André. 2005. *The Politics of Melodrama: The Historical Development of the Mexican Telenovela, and the Representation of Politics in the Telenovela Nada Personal, in the Context of Transition to Democracy in Mexico*. Thesis submitted for de Degree of Doctor of Philosophy. London: Goldsmiths College, University of London.

Erll, Astrid. 2008a. Cultural Memory Studies: An Introduction. En *Cultural Memory Studies: An International and Interdisciplinary Handbook*, editado por Astrid Erll y Ansgar Nünning: 1–11. Berlin/New York: Gruyter.

Erll, Astrid. 2008b. Literature, Film, and the Mediality of Cultural Memory. En *Cultural Memory Studies: An International and Interdisciplinary Handbook*, editado por Astrid Erll y Ansgar Nünning: 389–398. Berlin/New York: Gruyter.

González Grau, Magda. 2009. Canon y telenovela. *EnVivo*. http://www.envivo.icrt.cu/dossier/89-icanon-y-telenovela.

Herlinghauss, Hermann. 2002. *Narraciones anacrónicas de la modernidad. Melodrama e intermedialidad en América Latina*. Chile: Editorial Cuarto Propio.

Hernández, Luis. 2000. Confesiones de cuatro huérfanas. *Juventud Rebelde*, abril 5: 6.

Huyssen, Andreas. 2002. *En busca del futuro perdido. Cultura y memoria en tiempos de globalización*. México: Fondo de Cultura Económica.

Jelin, Elizabeth. 2001. *Los trabajos de la memoria*. Madrid: Siglo Veintiuno.

Márquez, Alba. 2012. En producción nueva telenovela cubana. *Radio Habana Cuba*, febrero 6. http://www.cadenahabana.cu/2012/02/06/en-produccion-nueva-telenovela-cubana/.

Martín Barbero, Jesús y Sonia Muñoz, Coord. 1992. *Televisión y Melodrama. Géneros y lecturas de la telenovela en Colombia*. Bogotá: Tercer Mundo Editores.

Mujica, Constanza. 2007. "La telenovela de época chilena: Entre la metáfora y el trauma". *Cuadernos de Información* 21: 20–33.

Neiger, Motti et al. 2011. *On Media Memory: Collective Memory in a New Media Age*. New York: Palgrave Macmillan.

Nórido, Yuris. 2012. Entre San Nicolás del Peladero y Roque Santeiro. Trabajadores, septiembre 30. http://archivo.trabajadores.cu/news/20120930/2512197-entre-san-nicolas-del-peladero-y-roque-santeiro.

Nórido, Yuris. 2013. Santa María del Porvenir: las buenas intenciones no bastan. *Cubasí*, marzo 20. http://www.cubasi.cu/cubasi-noticias-cuba-mundo-ultima-hora/item/15425-santa-maria-del-porvenir-las-buenas-intenciones-no-bastan.

Orozco, Guillermo y Vassallo de Lopes, María I., Coord. 2013. *Memoria Social y Ficción Televisiva en Países Iberoamericanos. Anuario del Observatorio Iberoamericano de Ficción Televisiva*. Porto Alegre: Sulina.

Pollack, Michael. 1989. "Memoria, Olvido, Silencio". *Estudos Históricos* 3: 3–15.

Rodríguez Cadena, María de los Ángeles. 2004. "Contemporary Hi(stories) of Mexico: Fictional Re-Creation of Collective Past on Television". *Film & History* 34.1: 49–55. DOI: 10.1353/flm.2004.0010.

Rueda, José C. 2011. "Esta tierra es mía. Espacios históricos y geografía de la memoria en la ficción televisiva española". *Historia Actual Online* 26: 27–39.

Singer, Ben. 2001. *Melodrama and Modernity*. New York: Columbia University Press.

Thompson, John B. 1998. *Ideología y cultura moderna. Teoría crítica social en la era de la comunicación de masas*. México: Universidad Autónoma Metropolitana.

Vassallo de Lopes, María I. 2008a. "Televisiones y narraciones: las identidades culturales en tiempos de globalización". *Comunicar* 30: 35–41.

Vassallo de Lopes, María I. 2008b. "Telenovela como recurso comunicativo". *MATRIZes* 1: 21–47. http://www.matrizes.usp.br/index.php/matrizes/article/view/127/207.

Võsu, Kõresaar Ene y Kristine Kuutma. 2008. "Mediation of memory: toward transdisciplinary perspectives in current memoy studies". *Trames* 12: 243–263. DOI: 10.3176/tr.2008.3.81.

CAPÍTULO 4

Historia, memoria y el recurso audiovisual: las narraciones del pasado en la televisión argentina actual

Florencia Dadamo, Leandro Della Mora y Mariana Piccinelli

Los medios audiovisuales son la principal expresión cultural contemporánea, una forma de representación de la realidad a modo de perspectivas personales. Además, forman parte de nuestra cotidianeidad: no sólo son una herramienta útil que nos facilita la vida o nos entretiene, sino que también cumplen la función de moderar entre nuestras acciones diarias y la sociedad en la que vivimos. La percepción de nuestro entorno está en muchos casos mediatizada. Las imágenes -ya sean fotográficas o en movimiento como en los noticieros, videos, películas, cortos, documentales, etc.- nos proporcionan datos al instante; información que utilizamos para actuar y tomar decisiones. A la vez, nos sirven para intervenir en ese contexto. Ahora bien, debemos tener en cuenta que, si las imágenes cinematográficas y/o televisivas muchas veces poseen la pretensión de retratar la realidad, también son una representación y una reconstrucción de la misma.

Sin embargo, esto no las invalida como medios útiles para lograr interpretaciones más complejas de, por ejemplo, hechos históricos. Las narraciones de ficción pueden ir más allá de su función referencial y cumplir el rol de acercar el mundo del pasado al receptor del presente. Pues, como aclara Pierre Sorlin, como historiadores, la riqueza de nuestra labor no se basa en la corroboración o comparación de los textos fílmicos con los escritos -aunque este proceso sea necesario- o preguntarnos por su grado de veracidad, sino en indagar en los aspectos político-ideológicos de los mismos y comprender los medios y los motivos por los cuales estos se presentan en relación a la sociedad a la que apelan (Sorlin 2001, 25–49).

Ligado a lo expresado, se debe considerar la propuesta de Ferro, quién expresa que las representaciones audiovisuales más allá de ser documentos de una época, funcionan como agentes activos del devenir histórico. En este último sentido creemos que el film puede organizarse no sólo como productor y reproductor de un discurso determinado, sino también como un medio a través del cual se evidencian acontecimientos del pasado, que adquieren relevancia académica o notoriedad pública desde que se los representa audiovisualmente. Esta afirmación descansa en la concepción que introduce Barthes sobre la existencia del hecho histórico, por contraposición al mero suceso: "A partir del momento en que interviene el lenguaje (¿y cuando no interviene?) el hecho sólo puede definirse de manera tautológica: lo anotado procede de lo observable, pero lo observable (...) no es más que lo que es digno de memoria, es decir, digno de ser anotado" (Barthes 1987, 174).

Como afirma Robert Rosenstone, vivimos en una época posliteraria en la cual el acercamiento masivo del público hacia el conocimiento del pasado se lleva a cabo a través del audiovisual. Es por esta razón que los historiadores, ya sea desde una perspectiva didáctica o discursiva, no podemos dejar de lado una herramienta tan importante como este medio. El relato fílmico responde a un lenguaje diferente al escrito, motivo por el cual al abordar las fuentes audiovisuales no debemos hacerlo desde los instrumentos y procesos convencionales de la historia como disciplina académica. Partiendo de esta premisa, resulta necesario respaldarse en herramientas teórico-metodológicas que den cuenta de las características y potencialidades propias de la imagen cinética. Pensamos que los medios audiovisuales son un importante actor social en la construcción de sentido y por ende influyen de forma decisiva en la memoria colectiva. Desde los revolucionarios rusos hasta nuestros días, gobiernos de diferentes vertientes ideológicas utilizaron recursos fílmicos tanto para construir consenso, como para lograr diversas reinterpretaciones de la historia acordes a necesidades coyunturales.

Con respecto a la relación entre el Estado y las producciones audiovisuales, el caso argentino es complejo y heterogéneo, en particular si consideramos la amplitud y variedad de proyectos político-económicos que tuvieron lugar durante el siglo XX. Por ejemplo, durante el primer peronismo (1946–1955) Clara Kriger sostiene que "...la intervención estatal no incidió de manera significativa en las formas o en los contenidos de los largometrajes de ficción. En consecuencia el material fílmico (...) no es homogéneo, ya que contiene expresiones estéticas y culturales de distinto orden en las que no es posible hallar planteos políticos o programáticos explícitos" (Kriger 2009, 10). Por otra parte, durante la última dictadura cívico-militar – establecida desde 1976 hasta 1983- si bien el Estado no tenía una política sistemática en la producción de contenidos, sí cumplía un rol activo a la hora de censurarlos.

Esta situación ha cambiado en los últimos diez años, ya que desde el 2003 el Estado planteó una diligente política en relación a la producción audiovisual. Esto se refleja en los constantes aumentos interanuales en subsidios otorgados por el Instituto Nacional de Cine y Artes Audiovisuales (INCAA) para las producciones fílmicas.

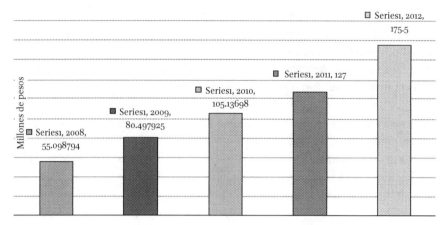

GRÁFICO 4.1   *Subsidios otorgados por el* INCAA *(Instituto Nacional de Cine y Artes Audiovisuales) a las producciones fílmicas nacionales 2008–2012*
FUENTES DE DATOS: HTTP://WWW.INCAA.GOV.AR[1]

A su vez la multiplicación de determinados productos -ya sean destinados a las salas de cine como a la televisión- evidencia que ellos fueron rodados al calor de una coyuntura particular, pues actualmente entre diversos sectores de poder se presentan ciertas tensiones y luchas ideológicas por la construcción y la apropiación de un espacio simbólico en el cual la rescritura de la historia nacional juega un rol fundamental.

En este capítulo analizamos la miniserie, *Lo que el tiempo nos dejó,* un conjunto de seis unitarios ficcionales televisivos que retratan diferentes "hitos" de nuestro pasado nacional en el marco de las celebraciones por el Bicentenario Argentino. *Lo que el tiempo nos dejó* fue supervisada por el historiador Felipe Pigna, dirigida por Adrián Caetano y contó con un elenco rotativo de primeras figuras. Como punto de partida, nos preguntamos cuáles son las implicancias ideológico-discursivas de estas representaciones audiovisuales recientes de la historia argentina, a fin de dar cuenta cómo éstas influencian sobre la construcción de una visión determinada del pasado nacional. Creemos que el valor de analizar estos capítulos reside en que los mismos reproducen ciertos preceptos que proponen una nueva -aunque no tan nueva- mirada sobre los hechos y un tipo de interpretación funcional a la necesidad de una resignificación del relato más acorde a los tiempos que corren. Por ello consideramos

---

1   El presente cuadro fue realizado con información extraída de la página oficial del INCAA. Debido a los registros heterogéneos y parciales, las cifras obtenidas para los años 2010 y 2011 constituyen una proyección anual basada en los datos de 8 meses. http://www.incaa.gov.ar/castellano/index.php (fecha de acceso: 15 de noviembre de 2013).

fundamental desentrañar la naturaleza de dichas concepciones y la eficacia discursiva de su proyección en la pantalla chica.

Lo que el tiempo nos dejó

Lo que el tiempo nos dejó es una producción de Underground Contenidos -empresa encabezada por Sebastián Ortega, – creador de la serie junto a *Endemol Argentina* y *Telefé Contenidos* multimedio- dueño del canal *Telefé*, dónde fue proyectada la serie en septiembre de 2010. El capítulo inicial se estrenó el miércoles 1 de septiembre en el horario central de las 22.30, con grandes expectativas y un *rating* de 19.4 puntos, que ubicó al unitario en el segundo puesto de los programas más vistos de la noche. Los característicos cambios de programación que sufren las emisiones en la televisión argentina, modificaron la proyección del capítulo 3 al día martes y -tras una abrupta caída del *rating*- los últimos tres episodios volvieron a ser transmitidos el día miércoles, pero en el horario de las 23.30 horas. Estas modificaciones horarias sumadas a la popularidad de los programas con los que *Lo que el tiempo nos dejó* debió competir, llevaron a que el número de espectadores bajara a lo largo de la proyección de la serie. Sin embargo, teniendo en cuenta el promedio general de *rating*, podemos decir que el ciclo tuvo bastante éxito entre los espectadores argentinos.

El año en que se produjo *Lo que el tiempo nos dejó* – 2010- no es un mero capricho del azar, sino que es altamente significativo, puesto que en mayo del mismo se cumplieron en Argentina 200 años del inicio del proceso independentista, de manera que la serie fue concebida entonces al calor de los extendidos festejos del bicentenario. La serie también forma parte de un fenómeno expansivo por el que atravesó la televisión argentina durante el siglo XXI, donde capitales privados y públicos contribuyeron a la proliferación de programas y canales especializados de diverso tipo, como por ejemplo el *Canal Encuentro* o el programa *Paka Paka*, ambos financiados por el Estado[2]. La divulgación de contenidos educativos y sociales aumentó considerablemente. Dentro de este proceso, la particularidad de *Lo que el tiempo nos dejó* es que combina el formato unitario de productos exitosos como *Mujeres asesinas, Los*

---

[2] *Encuentro,* es un nuevo canal especializado en la producción y exhibición de documentales nacionales. *Paka Paka* por otra parte, es un nuevo canal infantil de producciones y problemáticas nacionales y regionales creado principalmente para competir con canales de formato estadounidense estandarizados para América Latina como por ejemplo *Disney Junior* o *Cartoon Network.*

simuladores, o *Conflictos en red*, con un contenido de corte histórico y social, como lo hicieron la coproducción argentino-española *Vientos de Agua*, o la más reciente *TV por la inclusión*.

Por último no podemos dejar de mencionar al asesor histórico de la serie, Felipe Pigna, quien durante más de diez años ha desarrollado una gran popularidad como historiador y narrador del pasado, al llevar a la pantalla chica el contenido plasmado en sus libros. Estos -centrados en la historia de la Argentina de los siglos XIX y XX- fueron reformulados en la serie *Algo habrán hecho por la historia Argentina* en un formato sencillo y accesible en donde el propio Pigna y el conocido conductor Mario Pergolini – dueño de *Cuatro Cabezas*, la productora del programa- relatan una historia argentina que se plantea de una manera didáctica y novedosa.

Teniendo en cuenta la heterogeneidad temática y la disparidad de las épocas representadas entre un capítulo y otro en donde no se sigue una línea temporal cronológica, presentamos el análisis ideológico-discursivo de los capítulos de *Lo que el tiempo nos dejó* en forma separada y de acuerdo al orden en que fueron televisados.

Capítulo 1: *Mi Mensaje*

El 4 de junio de 1943 tuvo lugar en Argentina un golpe militar que derrocó al gobierno de Ramón Castillo dando fin al periodo conocido popularmente como "Década infame", en el cual sobresalieron como formas de ejercer el poder el fraude electoral, la represión a opositores y la corrupción generalizada. En un contexto internacional marcado por la Segunda Guerra Mundial, al interior del grupo de militares que habían tomado el poder, se destacaba la figura de un líder carismático que tuvo a su cargo el Departamento Nacional del Trabajo -un mes más tarde convertido en Secretaría debido a la magnitud de su obra-, Juan Domingo Perón; quién en su viaje por Europa en los años previos a la guerra, había tomado conocimiento de la potencialidad del movimiento obrero.

En 1944 el gobierno argentino rompió relaciones con Alemania y Japón. Dicha medida dejó descontenta a la oficialidad neutralista y el ya debilitado mandatario Pedro Pablo Ramírez renunció. Su cargo lo ocupó el vicepresidente, Edelmiro Farrel, y Perón asumió el mando del Ministerio de Guerra y la vicepresidencia sin dejar su lugar en la Secretaría del Trabajo. Producto de la crisis de la década del treinta y la Segunda Guerra Mundial se generó una disminución en el comercio internacional y en Argentina se consolidó un proceso de sustitución de importaciones, teniendo como resultado un desarrollo industrial y un crecimiento de los trabajadores urbanos produciendo grandes migraciones internas hacia la Capital Federal y sus alrededores.

Como Secretario de Trabajo Perón realizó una obra notable haciendo aprobar las leyes laborales que habían sido reclamadas históricamente por el movimiento obrero argentino (Romero 2001, 99). Entre ellas se destacan la generalización de la indemnización por despido y de jubilaciones, la promulgación del Estatuto del Peón de Campo, la construcción del hospital policlínico para los trabajadores ferroviarios y de escuelas técnicas para obreros, la difusión de la justicia laboral, la creación del aguinaldo, la extensión de los convenios colectivos de trabajo, las vacaciones pagas y la búsqueda de un equilibrio en la relación patrón-obrero. Dichas medidas, entre otras, le brindaron un gran apoyo popular, por un lado, y el descontento de amplios sectores de la población, por otro. Perón también se ganó el recelo de varios de sus compañeros de armas, los cuales a principios de octubre de 1945 presionaron al presidente Farrel para que se lo despoje de sus cargos y se lo encarcele.

En respuesta al encarcelamiento, el 17 de octubre de 1945 una inmensa movilización de trabajadores marchó a la histórica Plaza de Mayo con la consigna de liberar a Perón y devolverle todas sus funciones con el objetivo de conservar los beneficios laborales obtenidos. Dicha fecha además de ser el momento fundacional del peronismo también marcó un hito en la historia Argentina, poniendo en la escena principal de la política local al movimiento obrero organizado. Es preciso observar que si bien el peronismo en sus inicios se apoyó sobre parte del sindicalismo existente, aquellos trabajadores que se desde las provincias se habían movilizado a la Capital Federal y sus alrededores en busca de trabajo, fueron una importante y masiva columna sobre la que se sustentó el origen del movimiento (Murmis y Portantiero 2004, 130–165).

Los opositores a Perón -quienes veían en él la encarnación del nazismo- intentaron evitar su triunfo en los comicios presidenciales de 1946. Es así como el embajador norteamericano Spruille Braden participó activamente de la campaña electoral en apoyo a la Unión Democrática en contra del Partido Laborista que tenía como candidato al líder popular[3]. Perón ganó las elecciones del 24 de febrero con un 53,49% de los votos y el 4 de junio asumió como presidente de la Nación.

Perón llevó a cabo una política de nacionalización de sectores estratégicos de la economía Argentina[4]. Al mismo tiempo su señora Eva desarrolló una

---

3 La Unión Democrática era una alianza política que abarcaba en sus filas tanto a radicales, socialistas, comunistas como a demócratas progresistas; contando también con apoyo explícito de los conservadores.

4 Durante el primer gobierno peronista se lleva a cabo la nacionalización del Banco Central y de los depósitos de la banca privada; se crea el Instituto Argentino de Promoción del Intercambio (IAPI); se estatizan los ferrocarriles y empresas de transporte automotor y se impulsa la creación de una flota mercante. A su vez, se recupera la soberanía portuaria y se

obra de notable magnitud en la fundación que llevaba su nombre: se crearon escuelas, hogares para ancianos y huérfanos, y policlínicos; se repartieron alimentos y regalos navideños, se estimuló el turismo y el deporte, entre otras tareas. Como dice el historiador Luis Alberto Romero "(...) la propia Eva Perón recibía cotidianamente, sin fatiga, una permanente caravana de solicitantes que obtenían una máquina de coser, una cama en el hospital, una bicicleta, un empleo o una pensión quizá, un consuelo siempre" (Romero 2001, 111). Sin embargo, el mismo autor sostiene que el peronismo con su discurso de Justicia Social, dividió a la sociedad entre el "pueblo" y la "oligarquía" (Romero 2001, 103).

Mi mensaje, primer capítulo de la serie *Lo que el tiempo nos dejó*, representa los últimos días de Eva Perón, y la redacción de un documento de su autoría: *Mi Mensaje*. Este manuscrito estuvo oculto por varios años y sobrevivió a diferentes dictaduras, algunas de las cuales se dedicaron sistemáticamente a prohibir y quemar todo tipo de producción e iconografía peronista[5]. El episodio se sitúa en Buenos Aires durante el año 1951 y su principal protagonista, Elena Campos Arrieta (interpretado por Vanesa González), pertenece a una familia de clase alta, enfrentados a Perón. En la Argentina de dicha época era muy común catalogar a las personas de estirpe conservadora por la utilización del doble apellido. Como si fuera poco los Arrieta están claramente vinculados a la oligarquía terrateniente de región pampeana argentina.

En el inicio, Elena espera una entrevista con Evita (interpretada por Laura Novoa) para obtener el tan ansiado trabajo de ser la enfermera personal de la primera dama, quien padecía un agresivo cáncer de útero. A ésta última se la muestra activa y dedicada a pesar de su avanzada enfermedad y resistente a quienes dentro de su círculo íntimo intentan aislarla de los avatares cotidianos

---

estatizan las empresas de gas (Gas del Estado), teléfono (ENTel). También se liquida la deuda externa, siendo Argentina el único país de América Latina que no ingresa al Fondo Monetario Internacional. Además, se fundan la Comisión Nacional de Energía Atómica y SOMISA, una de las empresas siderúrgicas más grandes de América Latina. Por otra parte, el Estado es el encargado de llevar adelante la producción de barcos en astilleros, automóviles en Córdoba, vagones ferroviarios, combustibles en YPF; y se hace cargo de las inversiones necesarias en las áreas de energía, metalurgia, siderurgia, química y construcción. Norberto Galasso, *Peronismo y Liberación Nacional (1945–1955)* (Buenos Aires: Centro Cultural "Enrique Santos Discépolo", 2003), http://www.discepolo.org.ar/files/peronismo_liber_nac.pdf (fecha de acceso 23 de septiembre de 2013).

5 Por ejemplo durante la autodenominada "Revolución Libertadora", gobierno militar de facto que estuvo en el poder desde 1955 hasta 1958, se reglamentó el Decreto Ley 4.161, por medio del cual se prohibía cualquier tipo de afirmación ideológica, propaganda o simbología peronista con penas de hasta seis años de cárcel.

para que descanse. En el encuentro, Eva le da a la joven un fragmento de "Mi Mensaje" para que lo lea y le expresa: "Decime que pensás. Yo necesito gente que piense y que me diga la verdad".

Como Elena obtuvo el trabajo podemos asumir que a pesar de pertenecer a una familia conservadora, Evita privilegió la personalidad y el pensamiento de la muchacha. De hecho su carácter particular se construye en base a un enfrentamiento con su familia, que simboliza la dicotomía social a la cual Romero hacía referencia, entre el pueblo y la oligarquía. Elena escribe notas en su cuaderno y piensa, trabaja y tiene relaciones premaritales con su novio, en una época en donde ambas actitudes estaban muy mal vistas. Con el correr del capítulo, Elena comienza a cuestionar todas sus creencias y su pertenencia de clase. Como contrapartida se muestra a una familia aristocrática con un padre fuerte y duro (interpretado por Alejandro Awada) en donde se hace lo que él dice; al que le gustan las armas, ir a cazar, posee campos y se mueve entre los altos círculos de la oligarquía. El hombre intenta controlar la vida de su mujer (María Onetto) y su hija: –no quiere que ella trabaje y le arregla un matrimonio con un miembro de su clase. Sin embargo en su hogar Elena encuentra apoyo anímico en su proceso de conversión ideológica en la humilde sirvienta peronista. Es ella la que se vuelve su cómplice para que Elena lleve a cabo la principal tarea que Evita le encomienda, que no es cuidar de su salud debilitada, sino transcribir a máquina sus manuscritos de "Mi Mensaje"; la cual lleva a cabo sin que nadie de su familia se entere.

En el capítulo se realzan los roles femeninos en detrimento de los masculinos. Eva activa y lúcida le advierte a un Perón dubitativo -al cual no se le ve la cara-: "seguí confiando en los milicos que te van a voltear". Elena, por su parte, representa la modernidad en contra de lo tradicional -simbolizado en la familia y principalmente en su padre-, se destaca por su lucidez para lograr captar el mensaje y convertirse al peronismo desafiando sus creencias y su linaje cuando se marcha de su casa y declina su casamiento previamente arreglado. Otro aspecto a tener en cuenta es la continua apelación al imaginario colectivo, es decir, al conjunto de concepciones, creencias de una sociedad en una época determinada y discursos naturalizados en circulación. A lo largo de los años se ha conformado un relato compartido por gran parte de la población argentina en donde se la recuerda a Eva como un ícono de defensa de los humildes y de lucha de la clase obrera en contra de la oligarquía. Asimismo su imagen también se ha erigido como estandarte en la lucha de la mujer por la igualdad de sus derechos dentro de una sociedad machista. Ejemplos de ellos son: una Evita trabajando infatigablemente hasta el último de sus días por los humildes, una familia aristocrática fuertemente estereotipada, una empleada doméstica peronista conmovida por la vida de Eva y el brindis irónico del padre de Elena al conocer la muerte de la primera dama: "Por el cáncer"[6]. Un último punto a destacar es la alusión constante en el capítulo al conflicto social y la lucha de clases expresada entre Evita, representante del pueblo; y la oligarquía, encarnada en la familia de Elena.

Capítulo 2: *La ley primera*

Este capítulo recrea la relación problemática entre dos hermanos que transcurre meses antes de "La noche de los bastones largos". En Argentina se conoce con este nombre a la represión que el ejército realizó contra la comunidad académica en 1966. En la misma se irrumpió violentamente en cinco Facultades de la Universidad de Buenos Aires, tomadas por alumnos, graduados y docentes en contra de la reforma que el presidente de facto Juan Carlos Onganía pensaba introducir y que atacaba directamente la autonomía universitaria conquistada en 1918.

Para 1966 los golpes de estado ya no eran una novedad en el país: desde 1930 las fuerzas armadas varias veces se habían alzado ferozmente sobre las libertades democráticas, alternando su estadía en el poder con gobiernos constitucionales. Sin embargo, durante la década de 1960 una particularidad le daba una nueva impronta al panorama político: la proscripción del peronismo y, en consecuencia, el fortalecimiento de la Resistencia Peronista bajo la bandera de la revolución social[7]. La prohibición de la participación electoral de un numeroso sector de la población y sus dirigentes no permitió el establecimiento de un gobierno estable y duradero, ni siquiera aquellos formados por militares.

Entre 1963 y 1966 estuvo en el poder el presidente radical Arturo Illia. En general se lo recuerda por su sencillez e integridad, pero también por su lentitud y poca firmeza en el manejo del gobierno. Según Guillermo O'Donnell, el golpe militar que lo derrocó fue abiertamente planeado durante un año, y contó con el apoyo de la mayoría de los sectores sociales y políticos, a excepción del partido gobernante – Unión Cívica Radical del Pueblo- y de las universidades

---

6 Conocida es la anécdota de la existencia de varias pintadas realizadas en los paredones de Buenos Aires con la frase *"¡Viva el Cáncer!"*, a las pocas horas de la muerte de Evita. Eduardo Galeano, *Memoria del Fuego, Tomo III* (México: Siglo Veintiuno Editores, 1990), 30.

7 Se conoce como Resistencia Peronista a los actos tanto individuales como grupales, espontáneos y/u organizados de los sectores populares que mantuvieron su adhesión a dicho movimiento eludiendo y confrontando la proscripción vigente. Ernesto Salas, *La resistencia peronista. La toma del frigorífico Lisandro de la Torre* (Buenos Aires: Retórica Ediciones Altamira, 2006), 64–81.

(O'Donnell 1996, 65). Éstas seguían siendo un bastión de estratos medios, quienes gracias al movimiento reformista apoyado por el gobierno del presidente Hipólito Yrigoyen en 1918, lograron romper con el control oligárquico instaurando un modelo universitario más democrático. Para el presidente Onganía era fundamental eliminar estos núcleos opositores y para ello el 29 de julio de 1966 implementó el Decreto Ley 16.912, el cual determinaba la intervención de las Universidades, la prohibición de la actividad política en las facultades y la anulación del gobierno tripartito integrado por graduados, docentes y alumnos.

La historia representada en la pantalla a través de *La ley primera* tiene como protagonistas a dos hermanos nacidos en Junín, un pueblo del interior de la provincia de Buenos Aires, quienes viajan a la Capital Federal para desarrollar sus respectivas carreras. El mayor, Rafael Rojas (interpretado por Luciano Castro) es un soldado raso incorporado a la guardia de infantería por ser un militar obediente y callado, capaz de "comunicarse con su superior sin hablar". El segundo, Leo (Nahuel Pérez Biscayart), es estudiante de la Facultad de Ciencias Exactas y asiste a las clases de Manuel Sadosky (Manuel Callau), científico argentino que trajo al país la primera computadora, llamada Clementina. El joven conoce a Nina (Sofía Gala), "una chica mal de familia bien", personaje que representa toda la rebeldía juvenil y social posible: no es peronista pero extraña a Perón, asiste a la Facultad de Filosofía y Letras, y consume drogas. La muchacha lo incorpora a su "salvaje" mundo estudiantil, caracterizado por fiestas y discusiones que rondan en torno al concepto de la realidad y a la necesidad de cambios sociales.

A lo largo del capítulo, las escenas alternan el desarrollo de la historia de ambos hermanos quienes toman caminos diametralmente opuestos. Rafael encuentra su lugar en un sector del ejército que plantea las ideas positivistas de jerarquía social y la excepcionalidad de ciertos individuos. Su superior y mentor el General Fontana (interpretado por Luis Machín) refuerza dichos ideales condensado los cánones militares impuestos en Argentina por el General José Félix Uriburu. En efecto a través del golpe de estado de 1930 que llevó a Uriburu al poder se consolidó un ejército de estirpe prusiana en donde se buscó emular el orden y la jerarquía alemana.

Por otro lado, Leo se embebe de esa efervescencia académica que lo lleva a discutir junto con sus compañeros la esencia misma de la realidad y la posibilidad de alterar el orden social existente. El epicentro de sus debates son las concepciones del filósofo francés Jean-Paul Sartre (1905–1980) quien formula la inexistencia de la naturaleza humana y la necesidad del hombre de construirse a sí mismo: "El que percibe que la realidad es una construcción, puede construir una asombrosa realidad". Entonces, el episodio plantea en clave binaria, puntos de vista que simbolizarían formas opuestas de participación política: la de los militares – representada por Rafael y su superior- y la de los militantes -encarnada en Leo, su profesor y sus compañeros-. Para el profesor Sadosky, la idea de intervención social y política está asociada a la locura, mientras que para el superior de Rafael, este concepto está destinado al liderazgo de sólo unos pocos capacitados. Por ello el General Fontana venera a Hitler y al General Justo al tiempo que reprime al profesor por ser judío. Sin embargo, sus ideas se refieren al fascismo imperante en los círculos militares de la década del treinta. Por lo tanto, su personaje condensa la representación de un ejército no acorde al tiempo histórico en el cual se desarrollan los sucesos, dado que para la década de 1960 los militares argentinos estaban en pleno proceso de aprehensión de la Doctrina de Seguridad Nacional -emanada desde Estados Unidos-, donde se proponía la lucha anti subversiva y en la cual el enemigo pasaba a ser población interna.

Otro punto a tener en cuenta en *La ley primera* es el debate al interior del estudiantado entre aquellos que pensaban que los conflictos se tenían que resolver de forma pacífica y quienes creían en el caos y la violencia como un método para transformar la realidad. Podemos advertir que en la representación de estos últimos se alude a una noción particular sobre el nacimiento de la lucha armada en Argentina de fines de la década de 1960 y principios de 1970. La cual, a su vez, brindó la excusa propicia a los militares para interrumpir el gobierno constitucional de Isabel Perón en 1976.

Por último, podemos decir que en el capítulo se presentan dos tipos de lealtades a seguir: la familia o los ideales políticos[8]. Éstas llegan a su punto máximo de enfrentamiento en el momento de la intervención de las universidades, ya que Rafael integra el cuerpo de infantería que reprime la Facultad a la que asiste Leo, previamente tomada por sus compañeros luego de darse a conocer el decreto 16.912. Narrativamente, el conflicto se resuelve cuando Rafael, al descubrir el accionar irracional y sádico de sus camaradas durante la violenta toma de la facultad, se quita la vida. El joven se suicida de un balazo frente a su superior, ante la imposibilidad de procesar racionalmente la desilusión que le provoca la destrucción de los valores e ideales que hasta ese momento regían su accionar tanto en el ámbito profesional como privado. La escena busca el impacto emocional en el espectador y presenta la desesperada reacción como

---

[8] Después de todo el título del capítulo "La ley primera" hace referencia a la famosa frase del Martín Fierro: "Los hermanos sean unidos, porque esa es la ley primera. Tengan unión verdadera en cualquier tiempo que sea, porque si entre ellos pelean los devoran los de ajuera". José Hernández, "El gaucho Marín Fierro seguido de La vuelta del Martín Fierro", *Electroneurobiología* 2.1 (1995): 127–496, en esp. 430, http://electroneubio.secyt.gov.ar/Jose_Hernandez_Martin_Fierro_Ida_y_vuelta.pdf (fecha de acceso: 15 de noviembre de 2013).

un acto último de decepción y dignidad del protagonista. De esta forma, puede pensarse que dicha decisión responde a la representación de un suicidio anómico[9] donde la ruptura de reglas es tan profunda que el personaje frente a dicha situación no encuentra otra salida más que la de terminar con su vida.

Capítulo 3: *La caza del Ángel*

El golpe de estado de marzo de 1976 abrió una nueva era en la historia argentina. El autodenominado "Proceso de Reorganización Nacional", encarnado por el poder militar, se encargó de llevar adelante el programa económico, político y social del ala más reaccionaria de la clase dominante. Es decir, la implantación de la racionalización de la economía, y un retorno al modelo agroexportador, bajo la dirección del gran capital monopolista en manos extranjeras y de la burguesía financiera (Calamaro 2005, 14–16). La ofensiva del nuevo gobierno y el nivel de opresión implementado no poseen parangón alguno en la historia de nuestro país, siendo el movimiento obrero el principal receptor de las políticas represivas. En efecto, sólo mediante la coacción desmesurada se pudo desarrollar el plan de la dictadura y la consolidación del neoliberalismo. Se optó por semejantes niveles de violencia debido a la gran combatividad y la larga experiencia que venían acumulando los trabajadores en los años previos. Grandes empresas como por ejemplo Ford, Mercedes Benz, Acindar, Techint, Ledesma, entre otras, actuaron como cómplices de los militares con el objetivo de disciplinar a sus trabajadores. (Verbitsky y Bohoslavsky 2013, 185–272).

Los métodos impartidos por el gobierno de facto fueron tan brutales como sus resultados. El secuestro, la desaparición, la detención en centros clandestinos, las más crueles torturas, los fusilamientos, los tristemente célebres "vuelos de la muerte" en los cuales se drogaba con pentothal a los detenidos-desaparecidos y se los arrojaba vivos al mar desde aviones militares, el robo sistemático de bebés, son sólo algunos hechos que se le atribuyen a la última dictadura cívico-militar. En materia socioeconómica: la aniquilación del tejido social, la destrucción de la solidaridad, el asesinato programático de miles de activistas, dirigentes populares y delegados de fábrica; el disciplinamiento de la sociedad por medio del terror son también procesos sólo equiparables a sus horribles secuelas (Calveiro 2005, 75–87). Una deuda externa triplicada en seis años, la

---

9   Sobre el suicidio anómico leer Emile Durkheim. *El suicidio,* Biblioteca Landivariana Dr. Isidro Iriarte, S.J. 130–156, http://biblio3.url.edu.gt/Libros/2012/LYM/los_FESociales.pdf (fecha de acceso: 26 de febrero de 2014).

disminución del salario real, la desocupación en su record histórico hasta aquel entonces, el aumento de la mortalidad infantil, el cierre de decenas de hospitales populares, el descenso del PBI, la inflación anual de casi un 400%; el auge del capital financiero y la especulación fueron solo algunos de los efectos de la administración del período[10].

Para desarrollar sin mayores obstáculos dicho programa de reconversión se hizo necesario censurar a la prensa, perseguir a opositores e intelectuales, prohibir a los partidos políticos, intervenir sindicatos, universidades y diferentes gobiernos provinciales y cerrar el Congreso de la Nación con la finalidad de construir el marco necesario para semejante nivel de represión. A pesar de que discursivamente la dictadura optó por erigir su figura antagonista en la guerrilla, lo cierto fue que este papel fue ejercido por el sindicalismo, el cual a pesar de acomodarse a las circunstancias y mostrar rasgos dialoguistas, también la confrontó (Duhalde 1999, 89). A su vez, el régimen no sólo perseguía a aquellos que habían elegido la lucha armada como vía alternativa a los mecanismos de participación política institucionalizados -la cual para el año 1976 habían agotado su poder de su fuego y no tenían ni el número, ni la organización para aparecer como una amenaza real frente al gobierno-, sino que en palabras del propio presidente de facto Jorge Rafael Videla: "Un terrorista no es sólo alguien con un revólver o una bomba, sino también aquel que propaga ideas contrarias a la civilización occidental y cristiana"[11].

Es así como en la retórica de los dictadores un subversivo podía ser cualquier persona; tan solo pensar diferente bastaba para ser sospechoso y correr el mismo destino trágico que los miles de desaparecidos. El tercer capítulo, *La caza del ángel*, se mete de lleno en este problema representando el calvario que tuvieron que vivir los familiares de las víctimas directas de dichas políticas represivas. En el episodio se hace referencia a un personaje emblemático del *modus operandi* del secuestro y desaparición de personas: Alfredo Ignacio Astiz. Este joven capitán de fragata, asignado a la ESMA – Escuela de Mecánica de la Armada, convertida en uno de los principales campos de concentración clandestinos- se especializó en trabajos de espionaje y operativos de secuestro. Apodado el "ángel de la muerte" por sus rasgos finos y su rostro de niño inocente, encabezó el grupo de tareas 332 llevando a cabo

---

[10] Estos datos fueron obtenidos de la Biblioteca Escolar de Contenidos Digitales, programa "Conectar igualdad", http://archivohistorico.educ.ar/sites/default/files/VIII_09.pdf (fecha de acceso: 20 de octubre de 2013).

[11] "Murió el ex dictador argentino Jorge Rafael Videla", *Infobae* (Buenos Aires), 18 de mayo de 2013, http://www.infobae.com/2013/05/18/1071653-murio-el-ex-dictador-argentino-jorge-rafael-videla (fecha de acceso: 12 de noviembre de 2013).

numerosas misiones, como el caso de Dagmar Hagelin[12], el de las dos monjas francesas – Alice Domon y Leónie Duquet- y el del grupo de la iglesia Santa Cruz, ubicada en el barrio porteño de San Cristóbal[13]. Este último suceso es representado en el episodio abordado que transcurre en Buenos Aires durante el año 1977.

La historia se centra en Mabel (interpretada por Cecilia Roth) quien a partir del secuestro de su hija -una maestra de nivel inicial de clase media- comienza a reunirse con otro grupo de mujeres que están en la misma situación. Luego de agotar todo tipo de posibilidades a través de las vías institucionalizadas para localizar a sus seres queridos desaparecidos, encuentran el apoyo del cura de la iglesia -Rogelio-, donde se congregan asiduamente. Posteriormente, se presenta en las reuniones un joven quién dice estar buscando a su hermano que "desapareció en plena luz del día". De allí en más los miembros del grupo conteniéndose entre sí, entablan vínculos cada vez más íntimos hasta que finalmente Mabel, la protagonista principal, en medio de un operativo de secuestro a la salida de una misa que se oficiaría en nombre de sus parientes descubre que el amable muchacho, Ángel (interpretado por Mike Amigorena), es un infiltrado encargado de delatarlas.

Durante la escena de la misa, Ángel distingue a cada mujer a ser secuestrada con un beso en la frente, mientras que el párroco actúa como cómplice ya que sabiendo el destino de las víctimas marcadas no hace nada para detenerlo. En el tumulto de la salida una a una van cayendo en manos del operativo militar excepto Mabel quien se da cuenta de la situación y logra escapar luego de una angustiosa persecución en la cual Astíz la acecha. En una sociedad en donde los lazos de solidaridad y confianza estaban fuertemente debilitados, la traición del ángel de la muerte es un golpe doloroso. Sin embargo, el engaño y la decepción de tamaña magnitud actúan reforzando el rol de Mabel quien a pesar de todo sigue luchando.

En el relato audiovisual se representa la progresiva formación, lucha y métodos de la organización Madres de Plaza de Mayo, la cual se ha dedicado incansablemente desde 1976 hasta la fecha a la búsqueda de sus hijos y nietos desaparecidos durante la última dictadura militar. Estos aspectos se expresan

---

12 Joven argentina de origen sueco. Su desaparición llevada a cabo por el grupo de tareas encabezado por Astíz provocó una conmoción en la sociedad argentina y un conflicto internacional con Suecia; al mismo tiempo el presidente norteamericano James Carter y el entonces Papa Juan Pablo II se interesaron por su paradero.

13 Astiz en una entrevista expresa que ni él mismo recuerda cuántos fueron o puntualmente quiénes fueron sus objetivos. Gabriela Cerruti, "El asesino está entre nosotros", *Tres Puntos* (Buenos Aires), 14 de enero de 1998.

desde las escenas iniciales donde a través de rejas las mujeres en primer plano claman por información sobre sus hijos. Esta forma de presentación, lejos de ser sólo una mera elección estética, refiere a la misma conformación de la agrupación, pues varias declaraciones de sus miembros aseguran que ésta tuvo su génesis en las puertas de cuarteles, hospitales o antesalas de comisarías donde ellas acudían asiduamente a pedir informes sobre sus familiares desaparecidos (Galante 2007, 69).

De otros testimonios también se desprende la indiferente actitud de Monseñor Graselli (interpretado por Antonio Gasalla) -vicario de la Armada-, personaje real, quién en la serie se muestra más preocupado por tomar el té que atender a la comitiva de las madres; y asegura que intentará acercar el petitorio a los dirigentes militares al día siguiente durante un almuerzo "a la hora de los postres" (Galante 2007, 67). Por contraposición, en el secuestro e inmediata ejecución del padre Rogelio, cura comprometido con la búsqueda de las mujeres, se exhiben tanto la metodología de los comandos de tareas especializados en estas labores – es capturado a medianoche y fusilado en un descampado-, como los conflictos al interior de la iglesia en donde las cúpulas compartían el pensamiento y el accionar del ejército mientras que muchos curas de barrio, más identificados con su congregación, repudiaban y luchaban contra dichos métodos.

A su vez, la justificación discursiva de la Junta Militar para dar cuenta de la desaparición de personas se encuentra representada en los comentarios de Osvaldo, el marido de la protagonista. El mismo expresa que es el gobierno quién va a poner orden a dicha situación mientras que su hija dejará de frecuentar a aquella "gente rara con la que anda", haciendo referencia a grupos subversivos. De esta forma, el relato audiovisual condensa en un personaje la actitud de una población civil paralizada por la confusión y el miedo, pues el mismo esposo, luego de aconsejar a su mujer que se cuide de las personas con las que se junta, decide abandonar el hogar por un tiempo al no poder tolerar las circunstancias. Así, se reproduce una noción común y reduccionista para dar cuenta de lo sucedido, donde la actuación autónoma de los militares se conjugaría con la ignorancia de la sociedad civil. Al respecto, Eduardo Luis Duhalde sostiene que

> [...] puede afirmarse que los distintos sectores dirigentes de la sociedad, incluyendo a los medios de comunicación y a los periodistas formadores de opinión, conocían lo que estaba sucediendo en la Argentina desde el 24 de marzo de 1976, y que si no tuvieron un involucramiento mayor, al menos lo consintieron, mediante la negación de su conocimiento (...) No se trata de un juicio meramente político, sino ético y moral, del reclamo

a la necesaria e incumplida omisión de un obrar de modo tal que no se le facilitara el hacer criminal a la dictadura.

DUHALDE 1999, 89

Resulta pertinente destacar la utilización, por parte de los realizadores, de ciertos elementos y licencias artísticas que refieren a la construcción posterior del pasado al que refiere el tiempo narrativo. Éstos, al evocar determinados sucesos e hitos de la memoria histórica, son asequibles al espectador contemporáneo y facilitan la comprensión y el dinamismo del relato. El caso más evidente se centra en la caracterización del propio Astiz. Mientras que aquél se apersonó frente al grupo de la iglesia Santa Cruz bajo el seudónimo de Gustavo Niño, en el capítulo analizado es presentado como Ángel. De esta manera, la nominación del personaje con el apodo con que ulteriormente se lo reconoció públicamente cumple con el objetivo de identificarlo inmediatamente. Lo mismo puede deducirse de la representación del procedimiento que utiliza para señalar a las mujeres que serían víctimas de un consecuente secuestro: el beso en la frente que les da a cada una, no solo hace alusión a un pasaje religioso y a una actitud de traición, sino que también forma parte del imaginario colectivo sobre la forma de operar del infiltrado. A su vez, y buscando un efecto similar, las futuras fundadoras de las "Madres" para explicar la situación de sus familiares, ya desde un primer momento, hacen referencia a la figura de "desaparecido".

Al igual que en los otros episodios de la serie televisiva, los roles femeninos se destacan como agentes dinámicos y activos del devenir histórico y en particular en este caso por los hechos que aborda. Aquí las mujeres se erigen como incansables luchadoras en pos de la justicia y en la búsqueda de la verdad, mientras que deben soportar reveses y presiones que ponen en juego sus propias vidas. Si bien las "Madres", en aquel momento no eran la única entidad que perseguía los mismos objetivos, en el relato audiovisual éstas son omitidas[14]. Lo mismo puede decirse de la representación que le cabe al esposo de la

---

[14] Cuando las "Madres" comienzan a constituirse como un actor público en sus reclamos en 1977, ya existían algunos Organismos de Derechos Humanos que abogaban por los mismos objetivos: "Liga Argentina por los Derechos del Hombre" (LADH, originalmente fundada por diversos partidos políticos en 1937 pero que con el transcurso del tiempo queda ligada al Partido Comunista), "Servicio de Paz y Justicia" (SERPAJ, con actividad desde 1974), "Asamblea Permanente por los Derechos Humanos" (APDH, conformada en 1975 por distintos dirigentes políticos y sociales); "Movimiento Ecuménico por los Derechos Humanos" (establecido por varias Iglesias Evangélicas y una diócesis católica en 1976). Miguel Galante, "En torno a los orígenes de Madres de Plaza de Mayo". En *Historia, Voces y Memoria, Boletín del Programa de Historia Oral* 1: 59–81, en esp 64.

protagonista, pues desde el comienzo de dicha organización, padres y hermanos de las víctimas participaron codo a codo en la pugna por las reivindicaciones de sus fundadoras.

Finalmente, a través de diversos recursos que movilizan afectivamente al espectador y elementos que éste identifica, los realizadores buscan la construcción de determinada visión del pasado y la consolidación de una memoria colectiva arraigada en diferentes situaciones aquí representadas. Como se expuso anteriormente, el apelativo que recibe el personaje de Astiz es prueba de ello, al igual que el montaje de imágenes de archivo y la mención de Felipe Pigna sobre los acontecimientos que cierran "La caza del Ángel". Esta intencionalidad también se refleja en la elipsis del final donde las protagonistas continúan su característica marcha en la Plaza de Mayo en el 2010. Aquí no solo se representa la infatigable batalla que las "Madres" llevan a cabo sino que también se liga el nacimiento de las mismas como organización como consecuente a los hechos de la Iglesia Santa Cruz, cuando en realidad ellas ya estaban consolidándose como grupo antes de dichos sucesos. Es así como para favorecer un tipo de narración y el dinamismo del relato audiovisual se prioriza -en detrimento del orden cronológico original de los eventos- al dramatismo que impregna el efecto de causalidad para lograr un mayor impacto emocional.

Capítulo 4: *Te quiero*

El capítulo cuatro se sitúa en la Buenos Aires de la década de 1930 y versa sobre el mítico amor porteño entre la cantante de tango Ada Falcón (interpretada por Julieta Díaz), y el productor musical Francisco Canaro (Leonardo Sbaraglia). A primera vista este episodio parece estar desconectado de los demás, ya que si bien refiere a una historia verdadera, sus personajes están puestos más al servicio de un relato amoroso que al de uno histórico-político y su narrativa alude más a las peripecias individuales de los personajes que a hechos de trascendencia social. Sin embargo, la justificación de la estructura del relato está dada por la intención del director, quien según las palabras finales, propone usar la historia de amor y su conexión con el tango para recrear un ambiente de época, en el cual aquel estilo musical fue el "testimonio político y social de esos tiempos de fraude, corrupción, tortura y miseria, crisis y de gobiernos infames que se desentendían de las mayorías".

En 1930 el segundo mandato del radical Hipólito Yrigoyen fue interrumpido por un sector de las Fuerzas Armadas de estirpe conservadora. Los años treinta condensaron en su devenir una combinación de eclosión económica, indigencia y desempleo para los sectores bajos, y beneficios para una corrupta oligarquía, que había vuelto al poder gracias al golpe de Estado perpetrado por el General Uriburu. A instancias del gobierno de facto provisorio, en 1931 se celebraron elecciones presidenciales para restablecer el sistema democrático; el poder castrense fue confirmado al salir victoriosa la lista Justo-Roca. La dupla combinaba la popularidad de un alto jefe militar -como lo era Agustín P. Justo- con la alta alcurnia social y política del hijo del ex primer mandatario oligarca Julio A. Roca. Teniendo en cuenta las brutales consecuencias de la crisis mundial de 1929, este decenio fue un período de decadencia para la clase obrera que, sobre todo durante la primera mitad de la década se encontraba abatida y desalentada.

El tango, como expresión cultural ampliamente arraigada en el Río de la Plata, recreaba en sus canciones el ambiente de la época; pero también se presentaba como un actor/intérprete fundamental de la sociedad que lo producía y lo consumía. Según Carlos Gadea, "desde sus orígenes, el tango materializó el sentimiento de varias generaciones de hombres y mujeres que evocaban la temporalidad 'de lo que fue'; un reto al presente y una alegría que se presumía simulada" (Gadea 2001, 69). Para la década de 1920 dicha melodía había crecido y era expresión de distintos sectores porteños: se escuchaba tanto en los barrios como en los teatros de elite y en las radios más renombradas. Daniel James nos advierte que "(...) hay que cuidarse de extraer, del tango y otras formas culturales populares del momento, conclusiones sobre las actitudes de la clase trabajadora. El tango, por ejemplo, era cada vez más una forma de arte comercializado cuya conexión con el 'barrio' de trabajadores era tenue". Sin embargo, este historiador inglés encuentra que ciertas piezas musicales de los años treinta mostraban los estragos sociales que la "Década infame" estaba causando: "(...) en los tangos de Discépolo (se evidencia) la imposibilidad de una relación social que no se base en la codicia, el egoísmo y una falta total de escrúpulos morales en un mundo basado en la injusticia y el engaño" (James 1990, 42–43).

Es esta situación disruptiva la que quiere mostrar el director; sin embargo, el capítulo queda restringido a la aventura amorosa de Ada y Canaro. La elección de este romance no es casual: de todas las cantantes que podrían haberse ilustrado en la pantalla, el director decidió contar la vida de la "Emperatriz del tango", cuyo breve y turbulento reinado estuvo signado por una secreta relación íntima con un hombre casado y poderoso, como lo era "Pirincho" Canaro. El estilo narrativo se desarrolla entre dos momentos de la vida de Ada. El primero centrado en su historia de amor pasional, para luego combinarse muchos años después con un confinamiento voluntario, férreamente sostenido por Ada, quien se retiró del mundo del espectáculo en 1942 privando al público para siempre de su hermosa voz.

Mucho se dijo en su momento de este tórrido y fatal romance, pero lo cierto es que hasta hoy en día, la longeva existencia de la artista sigue siendo una incógnita. Lo que quedó claro e impregnado en la memoria popular, fue que mientras Ada cantó en los más importantes teatros y radios porteñas, llevó una vida de diva. "La Greta Garbo del tango", como la definió el periodista Roberto Lagomarsino, residía en un palacete en el elegante barrio de Palermo Chico, se bañaba en leche, tenía tres automóviles de último modelo y lucía grandes joyas que le daban un aire sumamente extravagante. Sus grandes ojos verdes, que Canaro idolatró en el vals "Yo no sé qué me han hecho tus ojos" eran venerados por los principales tangueros de la época, entre ellos Carlos Gardel y Enrique Santos Discépolo. Su carácter de mujer independiente en un mundo de hombres y su negativa a cantar en público terminaron delineando una leyenda de estrella inalcanzable.

Es este aspecto de dama liberal el que se destaca tan bien en la cinta. El director, a través de un relato ficcional fluido y atrapante logra realzar su figura que, saltando las convenciones sociales, aparece con fuerza en un universo reservado para varones, donde lo femenino es sólo un accesorio bello para ser exhibido. Así se la presenta a Ada, quién demuestra su ambición, dinero y poder entre los caballeros y damas del ambiente: tiene relaciones sexuales abiertas con un hombre casado, no le importa lo que diga el resto, y se ha comprado un auto descapotable último modelo[15].

Por otra parte, Ada Falcón desafía la idea de la mujer como un objeto que puede ser poseído y dependiente de la compañía masculina. Ella demuestra claramente cómo pudo y puede desenvolverse sola por la vida: no necesita a Canaro para volver a su casa por la noche y le dice a Gardel (Interpretado por Damián De Santo) "Yo no tengo dueño". Además, todo lo que posee lo ha logrado con su esfuerzo. Ada, en su máxima expresión de individualismo darwiniano expresa que Pirincho no le ha dado nada en su carrera: "Todo lo que tengo lo tengo por ser yo". A su vez, explica que sabe manejar, en contraposición a su hermana quien "no quiso aprender", dando a entender que todo en la vida se puede conseguir con voluntad a pesar de situaciones sociales injustas. Es más, el renunciamiento a su carrera, si bien está dado por la negación de un amor que no puede ni podrá ser nunca pleno, lo decide Ada. Es ella quien "elige" separarse de ese mundo hostil, antes de ser desechada por el mismo.

Para finalizar, podemos decir que el realizador logra representar muy bien el universo del tango de las clases medias y altas, mostrando su estilo de vida e intrincadas vinculaciones que se forman en torno a un ambiente que no deja de estar mediado por relaciones comerciales. Sin embargo, el discurso fílmico que presenta a lo largo de este capítulo, no se corresponde con las palabras

---

15   Esto en plena década de 1930, luego de la crisis y con las importaciones restringidas debe haber sido un elemento de gran importancia social.

finales del asesor histórico Felipe Pigna. Si bien se habla de "gobiernos infames que se desentendían de los dramas de las mayorías", ni los gobernantes conservadores fraudulentos y corruptos, ni las masas en crisis y desocupadas aparecen en el capítulo. Por eso, cuando se plantea que el tango estaba para "ponerle letra, música y voz, a lo que había que decir para seguir siendo dignos", notamos que esto es cierto si nos referimos a Ada, ya que con su actitud conserva la dignidad de ser su propia dueña, sin ser dominada por nadie; pero no podemos hacer extensiva esta expresión al resto de las mayorías silenciadas, puesto que en ningún momento tienen lugar en el film. Si bien la historia de los amantes es intensa, cautivante y emotiva creemos que no logra el objetivo del capítulo, el cual es identificar el tango como un canal de expresión del sufrimiento y la lucha de las clases populares.

Capítulo 5: *Los niños que escriben en el cielo*

El 2 de abril de 1982 tropas argentinas desembarcaron en las Islas Malvinas e interrumpieron 149 años de dominación colonial británica sobre el archipiélago. La dictadura argentina en el poder, presidida por Leopoldo Galtieri, tomó una causa con amplio apoyo popular como lo era la reivindicación histórica de la soberanía sobre las islas y lo utilizó con el objetivo de perpetuarse en el poder y brindarle un mayor grado de legitimidad a un régimen en descomposición (Quiroga 2005, 72–73). La rendición a tan sólo 73 días de iniciado el conflicto y el mal curso de la guerra dejó muy deteriorada la imagen de la Junta Militar que ya gozaba de una amplia oposición. En poco más de un año las Fuerzas Armadas tuvieron que admitir su fracaso y llamar de vuelta a elecciones generales para fines de 1983 dando por terminado el "Proceso de Reorganización Nacional" el cual en su origen, según admitían sus líderes, había llegado para quedarse hasta el año 2000.

Argentina, con tan solo el apoyo de algunas naciones latinoamericanas – con nulo peso armamentístico-, tuvo que enfrentar al poderío británico, apoyado por la Commonwealth, la Comunidad Europea y militarmente por la OTAN (Organización del Tratado del Atlántico Norte). Ello, sumado a la pésima conducción de la guerra, tuvo como resultado lógico la inminente derrota. Los errores de la cúpula militar pusieron en evidencia ante toda la población la violencia de la política represiva y su ineficacia tanto para gobernar como para llevar adelante la guerra, siendo esta última su especialidad.

Esta mala conducción queda al descubierto en varios ejemplos entre los cuales se pueden enumerar: poca pericia al ocupar las islas antes de comenzar el invierno en una región antártica en donde las bajas temperaturas son extremas, la movilización de tropas mesopotámicas acostumbradas a un clima cálido en lugar de las patagónicas que debían quedarse custodiando la frontera con Chile,[16] la ausencia e incompetencia de los oficiales en el campo de batalla, dejando esta dura tarea a jóvenes conscriptos sin experiencia ni formación, soldados mal aprovisionados, alimentados y equipados, un poder de fuego sustancialmente menor al del enemigo, el error táctico de creer que Estados Unidos iba a apoyar a Argentina priorizando el Tratado Interamericano de Asistencia Recíproca – TIAR- en lugar de la OTAN, y la plena censura a los medios de comunicación, los cuales fueron un factor fundamental en el manejo de la opinión pública que generó la sensación generalizada de que la guerra se estaba ganando (Romero 2001, 233–235).

También en el transcurso del conflicto se hicieron comunes las colectas en todos los rincones del país, donde la gente donaba bienes, ropa, alimentos entre otros artículos necesarios para los soldados en el frente. Tiempo después se descubrió que aquellos productos nunca llegaron a sus destinatarios. Éstos, entre otros errores llevaron a una derrota anunciada que se hizo efectiva con la rendición en Malvinas el 14 de junio de 1982 generando el rechazo masivo de toda la población a los dictadores que le habían ocultado la verdad a su propio pueblo.

Los niños que escriben en el cielo aborda desde la óptica de Javier, un niño de nueve años, y su familia, el problema de los numerosos deslices en la conducción de la guerra y sus implicancias internas. Se toma como cuestión principal el manejo discrecional de la información por parte de los militares, silenciando a los medios de comunicación y a las voces opositoras al conflicto. La trama comienza cuando desde las autoridades escolares incentivan a los alumnos a escribir cartas a los soldados con el objetivo de levantar la moral a los mismos, y Javier logra crear un vínculo especial con el conscripto Gabriel Sosa. El niño le envía al muchacho una encomienda con un chocolate y una nota en su interior; sin embargo, la golosina termina comercializándose en un kiosco local, en lugar de llegar a su destinatario.

La historia del dulce perdido llega a los medios de comunicación y lo llaman de un programa de la televisión pública para que Javier cuente lo sucedido y como se resolvió el malentendido. Allí la conductora del programa televisivo se encarga de presentar el caso e incentiva a todos los niños a que lo imiten; Javier relata su experiencia y para cerrar la nota le preguntan: "¿Qué le dirías a Gabriel y a todos esos muchachos?" A lo que responde: "Que se vuelvan" ante la mirada desesperada de los militares presentes en el estudio. Una vez en su casa,

---

16   País con el que casi se llegó a una guerra pocos años antes debido a una disputa territorial por el canal del Beagle.

cuando la familia ve la transmisión en diferido de la misma entrevista, se advierte que las palabras finales del infante fueron censuradas, presuntamente por las autoridades del canal.

Durante la trama un efectivo castrense (interpretado por Carlos Belloso) actúa como intermediario de la comunicación epistolar entre Javier y el soldado; el mismo interceptaba las cartas en el correo o el buzón y se encargaba de escribir en nombre del soldado – Gabriel-, quien había muerto en los primeros días del combate. La correspondencia recibida por Javier estaba impregnada de un espíritu triunfalista y plagada de mentiras inventadas por alguien que se hacía pasar por el soldado ya fallecido.

El clímax narrativo se produce cuando el ejército decide realizar una comunicación telefónica televisada en vivo entre Javier y el presunto combatiente receptor de sus cartas. Antes de la misma el niño tiene acceso a un expediente secreto en el maletín del intermediario en donde se enteraba de la cruda realidad: el soldado había muerto hace mucho tiempo y todo era una farsa instrumentada por los miembros de las Fuerzas Armadas quienes, no conformes con mentirle a toda la población, usaron la inocencia de un niño con fines propagandísticos. Durante la comunicación que se escuchaba en todo el país, Javier en lugar de repetir las pocas frases de apoyo que le habían hecho memorizar, lee el expediente, dejando al descubierto la farsa. De esta manera, el pequeño y sus padres, principalmente su madre, emprendieron un camino hacia la verdad vedada para el resto de la nación; lo que los convirtió en víctimas de una persecución.

El montaje alterno de imágenes de archivo en este episodio, muestra cómo la prensa y los medios de comunicación fomentaban el sentimiento nacionalista. En efecto, como bien sostiene Luis Alberto Romero, la dictadura se aprovechó del chauvinismo existente en Argentina con el objetivo de que la sociedad civil en su conjunto apoyara la ocupación de las islas y su defensa mediante la guerra (Romero 2001, 231–232). En la serie se exhibe fielmente dicho acontecimiento y se representa a un pueblo con un nacionalismo exacerbado. Desde el Director del colegio primario al que asiste el protagonista quien se encarga de informales en persona a los niños sobre las proezas en el campo de batalla acusando a los británicos de "piratas", pasando por imágenes de archivo de gente en la calle que está a favor la guerra, hasta el padre de Javier, Nicolás (interpretado por Fabián Vena), quién desea organizar un "mega festival de música nacional en apoyo a los soldados".

Por otra parte el pequeño protagonista es la voz de la inocencia, él con la curiosidad común de un chico, le pregunta a Sandra, su madre (Julieta Ortega) "¿Dónde quedan las Islas Malvinas? ¿Por qué viven los ingleses ahí? ¿Hay que echarlos? ¿Y si no quieren irse, hay que hacer una guerra, no?" En contraposición con la sociedad en su conjunto la mujer es la voz de la mesura y la razón desde un inicio, constantemente le dice a su hijo "Nada bueno puede salir de una guerra, grábatelo en la cabeza, En una guerra no gana nadie" y que "La única manera de ayudar a esos chicos – los soldados- es haciéndolos volver".

La leyenda al final del capítulo en tono esperanzador sostiene que

> La de Malvinas fue una guerra por una causa justa liderada por los más injustos comandantes que demostraron ser 'eficaces' para eliminar a miles de compatriotas, pero muy ineptos para lo que se suponía era su misión. Nada de esto opacó el heroísmo de nuestros soldados que padecieron aquellas injusticias y entregaron sus vidas por la patria. La derrota militar dejó al gobierno aislado internacionalmente y con su nivel de popularidad por el piso. Sólo les quedó a los dictadores y sus cómplices civiles, la salida democrática. Y así se fueron y nos dejaron una guerra perdida, un país en ruinas, con decenas de miles de desaparecidos, el aparato productivo casi destruido, chicos con hambre, y la deuda externa multiplicada por cinco. Se llevaron todo, pero no pudieron robarnos la esperanza de volver a vivir dignamente y en libertad.

Dicha leyenda es de suma importancia debido a que refuerza el pensamiento colectivo de la sociedad argentina actual en donde existe una contradicción entre el sentimiento patriótico de reafirmar la soberanía nacional sobre las islas y la legitimidad de los soldados que combatieron, y el rechazo a una guerra que si bien en sus inicios casi no fue cuestionada, luego de la derrota se repudió abiertamente a sus comandantes, produciendo el retorno al sistema democrático.

Nuevamente en este episodio se apela a diversos hitos de la memoria colectiva que hicieron a la a la construcción de una imagen determinada de la contienda y los sucesos que la rodearon. Entre ellos se encuentran: las golosinas "extraviadas", las colectas nacionales y el refuerzo de un sentimiento patriótico y nacionalista ejemplificado tanto en la actitud del padre al incentivar a su hijo a no escuchar música de habla inglesa como en los directivos escolares que de repente tornan al conflicto como eje curricular de todo el sistema educativo.

Capítulo 6: *Un Mundo Mejor*

El sexto y último capítulo de la serie se enmarca en la primera década del siglo XX en Argentina, época en donde se festejó el primer centenario de la Revolución de Mayo de 1810. Por aquel entonces el poder político estaba monopolizado por una pequeña aristocracia, que controlaba los cargos administrativos de importancia por medio del método de elecciones fraudulentas. El alejamiento de la vida pública del hombre fuerte de las últimas décadas como lo había sido el presidente Julio Argentino Roca, llevó a una reorganización de las fuerzas políticas con conflictos al interior de la élite conservadora gobernante por un lado, y a la disgregación de las redes de influencias, por el otro (Peck 1980, 309–335).

En materia económica, durante la segunda mitad del siglo XIX, Argentina se había insertado en el mercado mundial como un exportador de materias primas agropecuarias e importador de bienes manufacturados europeos, principalmente británicos. Los gobiernos liberales y oligárquicos en el poder aseguraron la expansión de este modelo dependiente con inversiones extranjeras en los sectores estratégicos de la economía, como por ejemplo el transporte -ferrocarriles, comunicaciones terrestres y marítimas-, bancos, seguros y servicios públicos -gas, teléfonos, subterráneos y energía eléctrica.

Con respecto a la composición social de la población argentina de la época, es necesario observar que entre el último cuarto del siglo XIX y la primera década del XX, ésta se cuadriplicó con un importante aporte de inmigración europea. Entre 1890 y 1914 los italianos y españoles representaban el 40% de aquella masa demográfica, seguida por los eslavos con un 26% de la misma (Maeder 1980, 555–575). El Censo Nacional de 1914 arrojó entre otros resultados que uno de cada tres habitantes era extranjero[17]. Si bien en un primer momento el Estado mantuvo una política activa para fomentar la inmigración -pago de transporte, alojamiento, promesa de trabajo- con la idea de poblar los extensos y fértiles campos de la llanura pampeana con colonos del norte de Europa, las consecuencias no fueron las deseadas. El hacinamiento en la Capital Federal y sus alrededores, los problemas étnicos y culturales de la masa poblacional que llegó al país principalmente del sur de Europa, los conflictos políticos y sociales que surgieron debido al bagaje ideológico que dichos inmigrantes traían consigo – principalmente anarquistas y socialistas- y la amenaza que implicaba para la clase dominante criolla y su *status quo* la presencia de una gran cantidad de personas que no estaban interesadas en integrarse institucionalmente como ciudadanos de pleno derecho en vistas al sistema político fraudulento existente fueron el resultado de aquella política migratoria.

Teniendo en cuenta lo anteriormente dicho para fines del siglo XIX el senador Miguel Cané propuso la aprobación de una ley de residencia que expulsara a los extranjeros indeseables del país, la cual no tuvo eco en el Congreso hasta

---

17 "Censo General de Población 1914. Tercer Censo Nacional". Tomo II. Población, INDEC, 109, http://www.deie.mendoza.gov.ar/tematicas/censos/censos_digitalizados/Censos%20 Digitalizados/012%20-%201914-%20Tercer%20Censo%20Nacional.%20Tomo%202-%20 Poblacion/PDF/1914%20tomo2%20-%201ra%20parte.pdf (fecha de acceso 24 de septiembre de 2013).

algunos años después. En efecto, entre 1901 y 1902 se multiplicaron exponencialmente los conflictos laborales, los boicots y las acciones turbulentas. Durante 1902 se produjo una larga huelga de los trabajadores portuarios que, inmovilizando el comercio exterior, perjudicó los intereses de la oligarquía (Cornblit 1980, 595–626). La respuesta fue, para finales del mismo año, la sanción de la ley 4.144 de Residencia de extranjeros, la cual entre otros puntos establecía que "El Poder Ejecutivo podrá ordenar la salida de todo extranjero cuya conducta comprometa la seguridad nacional o perturbe el orden público"[18]. Sin embargo, su promulgación tuvo un efecto contradictorio, debido a que aumentó la combatividad obrera. Se generalizaron las deportaciones, la represión a los trabajadores, la censura de diarios obreros, el allanamiento a locales sindicales y la utilización del estado de sitio (Cornblit 1980, 616).

Durante la primera década del siglo XX la conflictividad fue aumentando hasta que en 1909 tuvo su pico con la denominada "Semana Roja". Con este nombre se conoce a los acontecimientos represivos que comenzaron durante la conmemoración del 1° de mayo, en donde los trabajadores se movilizaron a la Plaza Lorea en Buenos Aires, dejando un saldo de 14 muertos y decenas de heridos. La reacción de la clase obrera fue la unión de los dos grandes sindicatos de la época la FORA (Federación Obrera Regional Argentina) anarquista y la UGT (Unión General de Trabajadores) socialista en una huelga general que duró una semana y que también fue reprimida, decretando el estado de sitio y deportando a una innumerable cantidad de inmigrantes. Pocos meses después, el anarquista ruso Simón Radowitzky, recién llegado de Europa cometió un atentado asesinando al responsable de dicha masacre, el coronel Ramón Falcón. De esta manera, el primer Centenario argentino mostró claramente dos caras; una protagonizada por la élite criolla que hacía ostentación de sus riquezas y un derroche sin control; la otra conformada por los trabajadores locales y obreros extranjeros explotados y reprimidos.

El capítulo *Un Mundo Mejor* aborda varios problemas históricos. En primer lugar plantea las malas condiciones en que vivían los inmigrantes en Buenos Aires a principios del siglo XX y el hacinamiento en los conventillos[19]. Se observa al protagonista del episodio, Simón Radowitzky (interpretado por

---

[18] "Ley de Residencia o Ley Cané No 4144", *Constitución* Web, 18 de abril 2010, http://constitucionweb.blogspot.com.ar/2010/04/ley-de-residencia-o-ley-cane-n-4144.html, (fecha de acceso 24 de septiembre de 2013).

[19] El conventillo es la denominación que se le dio en Argentina a un tipo de vivienda urbana colectiva. El mismo cuenta con varios dormitorios a su interior los cuales eran rentados por diferentes familias de distinto origen étnico y social. El hecho de compartir los lugares comunes -patio, cocina y baño- permitió la integración de sus habitantes.

Rodrigo de la Serna) llegar a la ciudad en busca de su amigo Mirko. Dicha escena también pone de manifiesto la existencia de redes migratorias en donde muchos europeos arribaban por la recomendación de familiares y amigos[20]. La historia se desarrolla mediante un contrapunto entre dos clases sociales, los trabajadores por un lado, y la élite vernácula por el otro. El enfrentamiento entre ambos sectores se da a través de personajes muy estereotipados. Los primeros son en su mayoría inmigrantes europeos: Simón y Mirko llegaron a Argentina presuntamente exiliados de la Rusia zarista; Salvatore, el dueño de la imprenta que le da empleo a Radowitzky trabaja con sus empleados codo a codo; hasta la prostituta del burdel Jania (Leticia Brédice) es, por su acento, presuntamente oriunda de Europa del este.

Simón condensa la importancia de la noción del estudio y el conocimiento como un arma en la reivindicación obrera; él concurre habitualmente a una biblioteca donde se instruye primero sobre el idioma castellano, y luego sobre la historia argentina. Escribe y va expresando sus ideas con mayor fluidez. Radowitzky simboliza al proletariado autodidacta y con conciencia de clase que lucha por un mundo mejor. En contrapartida, la aristocracia criolla que se dedica a gozar del beneficio producido por los trabajadores está representada en el jefe de policía Ramón L. Falcón, quien es homofóbico, misógino y racista; quiere limpiar al país de los vagos que hacen huelgas y trata a los comunistas, socialistas y anarquistas como bichos a los que hay que aplastar. Se viste a la última moda, practica esgrima y admira a la Europa Occidental. Justifica la estratificación social y la existencia de patrones que manden y obreros que obedezcan.

Estos conceptos se terminan de delinear en la escena previa a la represión del 1° de mayo, donde los anarquistas se movilizaron en reclamo por la jornada laboral de ocho horas y la anulación de la Ley de Residencia. Allí Simón y Falcón se enfrentan en un duelo verbal; Radowitzky le dice "La tierra es de quien la trabaja (...) ustedes son un grupo al servicio de aristocracia minúscula violenta, pero su violencia no puede dominar mente libre de trabajadores (...) Trabajadores fabrican su saco, sus vigoteras ¿Qué van a hacer ustedes cuando la revolución triunfe? Ustedes no son nada. El mundo será de los trabajadores".

---

20 Tomamos el concepto de redes migratorias de Douglas S. Massey y otros, quienes expresan que "Las redes de migración se componen de lazos interpersonales que conectan a los migrantes, los migrantes anteriores, y los no migrantes en áreas de origen y destino a través de lazos de parentesco, de amistad, o por pertenencia a la misma comunidad de origen". Douglas S. Massey et al., "Teorías de migración internacional: Una revisión y aproximación", *ReDCE* 10 (2008): 435–478, en esp. 458, http://www.ugr.es/~redce/REDCE10pdf/14DouglasMASSEY.pdf (fecha de acceso: 25 de septiembre de 2013).

A lo que Falcón responde "Mas respeto con la autoridad (...) Nadie se va a acordar de ustedes ni de sus ideas". Derrotado en la batalla dialéctica el Coronel Falcón ordena la represión y parte hacia una gala de Ópera.

A continuación se lleva a cabo un montaje alternado entre imágenes de la función en el teatro Colón -el cual en aquella época era un símbolo del poder y la riqueza de la aristocracia- con las que muestran la violenta respuesta policial a la marcha obrera. La escena es una clara referencia a la saga norteamericana de *El padrino* de Francis Ford Coppola en donde mientras otros hacen el trabajo sucio, es decir, asesinan y reprimen, quienes lo ordenaron disfrutan de una velada teatral.

Una vez más el rol de la mujer, a pesar de no ser protagónico, se ve reforzado. Jania, la prostituta de la cual se enamora Simón, posee las marcas de una vida difícil y turbulenta. El hecho de que sea una meretriz complejiza la trama, puesto que pone a Simón en una contradicción moral, la cual lo obliga a elegir entre el amor y sus ideales – esto teniendo en cuenta que los anarquistas consideran a la prostitución como una situación más de dominación en donde quién paga tiene poder sobre el otro. En un mundo dominado por hombres en conflicto, Jania busca la paz y es la voz de la razón. Luego de la represión le pide a Radowitzky huir juntos a lo que él responde, "Yo no escapo" y sin mayor meditación lleva a cabo su venganza contra Falcón con una bomba de contacto, en un acto individual fiel a sus ideales anarquistas[21].

El discurso histórico actual a través del audiovisual

Considerando los preceptos de Marc Ferro planteados en la introducción, creemos necesario analizar la serie teniendo en cuenta el contexto de filmación, como una relación dialéctica, en donde la fuente -producto de una coyuntura específica- busca al mismo tiempo influenciar sobre el mayor número de personas en un momento determinado.

El siglo XXI comenzó en Argentina con un quiebre y un cambio de época. El país quedó sumergido en la peor crisis socio-económica de su historia, generando la ruptura del sistema político luego de casi dos décadas de gobiernos democráticos ininterrumpidos. Los mandatos de Nestor Kirchner (2003–2007) en primer lugar y su esposa Cristina Fernández de Kirchner luego (2007-actualidad), tuvieron como tarea principal una profunda recomposición

---

21   La corriente anarquista individualista abogó por la libertad individual por encima de toda atadura y limitación autoritaria. Émile Armand, *El anarquismo indivudualista, lo que es, puede y vale* (Buenos Aires: Terramar Ediciones, 2007), 39–40.

social, política, económica y cultural en un país devastado por decenios de malas administraciones al servicio de políticas neoliberales emanadas de los organismos de crédito internacional como, por ejemplo, el Fondo Monetario Internacional y el Banco Mundial. El caso argentino puso en evidencia la ruptura del consenso de Washington y la ineficacia de dichas entidades para resolver las crisis de los diferentes países.

Aquella recomposición se llevó a cabo librando "batallas" en diferentes frentes. En el ámbito social se buscó como política principal bajar la alta tasa de desocupación e integrar al sistema previsional a una gran cantidad de gente antes excluida. Así millones de jubilados y niños fueron incorporados a dicho programa estatal, resultando de ello una baja sustancial en los índices de pobreza, indigencia y desigualdad[22]. En materia de derechos humanos se promulgó la ley de matrimonio igualitario y la de identidad de género. A nivel político se fomentó la recomposición del sistema deteriorado, se recuperó el debate y se convocó a la militancia activa a los jóvenes antes excluidos. También se llevó a cabo una depuración de la Corte Suprema de Justicia, órgano de gobierno que gozaba de un alto nivel de rechazo en la población. Se impulsó la ley de Reforma Política y por medio de la anulación de las famosas leyes de impunidad[23] volvieron a ponerse en el banquillo de los acusados a los responsables del terrorismo de estado perpetuado entre los años 1976 y 1983. Asimismo, se promovió una importante revisión de la última etapa dictatorial, con la apertura de los archivos secretos de la época y la conversión de la ESMA, el campo clandestino de detención más importante, en un Museo de la Memoria.

En cuanto a las relaciones internacionales, Argentina se apartó del consenso de Washington, canceló sus obligaciones con el Fondo Monetario Internacional y renegoció la deuda externa con una importante quita. A su vez se volcó hacia una política más regional, siendo uno de los países líderes de la UNASUR[24] y

---

22 Además de derogar la Ley de Flexibilización Laboral -que dejaba al descubierto los derechos de los trabajadores-, se impulsó una campaña para incluir en los beneficios sociales a aquellos trabajadores que no gozaban de los mismos por estar en una situación laboral de informalidad. También se pasó de una tasa de desocupación del 21,5% en 2002 a una de 8% en 2008. Datos aportados por el Instituto Nacional de Estadísticas y censos, "Cambios en el mercado de trabajo durante el periodo 2003-2008", 27 de octubre de 2008, http://www.indec.mecon.ar/nuevaweb/cuadros/4/empleo_cambios03-08.pdf (fecha de acceso: 15 de noviembre de 2013).

23 Se les llama así a las leyes de Obediencia Debida y Punto Final que a fines de la década del ochenta clausuraron los juicios a los responsables del terrorismo de Estado.

24 UNASUR, Unión de Naciones Suramericanas, es una organización de países de América del Sur fundada en el 2004, con el objetivo de la integración regional, al estilo de la Comunidad Europea.

propiciando el rechazo al ALCA[25] impulsado por Estados Unidos en la IV Cumbre de las Américas celebrada en Mar del Plata en el año 2005. En materia económica se persiguió el crecimiento del mercado interno, potenciando el consumo subsidiando a la población e incentivando el desarrollo industrial, por medio de un nuevo proceso de sustitución de importaciones, lo que produjo un exponencial crecimiento del PBI.

En lo concerniente a enseñanza se promulgó la ley de financiamiento educativo que elevó de un 4 al 6% de inversión en dicha área con respecto al PBI[26] y durante toda la década kirchnerista se crearon 11 de las 47 universidades nacionales argentinas. A nivel cultural se llevó a cabo una lucha constante por valorizar la opinión pública impulsando una nueva Ley de Servicios de Comunicación Audiovisual que tiene como objetivo desmonopolizar los medios audiovisuales, fuertemente concentrados en pocos grupos de poder.

La reescritura de la historia fue uno de los pilares de dicha batalla cultural. Ejemplo de ello es la reivindicación de próceres olvidados o denostados y el cambio o inclusión de nuevas fechas patrias, como así también la fundación del Instituto Nacional de Revisionismo Histórico Argentino e Iberoamericano Manuel Dorrego[27]. A ello debemos sumarle la importante actividad del INCAA (Instituto Nacional de Cine y Artes Audiovisuales) que ha financiado importantes producciones de cine histórico en clave revisionista como los casos de *Belgrano, la película* y *Revolución: el cruce de Los Andes* -ambas rodadas durante el 2010.

Frente a estas políticas, desde ciertos medios de comunicación se buscó instalar la idea de la existencia de una "Grieta" provocada e intencionalmente buscada por el gobierno de turno que pretendía dividir al país en dos en la cual se está a favor o se está en contra[28]. Si bien el kirchnerismo posee una visión de

---

25 ALCA, Área de Libre Comercio de las Américas, es un proyecto de organización que desde 1994 Estados Unidos intenta imponer al resto del continente en donde la idea era levantar las restricciones comerciales de los demás países.

26 Laura Casanovas, "Promulgó Kirchner la ley de financiamiento educativo", *La Nación* (Buenos Aires), 12 de enero de 2006, http://www.lanacion.com.ar/771728-promulgo-kirchner-la-ley-de-financiamiento-educativo (fecha de acceso: 22 de octubre de 2013).

27 Se propusieron como días feriados nuevos el 24 de marzo como el Día Nacional por la Memoria, la Verdad y la Justicia y el 20 de noviembre -fecha en que se conmemora la Batalla de Vuelta de Obligado de 1845, en donde el ejército liderado por el brigadier Juan Manuel de Rosas repelió a la escuadra naval anglo-francesa que intentaba ingresar por la fuerza al territorio argentino- como el Día de la Soberanía Nacional. En mismo sentido se cambió el nombre al feriado del 12 de octubre, pasando del Día de la Raza al Día del Respeto a la Diversidad Cultural Americana.

28 Un claro ejemplo de ello se puede encontrar en Jorge Lanata, "La grieta", *Clarín* (Buenos Aires), 10 de agosto de 2013, http://www.clarin.com/opinion/Grieta_0_971902892.html (fecha de acceso: 17 de octubre de 2013).

la historia conflictivista, creemos que otorgarle a dicha administración el poder de segmentar a una población es, como mínimo, exagerado, dado que toda sociedad posee grandes discrepancias en su interior y la concepción de una comunidad idílica sin distinciones, sin fragmentaciones y sin problemas es ingenua o malintencionada. Aquí yace la importancia de la serie analizada que viene a rescatar a partir de diferentes procesos históricos del siglo XX, cada uno con sus particularidades coyunturales, la existencia del conflicto como algo intrínseco a las formaciones sociales.

Otro punto a tener en cuenta al realizar un análisis contextual de la fuente es la revalorización que en la serie se hace del rol femenino en los distintos períodos de nuestro pasado. Esto no es casual, ya que coincide con un momento en el que por primera vez en Argentina ha llegado al gobierno una mujer elegida directamente por el voto popular[29]. Creemos que al destacar a los papeles femeninos en detrimento de los masculinos, representando a las mujeres como agentes activas del devenir histórico se le da un apoyo implícito a la presidenta de la nación. El compromiso social de Elena, la rebeldía de Nina, la tenacidad de Mabel, la independencia de Ada, la mesura de Sandra y la sensatez de Jania; contribuyen a reforzar dicha idea en donde se resaltan las características que debe tener una mujer política y socialmente comprometida.

A modo de conclusión

La serie analizada como una unidad posee una intervención estética particular, por un lado todos los capítulos inician como si fueran partes de un celuloide borroso y entrecortado pertenecientes a una película antigua. Creemos que ese tipo de elección estilística no sólo guarda relación con lo viejo, sino con la manera en que la memoria recuerda, como una filmación con grietas en su interior. También es importante remarcar la advertencia que se le facilita al espectador al inicio de cada capítulo con la consecuente leyenda:

> El siguiente programa es una ficción basada en situaciones históricas pero no documentales. Los personajes, las imágenes, los hechos y los argumentos no son reales, sólo se utilizaron momentos de la historia

---

[29] Si bien María Estela Martínez de Perón gobernó al país entre 1974 y 1976, ésta había accedido a la primera magistratura por el fallecimiento de su esposo Juan Domingo Perón y su elección se dio de forma indirecta en la fórmula Perón-Perón que llevó al anciano líder a la presidencia.

argentina como contexto, y se versionaron, desde la ficción, algunos personajes de la vida real con fines dramáticos y argumentales, para representar diferentes sucesos de nuestra historia.

La leyenda actúa como un resguardo ante las críticas que puedan llegar desde ámbitos especializados donde se aborda y se construye el conocimiento histórico. Se basa en la historia pero se despega de la rigurosidad fáctica. Al mismo tiempo al manipular el relato histórico a su criterio, la advertencia exculpa a los realizadores, sin admitir que la ficción también es una forma de transmitir ideas, sucesos y personajes propios del pasado. Si bien el aviso es claro y conciso, lo cierto es que la serie constantemente apela a hechos o anécdotas instaladas en la memoria histórica colectiva. Dicha operación, que consiste en diluir los límites entre la ficción y la realidad genera en el público una "suspensión de la incredulidad" por la cual la audiencia no se detiene a analizar el mensaje, sino que lo incorpora en una especie de contrato implícito y sin cuestionamientos[30].

Creemos que en el proceso de conformación de memoria histórica intervienen un conjunto de acciones y procesos internos y externos a la disciplina histórica meramente dicha. La memoria puede ser individual, reflejada en los sucesos históricos que una persona retiene en su mente y sus diferentes interpretaciones, a veces contradictorias en donde el factor más importante es la experiencia. También puede ser colectiva. Su proceso de elaboración es mucho más complejo; puesto que influyen una innumerable cantidad de factores, como por ejemplo los debates sobre la historia dentro de una sociedad; su interpretaciones -tanto profesionales como no académicas-; el rol de los medios de comunicación escritos y audiovisuales; políticas gubernamentales destinadas a influir en la memoria colectiva; políticas educacionales que pongan énfasis en reinterpretar o recordar determinados procesos históricos, como así también a la inversa: olvidando otros. Por otra parte creemos que la Memoria Histórica se diferencia del Discurso Histórico, a pesar de que los mismos se retroalimentan. Mientras el primero es la forma colectiva en que se recuerda el pasado, el segundo refiere a un discurso con normas específicas, relacionado con los sucesos y su interpretación (Sturken 1997, 3).

---

30   Según Edmund Morgan "(...) el éxito de un gobierno requiere la aceptación de ficciones, requiere la suspensión voluntaria de la incredulidad, requiere que nosotros creamos que el emperador está vestido aunque podamos ver que no lo está. (...) Para ser viable, para cumplir con su propósito, sea cual fuere ese propósito, una ficción debe tener una cierta semejanza con los hechos. Si se aparta demasiado de los hechos, la suspensión voluntaria de la incredulidad se desmorona". Edmund S. Morgan, *La invención del pueblo* (Avellaneda: Siglo Veintiuno Editores, 2006), 13–14.

A pesar de ser un buen producto de entretenimiento la producción posee, a nuestro entender, grandes falencias entre las cuales se pueden enumerar: en primer lugar, una mirada centralista y metropolitana, en donde los conflictos de la nación ocurren y se resuelven, para bien o para mal, en la Ciudad de Buenos Aires y sus alrededores, sin tener en cuenta una visión federal de la historia, ni las problemáticas y las particularidades del interior argentino. Por ejemplo, Rafael y Leo en *La ley primera* a pesar de ser del interior del país se representan sucesos de su vida en la Capital Federal; en *Te quiero* el tango se identifica solamente con el ambiente porteño de la capital. La situación de los desaparecidos y el accionar de las madres y la movilización social por la guerra de Malvinas representados en *La caza del Ángel* y *Los niños que escriben en el cielo*, respectivamente, a pesar de ser hechos que se desarrollaron en todo el país, sólo se representa una situación particular en la Ciudad de Buenos Aires.

En segundo lugar, un desbalance entre invenciones verdaderas e invenciones falsas[31], en donde algunos personajes logran una buena condensación de sus referentes históricos en contraposición con otros que además de tergiversar el pasado lo hacen de maneras poco creíbles al caer en estándares popularmente aprehendidos. Un buen ejemplo de invención falsa lo encontramos en el personaje del padre de Elena quién posee todas características estereotipadas de la oligarquía argentina de la década de 1940. Otras las podemos percibir en *La ley primera* en las figuras del General Fontana y la novia de Leo, Nina. Ambos conforman estereotipos totalmente anacrónicos: el General actúa más como un militar fascista de la década del treinta dedicado a establecer jerarquías sociales y perseguir judíos que como un militar de los sesenta, preocupado por la conflictividad social en aumento y la Doctrina de la Seguridad Nacional impartida desde Estados Unidos. Nina por su parte, recuerda más a un alumno contemporáneo de la Facultad de Filosofía y Letras que a una estudiante comprometida de los sesenta. En la acusación de Leo: "estás elevada en ese cielo de Puán (nombre con que se conoce a la Facultad de Filosofía y Letras de la Universidad de Buenos Aires actualmente) donde no pueden concretar ningún tipo de pensamiento" alude a la inmovilidad de los estudiantes de la década de los noventa, más que a la efervescencia social de la época del golpe de Onganía.

---

31   Según Robert Rosenstone la diferencia entre una invención falsa y una invención verdadera es que las primeras tergiversan la historia, en cambio las segundas son alteraciones de los hechos, modificaciones de la realidad justificada, o condensaciones de grupos sociales en personajes e invención de hechos que pudieron haber ocurrido pero que no tenemos registros de que hayan sucedido. Robert Rosenstone, *El pasado en imágenes. El desafío del cine a nuestra idea de la historia* (Barcelona: Editorial Ariel, 1997), 61.

Tercero, encontramos una visión maniquea de la historia, donde los malos son personas muy despreciables y los buenos logran generar gran empatía. Mientras que los primeros representan todo lo conservador, el atraso y lo estático, los segundos simbolizan la modernidad, el desarrollo y el dinamismo; unos rompen maquinarias de expresión de ideas y progreso en ataques de ira mientras que otros las usan y hacen de ellas herramientas de transformación. Por ejemplo, en *Mi Mensaje* el padre de Elena, la enfermera, le dispara virulentamente con su rifle a la máquina de escribir con la que trabajaba su hija para Eva Perón. En *La ley primera*, el General Fontana fuera de sus cabales destroza a Clementina, la primera computadora en Argentina traída por Sadosky. En "Un mundo mejor" la policía al mando del Coronel Falcón destroza la imprenta en donde trabajaba el protagonista Simón Radowitzky, quién con toda paciencia la repara y sigue con su tarea de copiar volantes con el objetivo de movilizar a los obreros que luchan por la jornada laboral de ocho horas y el fin de la Ley de Residencia.

Finalmente, las conclusiones de cada episodio son presentadas en forma grosera con leyendas que en sus desenlaces dejan poca interpretación o participación al espectador. Estas líneas que varían de capítulo en capítulo cierran cada historia, frecuentemente acompañadas por imágenes de archivo. Como ya se mencionó en el caso del capítulo 4 *Te quiero* en muchos casos el relato escrito no condice con el relato fílmico que ha transcurrido previamente. La serie está pensada para transmitir un mensaje concreto y los últimos minutos de cada episodio se encargan de ello, haciendo un uso demasiado obvio de frases escritas por el supervisor histórico, Felipe Pigna. En las leyendas, es recurrente la alusión a la participación de la clase obrera y los sectores populares como motor de la historia, pero no en todos los episodios aparecen estos actores sociales: el caso más grosero es el capítulo 4, que representa la vida de una cantante de tango independiente de clase acomodada y termina hablando de la importancia de ese género musical como "testimonio político y social de esos tiempos de fraude, corrupción, tortura y miseria, crisis y desocupación, y de gobiernos infames que se desentendían de los dramas de las mayorías". El problema es que al buscar ser efectiva con tanto anhelo, la narratividad termina siendo contraproducente a sus objetivos iniciales, ya que al presentar personajes y situaciones tan estereotipadas y maniqueas, se le resta verosimilitud a la trama.

A pesar de los problemas remarcados anteriormente, quisiéramos destacar ciertos aspectos de la serie que desde nuestro punto de vista la convierten en valorable. En primer lugar deseamos rescatarla en su potencial uso pedagógico debido al poder que poseen los medios audiovisuales en captar la atención de las personas, sobre todo de los más jóvenes. En segundo lugar, en la trama se incorpora el debate sobre el rol y la responsabilidad de los medios de comunicación al calor de la sanción de la nueva Ley de Servicios de comunicación audiovisual la cual tiene por objetivo desmonopolizar los medios radiales y televisivos argentinos fuertemente concentrados y al mismo tiempo promover las producciones locales y regionales. Este aspecto se evidencia en varias escenas de los distintos capítulos en donde los medios actúan como meros reproductores de las voces dominantes, siendo manejados y/o censurados por los gobiernos de turno, principalmente los militares.

Por último creemos que es un interesante documento que representa efectivamente un cambio de discurso de época y su amplia difusión, ya que desde una productora privada, no relacionada directamente con los recursos del Estado, se hace eco del proyecto político iniciado en 2003, retomando las nociones básicas de una nueva historia, aunque no tan nueva. En efecto entendemos que en las formaciones sociales existen diferentes fracciones de la clase dominante, las cuales intentan imponer su supremacía por sobre las otras. Dicha dominación no sólo puede darse por medio de la coerción, sino que también se manifiesta por medio de la persuasión sobre los dominados. El concepto de hegemonía en términos culturales desarrollado por Gramsci establece que cada fracción de la clase dominante que tenga por intenciones dominar, necesariamente deberá establecer un relato propio de la historia. En efecto creemos que en Argentina existe una crisis de hegemonía de la vieja oligarquía terrateniente, en donde su relato canónico del pasado inculcado a varias generaciones de argentinos por medio de la escuela primaria a través del siglo XX, está siendo cuestionado, y asoma una nueva narración sostenida por el gobierno de turno en donde se reivindican a personajes históricos denostados por la anterior "Historia oficial".

Sin embargo esta nueva historia, que posee a Felipe Pigna (supervisor histórico de *Lo que el tiempo nos dejó*), como uno de sus mayores interlocutores, tiene sus raíces en la primera mitad del siglo XX. De esta manera, autores como David Peña, Carlos Ibarguren, Julio Irazusta, José María Rosa, Arturo Jauretche y Raúl Scalabrini Ortíz, destacados miembros de la corriente historiográfica argentina del Revisionismo, fueron los encargados de de revalorizar a próceres denigrados por la historia oficial, denunciar a personajes ilustres anteriormente incuestionables y cambiar la visión de un liberalismo de estirpe europeo fuertemente influenciado por el positivismo, por una mirada más nacionalista y americanista, del cual Felipe Pigna se hizo eco.

En dicho sentido, como mencionamos anteriormente, la elección de los eventos representados en los capítulos no es arbitraria, sino que responde a la necesidad de rescatar actores sociales reprimidos en su época y relegados por la historiografía hegemónica previa[32]. Partiendo del anarquismo fuertemente vapuleado, pasando por las masas peronistas denigradas, los estudiantes revolucionarios acallados, las Madres de Plaza de Mayo perseguidas y silenciadas, hasta la sociedad entera manipulada durante la Guerra de Malvinas. A su vez el ciclo entero está destinado a revalorizar los ideales democráticos como por ejemplo la libertad y la igualdad en contraposición a los sucesos acaecidos en la historia argentina del siglo XX en donde una innumerable cantidad de gobiernos dictatoriales violaron sistemáticamente aquellos valores.

Bibliografía

Armand, Émile. 2007. *El anarquismo individualista. Lo que es, puede y vale*. Buenos Aires: Terramar Ediciones.

Barthes, Roland. 1987. *El susurro del lenguaje, Más allá de la palabra y la escritura*. Barcelona: Paidos.

Calamaro, Eduardo. 2005. *Historia de una traición argentina. Martínez de Hoz y el nacimiento de una maldición política*. Buenos Aires: Sudamericana.

Calveiro, Pilar. 2005. *Política y/o Violencia*. Buenos Aires: Editorial Norma.

Cornblit, Oscar. 1980. "Sindicatos obreros y asociaciones empresarias". En *La Argentina del Ochenta al Centenario*, coordinado por Gustavo Ferrari y Ezequiel Gallo, 595–626. Buenos Aires: Sudamericana.

Duhalde, Eduardo Luis. 1999. *El Estado Terrorista Argentino. Quince años después, una mirada crítica*. Buenos Aires: Eudeba.

---

[32] Entendemos por Historia a la disciplina social que se dedica al estudio del pasado. La misma posee sus orígenes remotos en la antigua Grecia, pero logra erigirse como una disciplina con un campo de estudio concreto durante el Siglo XIX ante la necesidad de justificar la existencia de los incipientes Estados-Naciones. Con el transcurrir del Siglo XX la disciplina ha ido mutando teniendo en cuenta su metodología, su objeto y su campo de estudio. Desde el historicismo rankeano, pasando por el positivismo, la escuela de Annales francesa, la influencia del marxismo británico y la rupura de los grandes paradigmas a finales del siglo XX con la irrupción del giro lingüístico y el posmodernismo. La disciplina ha ido cambiando y reformulándose con el correr del tiempo. Hacia fines del Siglo XX una Nueva Historia Cultural, entre otras corrientes, tomó fuerza destacando la importancia del mundo de las representaciones. A partir de la misma creemos que es de suma importancia los análisis históricos desde dicha perspectiva por que las representaciones culturales son expresiones de un campo de lucha dentro de las distintas concepciones del pasado dentro de una misma sociedad. La historiografía oficial argentina en un principio de tinte rankeana y posteriormente influenciada por Annales, hizo hincapié en los grandes hombres y las clases dirigentes que guiaron al país, negándole entidad como agentes del devenir histórico a los demás sectores sociales.

Durkheim, Emile. *El suicidio*. http://biblio3.url.edu.gt/Libros/2012/LYM/los_FESociales.pdf.
Gadea, Carlos. 2011. "Tango y desencanto de la modernidad". *Revista Contratiempo* 9.3: 69–74.
Galante, Miguel. 2007. "En torno a los orígenes de Madres de Plaza de Mayo". *Historia, Voces y Memoria, Boletín del Programa de Historia Oral* 1: 59–81.
Galasso, Norberto. 2003. *Peronismo y Liberación Nacional (1945–1955)*. Buenos Aires: Centro Cultural "Enrique Santos Discépolo", http://www.discepolo.org.ar/files/peronismo_liber_nac.pdf (fecha de acceso 23 de septiembre de 2013).
Galeano, Eduardo. 1990. *Memoria del Fuego, Tomo III*. México: Siglo Veintiuno Editores.
Hermo, Javier Pablo y Cecilia Pittelli. 2009. "La Reforma Universitaria de Córdoba (Argentina) de 1918. Su influencia en el origen de un renovado pensamiento emancipatorio en América Latina", http://www.reformadel18.unc.edu.ar/privates/Pittelli%20Hermo%20Revista%20bicentenario%20final.pdf (fecha de acceso: 11 de noviembre de 2013).
Hernández, José. 1995. "El gaucho Marín Fierro, seguido de La vuelta del Martín Fierro". *Electroneurobiología* 2.1 (1995): 127–496, http://electroneubio.secyt.gov.ar/Jose_Hernandez_Martin_Fierro_Ida_y_vuelta.pdf (fecha de acceso: 15 de noviembre de 2013).
James, Daniel. 1990. *Resistencia e integración*. Buenos Aires: Sudamericana.
Kriger, Clara. 2009. *Cine y peronismo. El estado en escena*. Avellaneda: Siglo Veintiuno Editores.
Maeder, Ernesto J.A. 1980. "Población e inmigración en Argentina". En *La Argentina del Ochenta al Centenario*, coordinado por Gustavo Ferrari y Ezequiel Gallo, 555–575. Buenos Aires: Sudamericana.
Massey, Douglas, Joaquín Arango, Graeme Hugo, Ali Kouaouci, Adela Pellegrino y J. Edward Taylor. 2008. "Teorías de migración internacional: Una revisión y aproximación". *ReDCE* 10: 435–478, http://www.ugr.es/~redce/REDCE10pdf/14Douglas MASSEY.pdf (fecha de acceso: 25 de septiembre de 2013).
Morgan, Edmund. 2006. *La invención del pueblo*. Avellaneda: Siglo Veintiuno Editores.
Murmis, Miguel y Juan Carlos Portantiero. 2004. *Estudios sobre los orígenes del peronismo*. Buenos Aires: Siglo Veintiuno Editores.
O'Donnell, Guillermo. 1996. *1966–1973. El Estado Burocrático Autoritario. Triunfos, derrotas y crisis*. Buenos Aires: Editorial de Belgrano.
Peck, Donald. 1980. "Las presidencias de Manuel Quintana y José Figueroa Alcorta. 1904–1910". En *La Argentina del Ochenta al Centenario*, coordinado por Gustavo Ferrari y Ezequiel Gallo, 309–335. Buenos Aires: Sudamericana.
Quiroga, Hugo. 2005. "El tiempo del 'proceso'". En *Nueva Historia Argentina. Dictadura y Democracia (1976–2001) Tomo X*, coordinado por Juan Suriano, 33–86. Buenos Aires: Sudamericana.

Romero, Luis Alberto. 2001. *Breve historia contemporánea de la Argentina. 1916/1999*. Buenos Aires: Fondo de Cultura Económica.

Rosenstone, Robert. 1997. *El pasado en imágenes. El desafío del cine a nuestra idea de la historia*. Barcelona: Editorial Ariel.

Salas, Ernesto. 2006. *La resistencia peronista. La toma del frigorífico Lisandro de la Torre*. Buenos Aires: Retórica Ediciones Altamira.

Sorlin, Pierre. 2001. "How to look at an 'Historical' Film". En *The Historical Film. History and Memory in Media*, coordinado por Marcia Landy, 25-49. New Jersey: Rutgers University Press.

Sturken, Marita. 1997. *Entangled Memories: The Vietnam War; the AIDS Epidemic, and the Politics of Rememberig*. Berkeley: University of California Press.

Verbitsky, Horacio y Juan Pablo Bohoslavsky. 2013. *Cuentas Pendientes. Los cómplices económicos de la dictadura*. Buenos Aires: Siglo Veintiuno Editores.

PARTE 2

Representación audiovisual del pasado

CAPÍTULO 5

El martirio televisivo del presidente Francisco I. Madero. Representación del magnicidio en la serie *El Encanto del Águila*

Adrien Charlois Allende

La representación histórica del pasado en narrativas audiovisuales ha sido un objeto de estudio que ha tomado importancia desde la segunda mitad del siglo XX. El cine histórico fue el primer lugar donde comenzaron a surgir preocupaciones en la relación entre historia, representación audiovisual y memoria social. Con estos trabajos como base y la influencia de los estudios sociológicos de los medios masivos de televisión, la televisión histórica cobró relevancia, siendo considerado el mayor medio de representación de narrativas sobre el pasado.

En el auge de su estudio (desde los años noventa), se propusieron algunos ejes relevantes, sobre los que se fueron articulando propuestas teórico-metodológicas para observar la historia en el medio de comunicación más popular e influyente. Sobre todo, se fueron consolidando algunas premisas base para entender esta relación. Éstas tenían que ver con la forma en que las dimensiones de producción institucionalizada de un pasado "utilizable" se relacionaba con la hegemonía y las maneras de hacer política a través de la memoria social. Desde ahí se entendió que la forma de tramar y el tono de la historia televisada evidenciaba estrategias de construcción de identidades (Bell y Gray 2010). En este sentido, los formatos televisivos de carácter histórico hablaban sobre un pasado, pero en un diálogo perpetuo con el presente de su enunciación.

Fue desde esta premisa esencial que pensé en observar la representación del magnicidio de Francisco I. Madero en la televisión mexicana a través de la serie *El Encanto del Águila* (2011) sobre la revolución mexicana. El momento de su producción me invitó a pensar en las relaciones entre la muerte de este personaje, su forma de representación y algunos elementos de su horizonte de enunciación. El personaje me pareció simbólicamente prolífico para esta indagación, debido a la carga de significados que históricamente se le han atribuido.

Un primer acercamiento como mero espectador me permitió pensar en el martirio como un eje de entendimiento clave. A partir ahí, una búsqueda por el significado social del concepto cristiano me llevó a confirmar que la representación de la muerte, en este caso, estaba tratando de decir algo no sólo respecto al personaje y su tiempo, sino respecto a significados posibles, a cien años del suceso. En un momento de conmemoración nacional de la gesta revolucionaria, el rescate, con lujo de detalles, de la muerte del primer presidente del siglo xx, me parecía, interpelaba a las audiencias sobre el propio proceso democrático que se estaba viviendo en 2011.

Fue en este sentido que armé el análisis visual y narrativo de dos capítulos de la serie, "La traición de los Herejes" y "El Apóstol Sacrificado". Éstos me permitieron reflexionar sobre mis propios supuestos de partida, posibilitando a su vez, distintos niveles de reflexión. Este es el análisis de una representación que fue entendida en el contexto de su enunciación: una industria televisiva oligopólica con fuertes conexiones con el poder político nacional, una industria orientada principalmente al entretenimiento a través de la ficción, además de fuertemente conservadora.

El camino del Apóstol

Inútil sería reconstruir la vida y obra de Francisco I. Madero en este texto. No es la finalidad y ya muchos trabajos históricos y literarios han dado cuenta de su andar en los finales del siglo xix y principios del xx. La mayoría de los cuales coinciden en representar al personaje desde formas de nombrar cargadas de sentido religioso. Sin embargo, me gustaría hacer notar ciertos hechos de la vida de Madero que ayudan a entender las narrativas construidas en torno a él y que dotan de contexto la propia representación audiovisual de la muerte del personaje, esa sí materia de análisis de este texto.

Ya Ignacio Solares plantea las dificultades que ha tenido la historiografía para entender a Madero en la disyuntiva entre su actuar político, su fe y su entrega a ciertas "verdades" (Solares 1995). De ahí que su andar, historiográficamente, parezca un reflejo de esas condicionantes internas, prácticamente espirituales. Para no polemizar con las posturas historiográficas respecto a Madero, sólo señalaré algunos puntos de su historia que me parecen centrales. Para lo anterior utilizaré las mismas fuentes que parecen entronarlo en los altares divinos. La vida de Madero, en especial su parte de político activo, está narrada a través de dos ejes fundamentales: su espiritismo y su lucha democrática.

Respecto al primero, es destacada su educación profundamente religiosa (ignaciana) y su encuentro con la filosofía espiritista de Allan Kardec (Krauze 1987, 11–12). Esta fuente mística serviría a Madero como guía en sus acciones políticas, destinadas a la consecución de justicia para sus coetáneos a través de, y aquí vamos al primer eje, la democracia. Sus profundas convicciones democráticas, y la supuesta guía de distintos espíritus (por ejemplo su hermano Raúl y hasta el ex presidente liberal mexicano, Benito Juárez) lo llevan a emprender un camino que pocos se atrevieron en el contexto de la dictadura porfirista. Desde su vuelta de París en 1892 y, especialmente, desde que se hace cargo de la hacienda familiar en San Pedro de las Colonias, Francisco parece volcarse hacia el otro, sus empleados. En ellos comienza su labor redentora. Ferrer de Mendiolea lo describe como el ranchero "más progresista, el más humano, el de mayor iniciativa, el más justo y equitativo" (1973, 28).

Como un acto epifánico, Madero es testigo (a través de la prensa) de un acto de represión en Monterrey en abril de 1903 a manos del General porfirista y gobernador del Estado de Nuevo León, Bernardo Reyes. Para algunos historiadores, éste será el detonador de su oposición a las formas de proceder de Don Porfirio (presidente mexicano de 1876 a 1910 contra el cual se alzó la revolución encabezada por Madero) y el inicio de su lucha por la democratización de la política mexicana. Comienza con una fallida elección en el propio San Pedro de las Colonias en 1904. Después, en 1905, apoya al candidato opositor al gobierno del Estado de Coahuila. Ante el segundo fracaso, Madero se da cuenta de que tendrá que recurrir a distintas estrategias para lograr su misión. Krauze identifica este momento como el "nacimiento del apóstol" (1987, 21). Lo cierto es que parece comenzar ahí su labor de apoyo a ciertos movimientos opositores al régimen.

En 1908, tras la famosa entrevista del presidente Díaz con Creelman[1], Madero ve una oportunidad de, digamos, abrir una brecha en el sistema. Se encierra a escribir su libro *La sucesión presidencial en 1910* y lo publica en 1909, a pesar de la oposición de su propia familia. La "verdad" de Madero toma su forma escrita y el camino a seguir parece tomar matices "de otros dominios". En una carta a su padre, Madero le dice: "Hazme el favor de dirigirte con todo fervor a Dios, que está en el cielo, y de tu mamá Rafaelita evoca su ayuda, a fin de que seas iluminado, a fin de que comprendas el mal tan grande que harás no dejándome en libertad para cumplir con la misión que la Providencia me ha impuesto" (Ferrer de Mendiolea 1973, 55). A partir de ahí, el camino parece llevarlo a diseminar su verdad a través de la fundación de clubes antireeleccionistas, una exitosa campaña política, hasta la prisión en San Luis y su exilio en Estados Unidos. Éste será otro momento detonador que quedará plasmado en el plan del mismo nombre que llevará, a su vez, a la primera lucha revolucionaria.

---

1 En 1908, el presidente Porfirio Díaz otorgó una entrevista al periodista canadiense James Creelman en donde prometió que no volvería a reelegirse en los comicios de 1910. La famosa entrevista fue tomada como una señal del fin del porfiriato y un permiso para la formación de partidos de oposición.

A pesar de que en todos estos momentos hay evidencia de sus ideales, sus convicciones políticas, humanistas y espirituales se vuelven a hacer más notorias al final de la revuelta. Su forma de pactar la paz con Díaz, las elecciones tras las que gana la presidencia y actos como el licenciamiento de las tropas revolucionarias o el interinato de Francisco León de la Barra[2], están llenos de evidencias de su ambición por ser un personaje civilizado, por demostrar con los hechos la vigencia, la permanencia y las posibilidades de su verdad democrática. El verdadero momento en donde se hacen notorias las oposiciones entre la verdad democrática de Madero, su forma de hacer política, y la visión de sus futuros verdugos es, precisamente, a lo largo de los quince meses de presidencia de Madero.

Adrián Aguirre Benavides, uno de sus más cercanos biógrafos, hace un recuento de los obstáculos que poblaron el camino de Madero durante su estancia en el poder político. Es en este tiempo en el que se manifestaron con todo su rigor las distintas fuerzas que desató Francisco en su camino hacia la democracia. La prensa conservadora a la que no puso ningún freno, la aristocracia terrateniente e industrial que Porfirio Díaz había posibilitado, la familia del propio Porfirio, los intelectuales detractores, el ejército federal, los revolucionarios decepcionados con el cauto actuar de Madero y su incumplimiento de algunos postulados del Plan de San Luis, los partidos independientes y la embajada estadounidense a cargo de Henry Lane Wilson[3] (Aguirre Benavides 1962, 485–511). Todos ellos fueron elementos que empañaron el acto de gobernar de un político guiado por un ideal, aferrado (tonta y ciegamente, dicen algunos) a un único camino de llevar las riendas del país.

La existencia y el actuar de estos elementos desencadenaron en el cuartelazo en contra del presidente que, al final, se conocería como La Decena Trágica[4].

---

2 Tras la victoria de las tropas revolucionarias y la renuncia de Porfirio Díaz, Madero aceptó que Francisco León de la Barra, en ese entonces Ministro de Relaciones Exteriores de la última presidencia de Díaz, tomara de manera interina el gobierno en 1911, con el fin de dar continuidad legal al ejercicio del poder, mientras se celebraban las elecciones en las que ganaría Madero.

3 Embajador de los Estados Unidos en México de 1910 a 1913, bajo la presidencia de William Taft. Ha sido reconocido como uno de los conspiradores en la caída y muerte de Francisco I. Madero, gracias a su capital participación en el "Pacto de la Embajada" con el General Victoriano Huerta y el General Félix Díaz que llevó al periodo de caos y muerte conocido como la "Decena Trágica". Fue removido por Woodrow Wilson por su evidente intervencionismo en la política mexicana.

4 Sublevación de los Generales Manuel Mondragón, Bernardo Reyes y Félix Díaz, apoyados por Victoriano Huerta y el embajador Henry Lane Wilson. Los Generales se refugiaron en el cuartel de la Ciudadela, en la Ciudad de México, desde donde simularon enfrentarse al ejército de Huerta entre los días 9 a 18 de febrero de 1913.

Ese fue el momento en que verdaderamente se pusieron a prueba los ideales maderistas. En el sacrificio de la persona se evidenciarían los elementos del martirio que más arriba señalé y que estarán presentes en la representación de su muerte en *El Encanto del Águila*. Como dice Aguirre Benavides, citando el *Ulises Criollo* de Vasconcelos: "Madero, asesinado, sería una bandera de la regeneración patria. Hay ocasiones en que el interés de la masa reclama la sangre del justo, para limpiarse las pústulas. Cada calvario desnuda la iniquidad del fariseo. Para remover a las multitudes era preciso que se consumase la maldad sin nombre" (1962, 540).

Como he mostrado en este breve apartado, la representación narrativa del martirio de Madero no es exclusiva de la ficción televisiva. Sin embargo, en ella se potencia el alcance del discurso, cristalizando matrices de significado preexistentes. El horizonte espacio-temporal desde el que enuncia la televisión se mostró propicio para traer esta forma de ver la vida y muerte de Madero.

El martirio

El martirio, como metáfora, ha sido utilizado infinitas veces, no solo en la historiografía sino, incluso, en la vida cotidiana. Martirizar a alguien ha significado otorgarle el carácter de injustificada víctima en cualquier circunstancia. Sin embargo, este concepto, de evidentes raíces cristianas, contiene una fuerte carga simbólica cuando es aplicado a una muerte. Ésta, no debe ser entendida desde el sentido común, sino desde la propia historicidad de la palabra. Danna Piroyansky plantea que el martirio no tiene un solo significado; es un concepto abierto y fluido (2008, 22).

Su raíz obliga a ligarlo siempre con sus orígenes y sus primeras significaciones. El martirio proviene del griego *martus*, que significa testigo (Hassett 1910). En los orígenes del cristianismo fue aplicado a aquellos que, de primera mano, fueron testigos de la existencia, las enseñanzas y la muerte de Cristo, especialmente a los Doce Apóstoles. Con el paso del tiempo, y en sentido figurado, el término refería a aquellos que eran testigos de "la verdad" (cristiana, evidentemente) y que, a través de ella, retaban las condiciones del poder, civil y religioso, del orden establecido por el Imperio Romano. Según Michael Jensen (2010) el mártir fue visto como súbdito de otro señor, habitante de otro dominio, distinto al que opera en el mundo del opresor. En ese sentido, su identidad radicaba en su pertenencia a ese otro territorio imaginado. De ahí que los testigos de esa verdad cristiana se constituyeran en un peligro para el orden político.

Más allá de su condición testimonial, el verdadero rompimiento se encontró en su disposición a asumir el riesgo de la muerte por su convicción, la cual veían como parte de su fe a la verdad en la que, como mencioné, radicaba su identidad. Ésta existía en oposición a un "otro" que venera la verdad opuesta, el hereje en términos religiosos. De ahí, se puede entender que los mártires cobraran significado, como tales, en la adversidad significativa, en la adversidad de pensamiento, y no en el consenso. Por lo mismo, es evidente que hay horizontes históricos predispuestos a la existencia del martirio.

Dados sus orígenes cristianos, es importante destacar algunas condiciones teológicas para alcanzar el martirio. Según Piroyansky (2008), en el martirio están profundamente enraizadas la pasión y la crucifixión de Cristo. No en balde su muerte es considerada el ejemplo máximo de martirio, la verdad otorgando su vida por la verdad misma. De ahí que algunas características son inherentes a esta representación inicial: (a) la consistencia de las propias creencias, (b) la conciencia sobre la muerte propia por razones de fe (verdad) y (c) un contexto de poder adverso (Hassett 1910).

Desde la teología de Santo Tomás de Aquino (Knight 1920), estas características se traducen en tres supuestos esenciales. En primer lugar, debe entenderse el martirio como un acto de virtud, en el sentido de que sucede a una persona que permanece en la verdad y el bien, firme ante los ataques de los perseguidores. En segundo lugar, el martirio es un acto de virtud de la fortaleza, la cual ayuda a vencer el temor y a permanecer firme ante el peligro. El martirio permite ejercitar esta virtud resistiendo un mal extremo sin abandonar la fe y la justicia. El tercer supuesto es que el martirio es el acto más perfecto debido a que se sufre por amor a Cristo (la verdad misma), se da la vida propia por salvar la de otros. En este sentido también es un acto de abnegación ya que el mártir se niega a sí mismo, perdiendo su vida corporal por obediencia a la verdad. El tercer supuesto parte de lo esencial de la muerte en la verdad. El martirio es morir por la verdad, y sólo en la muerte se encuentra evidenciada la misma. Finalmente, Santo Tomás plantea que los tormentos y la muerte son testimonios de la verdad, se padece por hacer un bien (evidenciar la verdad) y evitar un mal.

Desde estos supuestos, se entiende el martirio como un acto dual de amor-odio, se persigue por odio a la verdad y se muere por el amor a ella. Para Santo Tomás, el martirio es un bautismo de sangre en el que operan los mismos efectos que el bautismo sacramental: se borra el pecado original y se santifica plenamente al hombre. Es por lo mismo que la Iglesia Católica se ha permitido invocar la intercesión de los mártires ante Dios.

En estas características es posible ver no solo algunas de las condiciones esenciales de la representación del mártir, sino algunas de sus consecuencias simbólicas que finalmente trascenderán a las consideraciones respecto a los mártires no religiosos, los mártires políticos. La estrecha relación entre la muerte y una verdad suprema es lo que ha invitado al frecuente uso de sentido común del término para representar la relación entre distintos sujetos históricos y las condiciones de su propia existencia, de la cual se derivan los posibles significados identitarios de su muerte. Designar como martirio la muerte de alguien, inmediatamente remite a una carga significativa sobre la vida del individuo en relación a los mismos que lo nombran.

A mi modo de ver, las condiciones y características del martirio pueden tener, por lo menos, dos implicaciones que tienen que ver con los significados que se le otorgan al acto y a la persona sujeta al mismo: una identitaria y una narrativa. Ambas ponen al centro cuestiones de memoria colectiva, respecto al lugar del martirio en la constitución de comunidades. Según Jensen (2010), el martirio es un acto inaugurador de identidad. Es un evento que logra ligar significativamente el yo (sujeto de la verdad) con una comunidad de seguidores. Al ser una forma de proclamar la verdad, como lo menciona Santo Tomás, el acto mismo da sentido a las actividades de quienes se identifican con el mártir (los cristianos con Cristo, por ejemplo). Ante un mundo de significados adversos, el martirio permite "testificar a otros, como asunto de convicción", el testimonio entonces se vuelve "confesión de la propia identidad y convicciones" (Jensen 2010, 4).

En el martirio, entonces, hay un propósito misional no voluntario que permite la continuidad espacio-temporal de la verdad. Esta verdad perpetuada existe, a partir de la propia muerte, en oposición a la hegemonía de verdades opuestas, lo cual permite su recurrente resurgimiento a través de distintas representaciones del acto martirial. Para el propio Jensen "los martirios [...] están orientados hacia el exterior" (2010, 195), dan guía a las sociedades. Exponiendo lo insensato del opresor como "testimonio sufriente contra el discurso del poder y la dominación" (Jensen 2010, 195), el acto trae beneficios a los seguidores. En este sentido, el martirio se orienta hacia el futuro, como camino de muestra del poder de la verdad frente al "otro" (simbolizado en el mismo perpetrador del crimen). Como manera de normar la identidad, los actos martiriales han formado la disciplina cristiana, entendida como un sufrimiento continuo. Dice Jensen que el martirio es la muerte del yo, en orden de una verdad mayor (2010, 5). La unión de las comunidades creadas en torno a ese martirio, se da por adscripción a esa verdad, lo cual genera lealtad.

El martirio puede ser considerado un fenómeno cultural, social, religioso o político, la clave está en su representación. De ahí que la importancia no esté en la muerte, sino en los significados póstumos. Éstos se construyen de narrativas esenciales que dan trascendencia simbólica a partir de un sistema de significados que "hacen" al mártir (Piroyansky 2008). Para Piroyansky, el origen de la construcción narrativa del martirio está en la propia pasión y crucifixión de Cristo, que evidencia la importancia de la tentación, su renuncia y la providencia como ejes. Es ahí en donde se observan las claves representacionales que ya mencioné en los supuestos de Santo Tomás.

Para Jensen, la forma en que se construye la narrativa del martirio está en la secuencia de eventos que ofrecen una respuesta a la pregunta "¿cuál fue el sentido de esta muerte?" (Jensen 2010, 159). Esta forma de representar, según el autor, parece estar profundamente asumida en la conciencia cultural del mundo cristiano, de ahí la constante repetición de las representaciones del martirio, incluso respecto a personajes no ligados a la religión. Lo anterior permite nombrar como martirios ciertos tipos de muertes por cuestiones políticas. Tanto en su sentido identitario como en su sentido narrativo (solo se desligan por cuestiones de conceptualización), el culto a los mártires y sus representaciones derivadas "cristalizan discursos sobre ciertos asuntos, conforman identidades, ofrecen protección y guía y hacen sentido de memorias colectivas" (Piroyansky 2008, 121). Entendido desde estas perspectivas, la representación audiovisual de la muerte de Francisco I. Madero ofrece claves de reconocimiento sobre su temprana consideración como martirio. Las condiciones reales, documentadas, de su muerte y las posibilidades de su entramado audiovisual en *El Encanto del Águila* perpetúan la idea del martirio político del personaje revolucionario, a casi cien años del suceso.

Desde la idea del martirio, es posible rastrear algunos de los significados que el magnicidio tiene para la conformación de cierto tipo de identidad en el propio horizonte de enunciación. Por lo anterior es importante considerar el concepto de martirio como la principal clave de lectura. Para esto, propongo algunos elementos a observar en relación al asesinato de Madero en la serie de televisión. En primer lugar, es importante observar en la serie la oposición entre el sujeto de la verdad y el "otro" opresor. A partir de las formas de nombrarlos, de los valores asociados a su representación y de los discursos propios, es posible comenzar a identificar las identidades narradas audiovisualmente en la serie. Un segundo nivel posible para otorgar identidad al sujeto, en relación a lo comentado más arriba, está en la forma de asumir la tortura y la muerte. Finalmente, busco entender la relación visual que existe entre el asesinato de Madero y la pasión-crucifixión de Cristo, como elemento originario del concepto. A partir de estos tres elementos es posible rastrear la continuidad simbólica de la verdad y el sentido de la muerte en la representación historiográfica.

El martirio en televisión

Analizar la representación audiovisual, en un formato de ficción televisiva como es la miniserie, siempre es una labor compleja. La misma estructura del formato permite la narración de ciertos elementos, pero el imperativo comercial del producto obliga a representaciones de carácter llamativo y espectacular en la necesidad de atraer a las audiencias (objetivo primordial en la televisión comercial). El caso de *El Encanto del Águila*, de la televisora comercial dominante en México Televisa, no es la excepción. Lo anterior se refleja en la representación del asesinato de Francisco I. Madero.

En este caso el asesinato no es sólo el acto por el cual el Mayor Cárdenas (por órdenes de Victoriano Huerta[5]) da muerte a Madero. Éste debe ser entendido como la unidad que comprende los días de la llamada Decena Trágica, el derrocamiento político de Madero y su asesinato. De ahí que se hayan escogido dos capítulos de la serie como unidad de análisis: "La traición de los Herejes" (capítulo 4) y "El Apóstol Sacrificado" (capítulo 5). El primero abarca del 9 de febrero de 1913, día en que los Generales porfiristas Bernardo Reyes (ex Ministro de Guerra y Marina de Porfirio Díaz) y Félix Díaz (sobrino del ex presidente) intentan asaltar el Palacio Nacional, al 17 de febrero, día en que Huerta apresa al diputado Gustavo A. Madero, hermano de Francisco Madero. El segundo capítulo abarca del 18 de febrero, día en que Aureliano Blanquet, General Porfirista que combatió la revolución maderista, toma Palacio y apresa a Francisco Madero y al Vicepresidente José María Pino Suárez, al 23 de febrero, día en que Sara Madero visita el cadáver de su esposo en la morgue. Entre esos sucesos, transcurren catorce días que dan sentido a la representación de la muerte como un martirio.

Para entender esas formas de representar, baste recordar algunos elementos rescatables de las teorías sobre el martirio que plasmé más arriba. A partir de una observación previa me pareció necesario centrarme en aspectos que dan forma a la muerte martirial. En primer lugar me requirió tratar de observar la oposición existente entre la identidad "verdadera" de Madero (del apóstol, como la misma serie lo nombra) y la del "otro" opresor (el/los hereje/s). Esta oposición se hace evidente a través de ciertas formas narrativas y visuales. Por un lado hubo que poner atención a las formas de nombrar a los personajes[6], con las cuales se les dota de identidad respecto al espectador. En un segundo

---

5 General porfirista que, tras la victoria de Madero, se mantuvo fiel al nuevo gobierno hasta que, con el apoyo del embajador Lane Wilson, fraguó el levantamiento de la Ciudadela, combatiendo falsamente a los rebeldes para ganarse la confianza de Madero. Tras apresar al propio presidente lo obligó a firmar la abdicación a la presidencia a su favor para posteriormente asesinarlo junto con el vicepresidente Pino Suárez. Huerta gobernó México entre 1913 y 1914, regresando al conservadurismo porfirista, hasta que el movimiento constitucionalista, encabezado por Venustiano Carranza, lo derrocó, enviándolo al exilio.

6 Dado el carácter evidentemente pedagógico de la serie, los elementos visuales y orales de base fueron acompañados por textos escritos que introducían y concluían cada capítulo, así como marcadores de tiempo para ubicar al público en los lugares de la acción. A través de los

nivel, desprendido del anterior, están los valores asociados a esas formas de nombrar y representar. Por supuesto que acá hay un cierto grado de subjetividad sobre lo que se comprende de lo narrado, pero a partir de él se refuerza lo nombrado. Finalmente, me pareció necesario observar los discursos de los personajes que, de propia palabra, se identifican en ciertos roles dentro de la trama.

En otro nivel, se llegó a un segundo elemento relacionado con lo mencionado por Danna Piroyansky respecto a la relación entre el martirio y la pasión-crucifixión de Cristo. En este nivel observé algunos indicios intertextuales que, en la serie, remiten visualmente a este evento fundador de la religión cristiana a través de la iconografía del vía crucis. Este elemento me parece importante debido a que es un eje que atraviesa, con elementos visuales, la trama de los dos capítulos. Finalmente, de acuerdo a lo establecido más arriba, me pareció pertinente observar las formas de asumir la tortura y la muerte. Como lo explicaré más adelante, esta observación se hará tanto en la muerte de Madero como en la tortura y asesinato de su hermano Gustavo. Aunque el objetivo principal está en la significación del magnicidio del primero, en el de Gustavo hay elementos visuales y narrativos que llevan simbólicamente a la muerte de Madero.

Para rescatar estos elementos de los tres niveles, hice una observación en tres grados de acercamiento. Habiendo identificado los capítulos que hablaban específicamente sobre el tema, descarté los once capítulos restantes. En una segunda observación rescaté de manera esquemática las formas de nombrar a través de una descripción del capítulo. Finalmente, seleccioné partes específicas del capítulo, en donde una descripción más puntual me permitió observar las variables antes descritas. Estos tres niveles de observación del documento, plasmados en dos guías distintas, fueron integrados a través de un análisis a partir de las variables antes mencionadas.

Entre la verdad y su negación

Decía que audiovisualmente no se entiende un hecho sin el otro. La Decena Trágica es el proceso final de la vida de Madero por el que llega al martirio, de ahí que en *El Encanto del Águila* se le dediquen dos capítulos separados. Si se observa con detenimiento, el título mismo de ambos capítulos pone el tono esencialmente cristiano a la representación de los hechos. "La Traición de los

---

tres elementos se nombran constantemente a los personajes y los hechos, con el fin de dejar claro de quién se está hablando.

Herejes" y "El Apóstol Sacrificado" proponen la oposición entre buenos y malos, entre otros opresores e identidad verdadera, que remite a una de las condiciones esenciales del martirio: la identidad martirial construida en oposición a una especie de contra-verdad que se erige en juez de los actos del propio sujeto otorgándole la condición de mártir.

En este orden, la muerte del apóstol Madero existe en función de la traición a la verdad, pero ¿de qué verdad está hablando la serie? De acuerdo a las propias palabras de Madero y sus acompañantes (Pino Suárez, Gustavo A. Madero y Felipe Ángeles[7]), la verdad radica en la democracia, la legalidad, la independencia (nacional), la moralidad, el honor, la lealtad, la superación espiritual, el cambio, el consenso, la confianza y la compasión. Todos estos valores son nombrados en distintas escenas de la serie, todas tienen en común que es Madero el que las menciona o que son atribuidas al personaje. En este sentido, el Francisco I. Madero de la serie es la encarnación misma de los valores.

Para poner un ejemplo que, me parece, revela la forma de pensar, y ser pensado, del personaje, se puede ver el diálogo que Madero tiene con Felipe Ángeles cuando ambos van del Estado de Morelos a la Ciudad de México para que el segundo se haga cargo del ataque a la Ciudadela. Hablando de las posibilidades de traición en el actuar de Huerta, Ángeles dice: "Con todo respeto Señor Presidente. La confianza absoluta a las personas no es buena consejera...", el General Ángeles le hace un recuento de los crímenes de Victoriano Huerta, a lo que Madero responde: "Los hombres estamos en este mundo para ser mejores, para evolucionar y enaltecer nuestro espíritu, y yo confío en el espíritu de los hombres...".[8] Madero prefiere mantener la dirigencia de Huerta en la capital al entender que, legalmente, es el militar de mayor rango en el ejército, lo cual obliga a otorgarle la confianza plena. Este tipo de actitud, que a la postre redundará en su propia muerte, se refleja también con su forma de ver la relación con otras entidades como la prensa o el cuerpo diplomático.

En la serie, la identidad de Madero se construye discursivamente a través de estos ejemplos de traición a la verdad. Los personajes que lo acompañan a lo largo del encarcelamiento que sufrió por parte de Victoriano Huerta, en los

---

7 Felipe Ángeles fue un general del Ejército Mexicano durante el porfirismo. Tras la toma de poder por Madero, se mantuvo leal a éste hasta su muerte. Combatió el zapatismo, de donde fue traído por el propio presidente para apoyarle durante la Decena Trágica. Fue apresado junto a Madero y Pino Suárez por Victoriano Huerta, pero se salvó del fusilamiento por su posición y arraigo en el Ejército.

8 *El Encanto del Águila*. DVD. Dirigido por Mafer Suárez y Gerardo Tort (2011; México: Televisa/ El Mall/Zima Entretainment), Capítulo 4, mins. 11:50–12:51.

últimos días de la Decena Trágica, servirán de pretextos para hacer evidentes las convicciones maderistas y las intencionalidades del "otro" que lo traiciona. Aunque en la trama los personajes que lo acompañarán en su martirio tratan de convencerlo de la evidencia de la traición, Madero se mantendrá hasta el fin en que los valores asociados con él, arriba mencionados, son el único camino hacia el bien de la nación.

La oposición a esta verdad se construye en la serie a través de una especie de identidad múltiple del otro. Aunque el personaje central de la oposición es Victoriano Huerta, en un intento de explicar los obstáculos con los que se ha encontrado Madero en la presidencia, la identidad se centra en distintos personajes: la prensa, los conservadores (Félix Díaz representa, por su parentesco con Díaz, el regreso al orden porfiriano), los senadores y diputados, el Ejército Federal y los embajadores extranjeros (excepto Márquez Sterling, de Cuba). Los primeros personajes son, mayormente, nombrados en relación a acciones opuestas a la presidencia. Sin embargo los embajadores, representados por Henry Lane Wilson, embajador de los Estados Unidos, son actores constantes de la caída de Madero.

Digo que el central, y más evidente, es el general del ejército Victoriano Huerta, quien traiciona la confianza del presidente al no atacar la Ciudadela para incrementar su margen de maniobra hacia el propio derrocamiento de Madero. Huerta es un personaje visible en un plano más visual que discursivo. Su alcoholismo, sus rasgos fisonómicos, su inmoralidad, su maquiavelismo, su soberbia, abundan en la serie. Huerta parece ser la representación de todos los males que intenta evitar Madero. Las imágenes de la serie permiten ver la maldad de Huerta representada en su forma de jugar, completamente borracho y con música de teatro de revista, con el ojo de vidrio del hermano del presidente, recientemente asesinado. La ironía está en que apunta al ojo con la misma pistola que Gustavo le cedió con toda confianza en la comida que Victoriano le ofreció "para celebrar el próximo restablecimiento del orden"[9].

Sin embargo, Victoriano Huerta no parece estar solo en esto. La guía intelectual principal de la traición, según la serie, está en Henry Lane Wilson. Mientras que Huerta es el agente material de la caída, Lane Wilson es, digamos, el autor intelectual. La preocupación central del embajador está, discursivamente hablando, en el mantenimiento del orden y la seguridad de los ciudadanos norteamericanos y sus propiedades[10]. Sin embargo, la trama de la serie nos permite observar que el verdadero interés está en la intervención en la política

---

9   *El Encanto del Águila*. Capítulo 4, mins. 20:27–22:47.
10 *El Encanto del Águila*. Capítulo 4, min. 9:04.

nacional e, incluso, en la posible invasión del país[11]. Henry Lane Wilson, es representado como un personaje astuto y manipulador que convence a Félix Díaz de sus posibilidades como sucesor de Madero (el retorno de un porfiriato que significa orden), mientras azuza a Huerta para cumplir con la misión de derrocar a Madero, personaje que se opone, a través del valor de la independencia nacional[12], a los planes intervencionistas del embajador.

La mancuerna opositora de Huerta (perpetrador) y Lane Wilson, cobra todo su significado en una larga escena que representa, audiovisualmente el famoso Pacto de la Embajada. A través de una serie de cortes que intercalan el diálogo en la embajada entre Díaz, Huerta y el propio embajador, la tortura de Gustavo A. Madero a manos de los soldados acuartelados en la Ciudadela, diálogos de arrepentimiento de Madero, escenas de toma de poder, primero de Lascurain y luego de Huerta, además de la firma de renuncias del presidente y Pino Suárez; las voces en *off* de Huerta y Lane Wilson se intercalan para narrar el plan, evidenciando lo premeditado de su maldad. La escena comienza con el embajador frente a un tablero de ajedrez y termina con él mismo diciendo "And that's what I call a checkmate!" y escenificando la caída del rey[13], haciendo notar que la muerte del presidente es inminente.

Esta escena con variados cortes espacio-temporales alternados (embajada, palacio, cámara de diputados, Ciudadela) ofrece un panorama, en toda su amplitud, de la traición política. Es en ella en donde se personifican las distintas identidades de la oposición a la verdad, comandadas por el binomio Huerta-Lane Wilson. Félix Díaz, asombrado por el plan, se da cuenta de (y deja ver a los espectadores) su marginalidad en los acontecimientos. Es sólo un accesorio más para el derrocamiento. La representación de Madero y sus acompañantes, comentada más arriba, y la de la oposición son el juego de contrastes en donde la serie muestra una de las mayores similitudes con las características simbólicas del martirio. El nombramiento de Madero como mártir y su asunción a los altares nacionales se comienza a hacer evidente. La verdad traicionada es la que permite la trama de los eventos narrados que llevarán a una única consecuencia lógica: la muerte.

El vía crucis

Como mencioné más arriba, la intertextualidades existentes entre el proceso que lleva al fin de Madero, su muerte y la pasión de Cristo, me parecen un elemento

---

11   *El Encanto del Águila*. Capítulo 4, min. 7:17.
12   *El Encanto del Águila*. Capítulo 4, min. 8:47.
13   *El Encanto del Águila*. Capítulo 5, mins. 3:41–7:11.

trascendental en la representación del magnicidio. Obviamente *El Encanto del Águila* no fue el primer lugar en donde a la muerte de este presidente se le nombró a partir de términos cristianos, esta conceptualización viene, prácticamente de las primeras narraciones históricas del evento. Sin embargo, la serie rescata esa forma de representar y la lleva a un nivel de simbolismo que parece evidente y que permite hacer coincidir el tiempo de la narración audiovisual con el de la historia misma. A continuación mostraré algunos elementos que, me parece, cumplen esta función.

El primer y más evidente nivel es el que nombra cada uno de los acontecimientos sucedidos. En el ánimo de dar al espectador indicios de tiempo que permitan seguir cronológicamente la historia (en toda la serie), los directores decidieron plasmar indicadores espacio-temporales escritos. Cada momento relevante comienza con uno de ellos, que indica la fecha y/o el lugar del suceso. En el caso de los episodios motivo de este análisis los indicadores espacio-temporales tienen una secuencia en relación al suceso que marca el inicio de la narración, el intento de toma de Palacio Nacional por parte de Bernardo Reyes y Félix Díaz. Estos indicadores marcan la secuencia entre este suceso y la muerte de Madero en "días después del ataque". Así, obviando la referencia temporal comprendida en el nombre "Decena Trágica" (diez días de batalla), los directores otorgan una nueva secuencia de catorce días (del 10 al 23 de febrero de 1913) que no hacen sino pensar en las catorce estaciones del vía crucis católico.

Pareciera una extrapolación extrema, sin embargo, me parece que hay elementos para sostenerla, si no literalmente, sí de manera simbólica. Para muestra hablaré de los días que son nombrados en la serie a través de esta secuencia. En primer lugar, me remito al tercer "día después del ataque" (12 de febrero). En el vía crucis, la tercera estación corresponde a la primer caída de Cristo cargando la cruz. Aunque la serie no hace ninguna referencia icónica al hecho de una caída, discursivamente hablando sí. El día comienza con una entrevista entre Henry Lane Wilson y Madero en palacio nacional. En ella, Lane exige en tono amenazante garantías para los ciudadanos norteamericanos. Ante la negativa del presidente y la acusación de intervencionismo, el embajador, ofendido, sentencia: "he visto caer a muchos presidentes, señor Madero", a lo que éste contesta: "No sólo caen los presidentes. También caen los imperios cuando están sostenidos por hombres inmorales y sin escrúpulos"[14]. La caída de Madero comienza a ser marcada por, como mencioné más arriba, el propio "autor intelectual" de la traición.

---

14   *El Encanto del Águila*. Capítulo 4, mins. 9:53–10:09.

El siguiente día en ser nombrado es el octavo (17 de febrero). Según el nuevo vía crucis aprobado por Juan Pablo II (D'Apice s/f), la octava estación corresponde al momento en que el Cirineo ayuda a Cristo a cargar su cruz, otorgándole el don, haciéndole copartícipe de su obra verdadera. En *El Encanto del Águila*, el don de coparticipar en la muerte de Madero, y su significado martirial, es otorgado a su hermano Gustavo. Tras la delación de la traición de Victoriano Huerta, por parte de un soldado, Gustavo llama traidor a Victoriano, quien, para limar asperezas, invita al hermano a comer al restaurante Gambrinus[15]. De esta comida Gustavo saldrá apresado por el mismo traidor. Aquí comienza el calvario de Gustavo, el cual se imbricará visualmente, como mostraré más adelante, con el propio martirio de Madero.

El noveno día (18 de febrero) Madero es hecho preso por Aureliano Blanquet, quien le dice "quisiera decirle que estoy bajo sus órdenes señor, pero no lo estoy", Madero lo llama traidor, a lo que Blanquet responde: "Usted es hombre muerto"[16]. El vía crucis marca la novena estación (la tercera caída) como el momento en que Cristo llega a los pies del altar en donde será sacrificado. Ante la inminencia de la muerte, Jesús se mantiene firme en su convicción de testificar la obra de Dios, ante la evidencia de su inmolación (Franciscanos s/f). En este momento de la serie (el inicio del segundo capítulo de los analizados) Madero se percata a cabalidad de la traición. En escenas subsecuentes Huerta le notificará su prisión y la aprobación de quienes lo apoyan. Para este momento de la serie la suerte del presidente está echada, la muerte es, narrativamente hablando, el único final visible.

Según la tradición cristiana, la décima estación del vía crucis corresponde al despojamiento de las vestiduras de Cristo, cuyos despojos van a parar a manos de sus perpetradores (Franciscanos s/f). En la serie, el décimo día "después del ataque" corresponde al despojamiento de la investidura del presidente Madero. El 19 de febrero, Madero y Pino Suárez firmaron sus renuncias en cautiverio. En términos visuales, el día arranca con una silla presidencial vacía. La silla vacía ilustra el vacío de poder, el despojamiento estaba completo; la verdad democrática de Madero quedaba mancillada.

El decimotercer día es el último en ser nombrado en los capítulos (22 de febrero)[17]. Madero es despertado por el Mayor Cárdenas para ser acribillado en un callejón del Palacio de Lecumberri[18]. En las estaciones del vía crucis de Juan

---

15   *El Encanto del Águila*. Capítulo 4, min. 19:00.
16   *El Encanto del Águila*. Capítulo 5, mins. 0:30–0:45.
17   *El Encanto del Águila*. Capítulo 5, min. 19:24.
18   El Palacio de Lecumberri fue inaugurado en 1900 como prisión, categoría que mantuvo hasta 1976 en que se reconvirtió en Archivo General de la Nación.

Pablo II (D'Apice s/f), esta etapa corresponde a la muerte de Cristo en la cruz. El círculo del martirio, tanto de Cristo como de Madero, está completo en este evento. El día siguiente (un día que no se nombra en la serie, pero que correspondería al catorce), ya el presidente muerto es puesto en la morgue, donde acude su esposa Sara. La imagen no deja lugar a dudas de su relación con la iconografía cristiana. La decimocuarta estación del vía crucis corresponderá al sepulcro de Cristo, acompañado por su madre. En la serie, Sara, esposa de Madero (cumpliendo el papel de la virgen), entra con música angelical a la morgue iluminada de blanco. El presidente en la plancha es descubierto de su sudario, para dejar en evidencia la cara del mártir con las heridas de su suplicio visibles, en relación al llanto de la mujer.

Con estas marcas temporales, la relación entre la muerte de Madero y el vía crucis cristiano está completa. El martirio ha sido, audiovisualmente, perpetrado. De esta manera, *El Encanto del Águila*, marca intertextualmente a sus audiencias una relación entre la verdad maderista y la verdad cristiana. Desde ahí, está plenamente justificado el nombramiento de Madero como apóstol-mártir.

Tortura y muerte

Como he mencionado en el apartado anterior, las relaciones entre la muerte de Madero y las características del martirio cristiano no pueden ser asumidas de manera literal. Ninguno de los casos analizados en los dos apartados anteriores parecen ser posturas conscientes y evidentes de los productores del *Encanto del Águila*. Sin embargo, como lo subrayé a través de la idea de Michael Jensen, parece que estas formas de representación del martirio, como vías de construcción de memoria social, están profundamente inscritas en la cultura occidental cristiana.

En este último apartado me quiero referir a la forma de asumir la tortura y la muerte. En el caso del *Encanto del Águila*, la estructura narrativa nos lleva a observar dos momentos: la tortura de Gustavo A. Madero y la muerte de Francisco. Aunque estamos frente a dos personajes, con identidades narrativas distintas, el camino que sigue la secuencia de hechos los evidencian como una unidad. Como ya he mencionado con anterioridad, la tortura de Gustavo se evidencia en la larga secuencia de cortes que plantean la estructura del Pacto de la Embajada[19]. Aunque ya desde el final del capítulo 4 la serie revelaba la traición de Huerta a la confianza de Gustavo y la inminencia de su muerte, al

---

19   *El Encanto del Águila*. Capítulo 5, mins. 3:41–7:11.

apresarlo en el Restaurant Gambrinus, así como la traición e inminencia de muerte de Francisco al principio del capítulo 5, es en esta secuencia en donde el camino a la muerte toma cuerpo y significado.

Entreverado con la narración, con voz en *off* de Huerta y Lane Wilson, de la secuencia del plan para defenestrar a Madero, se encuentra una serie de escenas en las que Gustavo es torturado por los soldados atrincherados en la Ciudadela. A partir de la pregunta de Lane Wilson a Huerta, "¿Cómo está Ojo Parado?" y la respuesta del militar, en tono de broma "Debe estar de fiesta", se desata una secuencia de cortes con música tétrica en donde Gustavo es introducido al patio del cuartel, golpeado y humillado ("a ver, háblale a tu hermanito", dicen los soldados). En escenas intercaladas, Madero se arrepiente de sus propios errores como político, los cuales lo han llevado a la ironía de ser depuesto por aquellos en quienes confiaba. Los sonidos de ambas escenas se mezclan y los gritos de Gustavo se entrelazan con los pensamientos de Francisco, justo en el momento en que, con una bayoneta, le sacan el ojo de vidrio que le caracterizaba. La violencia, elemento esencial de la representación espectacular televisiva, es evidente.

Como "testimonio sufriente", la tortura de Gustavo es evidencia de la barbarie del perpetrador. Visualmente se construye un otro que, como dice Francisco Madero al Mayor Cárdenas[20] cuando lo lleva a Lecumberri, ha perdido su humanidad. Visualmente, incluso, a ese otro se le exagera la condición inhumana a través de un acercamiento al rostro que deja ver llagas en la cara y podredumbre en la boca, un otro en descomposición. Después del fin de la larga escena mencionada, la narración volverá a la tortura de Gustavo. Ya hecha evidente la traición y despojado Madero de su investidura, él y Pino Suárez mantienen esperanzas en poder exiliarse en Cuba, con la intercesión del embajador Márquez Sterling. Como evidencia de que esa salvación no existirá y que, por lo tanto, la muerte es el final, se intercala la representación del final de la tortura. Gustavo es sostenido por dos soldados para que el perpetrador, amplificando la humillación, proponga jugar a "la gallina ciega". Tras obtener la aprobación de los suyos, saca el segundo ojo de Gustavo, quien, entre sonidos guturales, cae al suelo. Al final, es asesinado de un balazo en la cabeza.

El manejo dinámico de las escenas parece un camino de tortura hacia la propia muerte de Madero. A partir del fallecimiento de Gustavo, el sufrimiento es pasado a Madero a través de su propia madre. La mujer, de luto, visita en palacio a su hijo. Tras un momento de cavilación, le informa a éste que su hermano ha sido asesinado. En escenas subsecuentes Madero se enterará de que los diputados celebran su renuncia. Como momento epifánico, el presidente

---

20   *El Encanto del Águila.* Capítulo 5, min. 17:30.

defenestrado se da cuenta de que no habrá exilio y de que su destino es su propia muerte. Dice a Pino Suárez y Ángeles "No saldrá tren a ninguna hora"[21]. Madero acepta con resignación su suerte. En la escena siguiente, Huerta, completamente borracho, designa a Blanquet para matar a Madero.

A partir de ahí se narra el suceso. Iniciando la escena con un marcador temporal (22 de febrero de 1913. Trece días después del ataque, el letrero en pantalla como elemento de apoyo que ilustra la intención pedagógica). Madero y compañía son despertados por el Mayor Cárdenas, quien les ordena arreglar sus cosas para ir a la penitenciaría. Cárdenas pide inspeccionar algunos documentos que carga Francisco. Con un acercamiento de cámara hacen notar al espectador que Madero ha aceptado su destino a través de una hoja que contiene comentarios al Baghavad Gita: "Lo trascendente no es el tamaño de la batalla si no la dimensión del sentido por el que se lucha. El alma no nace ni muere, cualquier cosa que pase, pasará por tu bien"[22], reza. Al despedirse del General Ángeles (quien no ha sido apresado) le confirma: "Nunca volveré a verlo".

Cuando presidente y vicepresidente son transportados a la penitenciaría, la escena corta a la imagen de la esposa y la madre orando por la suerte de Madero. Desde ahí se hace evidente, de manera visual, la asunción a los altares de la patria del mártir. Atrás de ellas se nota la imagen oficial del presidente, iluminado por un candelabro. La narración vuelve al coche. Al llegar a Lecumberri, desvían el auto hacia un callejón trasero. Las luces de la calle se apagan. El Mayor Cárdenas obliga a bajar a Madero, quien asegura que no tiene por qué hacerlo. En el momento de bajar del automóvil, el propio mayor le asesta un tiro en la cabeza. Pino Suárez grita "¡asesinos!" al tiempo que es acribillado por otros soldados. Una música glorificadora acompaña a la cámara que sube (plano picado) para ver los cuerpos tirados en el suelo y baja para observar que Cárdenas patea el cuerpo de Pino Suárez para comprobar su muerte.

De esta escena la narración regresa a Palacio. Blanquet notifica a Huerta que Sara Pérez, la esposa de Madero, quiere ver y vestir el cadáver. Victoriano se burla y se niega a cumplir la petición de Sara, las campanas de Catedral suenan mientras Huerta escupe al piso. Finalmente, en la escena última, Sara acude a la morgue. Música celestial acompaña su paso hacia el cadáver cubierto por un manto blanco. Unas manos lo retiran y la esposa llora la muerte de Madero. La tortura (a través de Gustavo) y la muerte del propio Madero cierran, como lo había mencionado, el ciclo del martirio. A partir de ahí, la muerte del primer

---

21 *El Encanto del Águila*. Capítulo 5, min. 14:42.
22 *El Encanto del Águila*. Capítulo 5, min. 16:23.

presidente revolucionario, se carga de simbolismos que hablan no sólo del hecho en cuestión, sino del horizonte de su enunciación.

A manera de conclusión: posibles significados del martirio en el horizonte de enunciación

La recuperación de la muerte de Madero en *El Encanto del Águila* y la reiteración de su representación martirial puede tener múltiples significados a principios del siglo XXI. Sin embargo, a mí me parece que el eje de análisis debe de estar en el orden del discurso político. Madero siempre ha sido considerado el iniciador de la Revolución Mexicana, sin embargo su papel simbólico, más que en lo efectivo de sus acciones, radica en la lucha contra la dictadura a través de la bandera de la democracia ("Sufragio efectivo, no reelección"). Dado su carácter de símbolo democrático, el culto al personaje parece que sufrió un decaimiento en cuanto se fue consolidando la institucionalización de los grupos vencedores de la gesta revolucionaria, y el Estado monopartidista tomó forma. Los presidentes del PRI parecieron tener una relación ambivalente con el héroe y, en ciertos momentos, prefirieron difuminar su participación en la lucha revolucionaria, destacando la participación de otros personajes (Comentarios de Renato González Mello en Reforma 2013).

A pesar de ello, distintas narraciones sobre las andanzas de Madero parecieron mantener viva la idea de la muerte del héroe por el ideal democrático. La idea de martirio se perpetuó por vías no forzosamente oficiales y, en cierta manera, marginales. A pesar de ello, la iconografía maderista se mantuvo siempre presente a través de nombres de calles, monumentos, escuelas, billetes y monedas, etc. No es sino hasta finales de los ochenta y principios de los noventa en que ciertas élites, políticas e intelectuales, asociadas con el liberalismo conservador (Toussaint 2011) y el neoliberalismo, comenzaron a rescatar al héroe y, sobretodo, la forma cristiana de su representación (por ejemplo, la obra de Enrique Krauze citada anteriormente). En cierta manera, esta forma de representar al héroe se cristalizó, audiovisualmente, en la telenovela que sobre la vida de Porfirio Díaz hizo Televisa entre 1994 y 1995, *El Vuelo del Águila*. Sin embargo, todavía en ella la vida y muerte de Madero sería marginal.

En distintos artículos de prensa parecen destacar que esta recuperación de Francisco tuvo un parteaguas en el momento en que Vicente Fox, primer político de la oposición en asumir la presidencia, cambió en la oficina presidencial la imagen de Benito Juárez por la de Madero (Orozco Melo 2002) y, en su toma de protesta invocó su memoria con las siguientes palabras: "Evoco con devota emoción a don Francisco I. Madero. Su sacrificio en pos de la democracia no fue en vano. Hoy al cierre de una etapa histórica marcada por el autoritarismo, su figura se levanta de nuevo como un hito que marca el rumbo que nunca debió abandonarse" (Reforma 2013). A partir de este hecho, se evidenció la importancia de la figura (apostólica) del primer presidente electo del siglo XX en el panteón panista.

Los dos sexenios del PAN[23] en el gobierno de México (2000–2006/2006–2012) recuperaron la tradición de homenajear a Madero los 20 de noviembre y los 22 de febrero. Para ello hicieron uso de la estatua del mismo, instalada en Los Pinos durante el sexenio del priísta[24] Miguel de la Madrid (1982/1988). El reconocimiento de los panistas a la figura de Francisco llegó a tal nivel que Felipe Calderón representó, el 9 de febrero de 2011, la cabalgata de Madero hacia Palacio Nacional, ocurrida 98 años atrás. En el marco de la campaña de lucha contra el crimen organizado (en la cual el presidente, contra la opinión pública, utilizó al ejército), Calderón bautizó este evento como "La Marcha de la Lealtad" (Becerra 2011), resignificando los sucesos previos a la muerte del prócer.

Esta admiración por la figura martirial de Madero se evidenció en el papel que el héroe tuvo en la celebración del centenario de la lucha revolucionaria. En el año de la celebración el presidente inauguró una escultura de Miguel Marín en la Alameda Central de la Ciudad de México (Reforma 2013), conmemorando la cabalgata mencionada. De la misma manera, el comité organizador de los festejos, incluyó una serie de eventos que intentaban recuperar su imagen a través de exposiciones, coloquios, etc. (Grupo Fórmula 2010). La celebración a Madero continuaría con el regreso del Partido Revolucionario Institucional a la presidencia en 2012, en la persona de Enrique Peña Nieto, al poder. Los priístas verían en la lucha democrática del personaje histórico el antecedente de las posibilidades de la alternancia política. Utilizando a la vez el símbolo de su figura, a través de la idea de su inexperiencia política para denostar al PAN (Camacho Quiroz 2013).

Dentro de este contexto de recuperación política de la memoria de Francisco I. Madero, la representación audiovisual de su muerte tuvo dos momentos en la televisión comercial mexicana. La primera, mencionada

---

23 Partido Acción Nacional. Partido de corte conservador liberal fundado en 1939 y que en el año 2000 logró hacerse de la presidencia democráticamente. Poder que conservó, en dos gobiernos consecutivos, hasta 2012.

24 PRI (Partido Revolucionario Institucional). Surgido de la Revolución Mexicana, este partido conjugó muchas de las fuerzas que pelearon durante el periodo revolucionario. Se mantuvo en el poder de manera hegemónica y por vías no democráticas desde 1929 hasta el año 2000. Tras el gobierno del PAN, volvió a recobrar el poder en el año 2012.

más arriba, y el caso de *El Encanto del Águila*, que se dio en pleno momento de campaña por la presidencia. El partido en el poder, el PAN, dejaría en 2012 la presidencia de México a Enrique Peña Nieto del PRI. Dos elementos me gustaría destacar en este momento. Primero, una relación directa entre la serie y la política se encuentra en el hecho de la productora que hizo las series que celebrarían en Televisa el bicentenario de la Independencia y el centenario de la Revolución. La compañía El Mall, también realizó las estrategias de campaña de los candidatos presidenciales del PRI y el PAN (Villamil 2012). A la luz de este hecho, el uso simbólico del martirio de Madero en la serie tendría implicaciones de carácter político. El acento en los valores de democracia, lealtad, independencia, etcétera, servirían, como ya lo mencioné, a ambos bandos en pugna como formas (sentimentales y emocionales) de buscar apoyo en las audiencias para las formas de hacer política en la actualidad. La relación entre la muerte de Madero, los ideales del mismo, su lucha política y la representación en clave de martirio, puede ser un indicio perfecto de formas conscientes de hacer política a través de la ficción histórica televisiva.

Desde esta perspectiva, reitero la idea mencionada sobre la imbricación de la representación martirial cristiana con la cultura occidental. La forma de tramar la muerte de Madero en televisión se puede entender, desde ahí, como estrategia de anclaje, a través de la memoria social, de formas de ser ciudadano, y de los límites de participación política, a principios del siglo XXI. Como cité más arriba, el martirio político en este caso se convertiría en una manera de normar el "deber ser" ciudadano. No comulgar con los valores representados de democracia, legalidad, independencia, moralidad, honor, lealtad, superación espiritual, cambio, consenso, confianza y compasión, resulta, desde la ficción, en un contrasentido en el progreso de la patria de principios de siglo. *El Encanto del Águila* no deja lugar a dudas en cuanto a lo deseable en un mexicano. El asesinato de Madero es testimonio de esa verdad.

El segundo elemento tiene que ver con la plataforma narrativa donde se estructura la representación audiovisual. Con *El Encanto del Águila*, y su predecesor sobre la Independencia de 1810, *Gritos de Muerte y Libertad* (2010), Televisa inauguraba una nueva forma de hacer ficción histórica televisiva en México, a través del formato de la miniserie. Los tiempos de las audiencias cambiaban. Los gustos de los estratos de edad jóvenes y medios se habían transformado a partir de la apertura del medio televisivo a la importación de formatos extranjeros, a los consumos paralelos a través de internet y a las diferentes formas de comercialización de los productos televisivos. La telenovela ya no resultó ser el formato predilecto para tramar la historia de México.

La muerte de Madero se transmitía en formatos de probado éxito que posibilitaron mayores audiencias[25] que la telenovela promedio.

Al éxito del nuevo formato se suma una transformación en la forma de hacer ficción histórica. En lugar de la tradicional área de telenovelas, Televisa delegó la responsabilidad de las series al área de noticieros que, a través de los productores Bernardo y Leopoldo Gómez, Vicepresidente de Televisa y Vicepresidente de Noticias de la misma televisora respectivamente, controlaron la "veracidad de los hechos". Nada en la industria de la televisión es dejado al azar. El hecho de que los mismos personajes que controlaban el flujo de información de los acontecimientos políticos tuvieran injerencia en la forma de contar la historia de la Revolución, no deja lugar a dudas en las estrategias de difusión de ideas políticas a través de la ficción. La representación martirial de la muerte de Madero, en este contexto industrial y político, se sale de lo exclusivamente narrativo para evidenciar distintas maneras de articular el eje política-medios-memoria a través de múltiples plataformas de significación.

La espectacularidad característica de los formatos televisivos de ficción, aunada al rescate de la significación martirial de la muerte de Madero a través de las estrategias narrativas analizadas, otorga un alto nivel de importancia al magnicidio. Los valores asociados al mismo, dan cuenta de la relación entre el relato histórico y el contexto de enunciación del mismo. Como decía en un principio, el martirio en televisión puede ser leído como una estrategia de crear lealtad a un ideal democrático que se opone a un "otro" autoritario. La idea de martirio, masificada en televisión, implica normar el comportamiento social en torno a un deber ser democrático que, en este caso, se articula con la profunda matriz católica de las audiencias a las que va dirigida la representación. Recuperar la imagen de Madero parece haber sido una estrategia simbólica en un sistema político que apostó a la participación ciudadana a través del voto como única forma de ejercer derechos políticos; como forma de legitimación de poderes con los que cada vez más se desencanta la ciudadanía.

Bibliografía

Aguirre Benavides, Adrián. 1962. *Madero el Inmaculado. Historia de la Revolución de 1910*. México: Diana.

Becerra, Berta. 2011. "Felipe Calderón cabalga sobre las huellas de Francisco I. Madero". *El Sol de Morelia*, 10 de febrero. Consultado el 31 de octubre de 2013 en: http://www.oem.com.mx/elsoldemorelia/Notas/n1960230.htm.

---

25 *El Encanto del Águila* estuvo en el sexto lugar de las ficciones más vistas en México en 2011 y en el primero de las series (Orozco Gómez y Vasallo de Lopes 2012).

Bell, Erin y Ann Gray. 2010. *Televising history. Mediating the past in Postwar Europe*. Reino Unido: Palgrave MacMillan.

Camacho Quiroz, César. 2013. "Madero, precursor del México libre y democrático". *Lasnoticiasya.com*, 19 de febrero. Consultado el 31 de octubre de 2013 en: http://www.lasnoticiasya.com/2013/02/19/madero-precursor-del-mexico-libre-y-democratico/.

D'Apice, Gustavo Daniel. s/f. "El Vía Crucis bíblico de Juan Pablo II. El camino de la cruz según los evangelios". *Catholic.net*. Consultado el 29 de octubre de 2013 en: http://es.catholic.net/escritoresactuales/524/1284/articulo.php?id=30796.

Ferrer de Mendiolea, Gabriel. 1973. *Presencia de Don Francisco I. Madero, y un apéndice documental*, Tomo I. México: Departamento del Distrito Federal.

Franciscanos. s/f. "Vía Crucis, con las estaciones comentadas e ilustradas". *franciscanos.org*. Consultado el 29 de octubre de 2013 en: http://www.franciscanos.org/oracion/viacruzoo.htm.

Grupo Fórmula. 2010. "Inicia ciclo 'Madero 100 años' en Munal. Lujambio con Ciro Gómez Leyva". *Radio Fórmula*, 12 de noviembre. Consultado el 31 de octubre de 2013 en: http://www.radioformula.com.mx/notas.asp?Idn=140763.

Hassett, M. 1910. "Martyr". En *The Catholic Encyclopedia*, Vol. 9. New York: Robert Appleton Company. Consultado el 21 de octubre de 2013 en: www.newadvent.org/cathen/09736b.htm.

Iraburu, José María. 2003. *El martirio de Cristo y de los cristianos*. Pamplona: Fundación Gratis Date.

Jensen, Michael. 2010. *Martyrdom and identity. The self on trial*. New York: T&T Clark.

Knight, Kevin. 1920. *The* Summa Theologica *of St. Thomas Aquinas,* Segunda edición. Traducida por los Padres de la Provincia Dominicana de Inglaterra. Reino Unido: Canonicus Surmont, Vicarius Generalis. Westmonasterii. Consultado el 21 de octubre de 2013 en: http://www.newadvent.org/summa/3124.htm.

Krauze, Enrique. 1987. *Francisco I. Madero. Místico de la libertad. Biografía del Poder*, No. 2. México: Fondo de Cultura Económica.

Lara Pardo, Luis. 1937. *Madero (esbozo político)*. México: Ediciones Botas.

Márquez Sterling, Manuel. 1975 [1958, 1917]. *Los últimos días del Presidente Madero (mi gestión diplomática en México)*. México: Porrúa.

Orozco Gómez, Guillermo y María Immacolata Vasallo de Lopes. 2012. *OBITEL 2012. Transnacionalización de la ficción televisiva en los países iberoamericanos*. Porto Alegre: Universidade/Sulina.

Orozco Melo, Roberto. 2002. "*Columna Hora Cero*: Madero y Fox...¿vidas paralelas?" *El Siglo de Torreón*, 29 de noviembre. Consultado el 31 de octubre de 2013 en: http://www.elsiglodetorreon.com.mx/noticia/11203.html.

Piroyansky, Danna. 2008. *Martyrs in the making. Political martyrdom in late medieval England*. New York: Palgrave Macmillan.

Reforma. 2013. "La iconografía Maderista". *Zócalo Saltillo*, 22 de febrero. Consultado el 31 de octubre de 2013 en: http://www.zocalo.com.mx/seccion/articulo/video-la-iconografia-maderista-1361557597.

Ross, Stanley R. 1959. *Francisco I. Madero. Apóstol de la democracia mexicana*. México: Gandesa.

Solares, Ignacio. 1995. "Madero en la historiografía de la revolución mexicana". *Inti: Revista de literatura hispánica* 42 (Otoño): 204–208.

Toussaint, Florence. 2011. "El Encanto del Águila". *Proceso*, No. 1831, 3 de diciembre. Consultado el 31 de octubre de 2013 en: http://hemeroteca.proceso.com.mx/?page_id=278958&a51dc26366d99bb5fa29cea4747565fec=290090.

Villamil, Jenaro. 2012. "Directivos de Televisa, cerebros de las campañas de EPN, JVM y GQ". *Proceso*, 26 de junio de 2012. Consultado el 31 de octubre en: http://www.proceso.com.mx/?p=312226.

Texto audiovisual

El Encanto del Águila. DVD. Dirigido por Mafer Suárez y Gerardo Tort (2011; México: Televisa/El Mall/Zima Entertainment).

CAPÍTULO 6

Representaciones televisivas de la sociedad chilena de la dictadura: estereotipos de familia y de jóvenes opositores al régimen en la serie *Los 80, más que una moda*

Karima Maluk Spahie

La televisión chilena de los últimos cinco años, ha producido y emitido series que transcurren en el período de la dictadura (1973–1990), con buenos resultados de audiencia. La fórmula de serie ficción histórica ha venido cosechando éxitos en el panorama internacional dando forma a representaciones del pasado que desde lo cotidiano y la identificación social, consigue la complicidad nostálgica del telespectador que se reconoce retratado y recuerda. Las narraciones televisivas del pasado estarían llenando un vacío de la esfera pública a una sociedad que no ha vivido el duelo, y que en cambio ha vivido inmersa en políticas de consenso y olvido, propiciadas por los gobiernos de post dictadura (Richard 2001, Pagni 2004), donde se ha optado por no levantar un juicio público y desarticular los relatos individuales del período traumático. La superación mediante juicio público del trauma social provocado por el régimen autoritario, y sus sistemáticas violaciones a los derechos humanos, no ha sido la estrategia de los gobiernos de transición.

La televisión ha llegado desde la oficialidad y como ente validante, a reconstruir esos relatos invisibilizados estratégicamente acercándose, aparentemente, a los no oficiales y actualizando las representaciones de la época de la dictadura a través de series televisivas de ficción histórica. La televisión mantiene su posición privilegiada en los hogares chilenos, así como en las demás sociedades occidentales, tiene influencia en la esfera pública y trascendencia social (Rueda Laffond y Guerra 2009, Galán 2007, Lull 1995), y goza de una validación transversal a las distintas capas sociales. A través de las series televisivas de carácter masivo se podría estar llenando los vacíos discursivos de la memoria histórica del período antes silenciado, y así como se han ido instalando en la esfera pública, en las conversaciones cotidianas, en los hogares, en la prensa, pueden estar enraizando los relatos e influyendo en la memoria colectiva de los espectadores que se encuentran con tales construcciones narrativas y renuevan sus recuerdos. Tomando en cuenta que los medios de comunicación de masas, y como referente paradigmático la televisión, van interpretando y sintetizando imágenes acorde a supuestos hegemónicos, tal como plantea Lull "suelen elevar y amplificar algunas tendencias ideológicas distribuyéndolas entre amplias audiencias de un modo persuasivo e incluso pomposo, con lo cual las legitiman" (Lull 1995, 22), influirán en el modo en que los públicos se explican los rasgos más esenciales de sus sociedades.

Tales relatos cuentan, además, con el respaldo histórico que le confiere el formato, que se vale de los distintos elementos expresivos propios del lenguaje audiovisual, para otorgar veracidad y referencialidad histórica, activando los recuerdos y logrando la identificación del telespectador. El estudio se centrará en el análisis de la serie de ficción histórica *Los 80, más que una moda,* que ya ha contado con cuatro temporadas, iniciando su emisión el año 2008. Esta serie narra la historia de una familia chilena de clase media, un matrimonio con cuatro hijos que vive en el período de dictadura (en los años 1982–1986), y que experimenta toda clase de problemáticas propias de la época, enmarcadas y definidas por el contexto socio-político de la dictadura que se representa por medio de elementos de carácter documental o escenográficos que contribuyen a una intención de veracidad a lo narrado.

Se propone explorar aspectos de la historia colectiva manifestados en los personajes como eje central. Analizaremos dos elementos dentro de su construcción: 1. las representaciones, sus identidades y estereotipos, y 2. los hechos históricos que las enmarcan como elementos de veracidad histórica. Estos dos aspectos interactuarán a lo largo de la serie: los personajes como elementos de ficción, se enmarcarán dentro de unos hechos históricos "reales", participando de ellos y otorgando credibilidad a los hechos narrados; y los hechos históricos "reales" cobrarán sentido y credibilidad en estrecha relación con las problemáticas cotidianas de los personajes ficticios. Es en esta relación que fijaremos la clave de análisis, la realidad histórica que torna creíble la ficción, generando identificación, y la ficción que por medio de la identificación nos hace creíbles los hechos reales del pasado, reconstruyendo la historia e instalándose en la memoria colectiva.

Cuando nos referimos a memoria, hablamos de un proceso complejo, dinámico, en continuo cambio (político, social, generacional) estratégicamente influenciado o conducido por los medios de comunicación y el poder hegemónico que configuran representaciones útiles en el presente. En palabras de Richard es un proceso "abierto de reinterpretación del pasado que deshace y rehace sus nudos para que se ensayen de nuevo sucesos y comprensiones" (Richard 2001, 29). La memoria como proceso no se contradice con el olvido, más bien interactúa con él. En palabras de Todorov "los dos términos para contrastar son la *supresión* (el olvido) y la *conservación*; la memoria es, en todo momento, y necesariamente una interacción de ambos" (Todorov 2000, 15–16). Es así que, a pesar de poner en escena un tiempo pasado, a razón de sobreexplotar tales narraciones se pueden vaciar de sentidos y terminar olvidadas.

Para Huyssen, esto lo posibilita el *marketing* de la memoria, y es que estaríamos ante una verdadera cultura o *boom* de la memoria en términos globales, en donde el poder de los medios es innegable como lo son sus usos interesados, o abusos. El miedo al olvido es lo que nos haría aferrarnos a la memoria en lo que él llama el fenómeno de "memorialización" como estrategia de supervivencia por la "creciente inestabilidad del tiempo y fracturización del espacio en que vivimos" dada, a su vez, por la tecnología y un futuro incierto (Huyssen 2002, 24). Por memoria mediática entenderemos la construcción del pasado a través de los medios y propiciada por contexto actual, caracterizado por los avances tecnológicos en comunicación que han trasladado la responsabilidad de narrar el pasado desde la élite académica y política a la televisión, el cine, la prensa. Ambos medios de comunicación actúan en su doble rol: como agentes de memoria y autores de los relatos del pasado, y como espacio público para las narraciones de otros agentes, conformándose como los principales encargados de otorgar los significados a los eventos históricos en la esfera pública e influyendo en la sociedad y su memoria colectiva (Neiger 2011).

Nuestro corpus de análisis se compone de 41 capítulos de la serie, repartidos en cuatro temporadas que han sido emitidas por Canal 13[1] en horario *prime time* del domingo, en primavera de los años 2008, 2009, 2010 y 2011, obteniendo gran éxito de sintonía. Realizaremos una primera aproximación para develar aquellos aspectos de la producción audiovisual basándonos en las siguientes hipótesis que guiarán nuestra lectura:

- Las representaciones sociales de la serie se estarían valiendo de estereotipos normalizadores que banalizarían las identidades chilenas del período de la dictadura.
- La banalización del período traumático estaría legitimando dicho período histórico.

---

[1] Hasta el año 2010 este canal era de propiedad de la Pontificia Universidad Católica de Chile, en ese año pasó a ser de propiedad mixta: 67% pertenece al Grupo Luksic (privado) y el resto de propiedad universitaria. Su historia se inicia a finales de los años '50. Según un Anuario Estadístico de TV abierta del 2011 del Consejo Nacional de Televisión (CNTV), el canal 13 ocuparía la cuarta posición en el ranking de preferencias, formando parte, sin embargo, de los cuatro canales que concentran casi el 90% del consumo total con diferencias entre ellos de máximo dos puntos porcentuales. (Montenegro y Polidura 2012, 11).

- Las representaciones sociales veraces y estereotipadas re-construirían la memoria social dando respuestas a vacíos de la memoria histórica de los tiempos en que se producen los discursos mediáticos.
- La memoria mediática transformaría la percepción negativa de la dictadura deslegitimada mediante la construcción de estereotipos y la identificación social nostálgica que explicarían o justificarían socialmente los crímenes de la dictadura.

Se han establecido pautas para la lectura detenida y estructurada de los aspectos clave del texto con el objetivo de aproximarnos a develar el lado "oculto" o bien aquella construcción discursiva del tiempo pasado, coherente y estereotipado, preguntándonos si acaso lo reconstruido simbólicamente en la serie *Los 80* podría estar influyendo en la reconstrucción de la historia pública y la memoria mediática en el presente, y de paso, estratégicamente, legitimando el período histórico antes deslegitimado, llenando el vacío dejado por las políticas de consenso.

En este artículo analizaremos los estereotipos de los jóvenes opositores al régimen. La televisión como ente valorante estaría proponiendo sus identidades en combinación con elementos nostálgicos estableciendo un punto de equilibrio en la memoria colectiva propiciado por una indefinición simbólica de éstas en la actualidad. Los estereotipos los consideraremos imágenes generalizadas sobre personas o comunidades, aceptadas por un grupo que pueden llegar a tomar una "categoría de verdad indiscutible" (Galán 2007, 230), como sería el caso del guerrillero (o terrorista), el joven político de oposición, la dueña de casa, el jefe de familia, y sus relaciones con la política en aquel período. Diremos también que un estereotipo nace del desconocimiento de los grupos o personas que se describen por lo que se plantea como una "forma de "conocimiento" sesgada, distorsionada o exagerada que a menudo se aplica para describir o representar a un determinado grupo de personas tipificándolas" (Castelló 2008, 94).

Hemos analizado los capítulos desde el eje central, los personajes, tomando en consideración dos aspectos importantes: En primer lugar los estereotipos representados y en segundo lugar los "elementos de veracidad" o hechos históricos de orden documental que son evocados desde las narraciones de los personajes. El análisis de tales elementos nos llevará a ahondar en la construcción, mediante los personajes entre los estereotipos que representan y los hechos históricos que viven, de la época representada. Los estereotipos se han "leído" en referencia a sus campos de acción y las identidades representadas, definiendo cuatro esferas relevantes:

- Esfera individual (datos básicos de cada personaje como nombre, sexo, edad, ocupación, etc.).

- Esfera familiar (rol, jerarquía, relación con los otros integrantes de la familia).
- Esfera social (valoración social, la renta, las percepciones de los personajes en lo social y en el barrio o microcosmos social).
- La esfera histórica, (hechos representados y relación con los personajes).

Para el segundo elemento de análisis, los elementos de veracidad que enmarcan la acción de los personajes, se han observado los hechos históricos seleccionados en la serie. Entenderemos como elementos de veracidad aquellos acontecimientos evocados mediante documentos audiovisuales de la época, ya sean noticias de radio o televisión, publicidades, notas de prensa, crónicas, titulares de diario, programas de televisión, etc. de los cuales los personajes son espectadores, lectores u oyentes. Se establecen cinco grupos temáticos para estos elementos:

- Hechos políticos (documentos, noticias de radio o TV, de alusión política, del gobierno militar o de la oposición/resistencia).
- Hechos económicos, (elementos documentales de la actividad financiera de la época).
- Hechos sociales (todas aquellas actividades culturales que no encuentran cabida en otras categorías, tales como las noticias de TV, radio o prensa relacionadas con hechos de entretención, musicales, religiosos, etc.).
- Hechos de consumo, (documentos audiovisuales referidos a las conductas de consumo, publicidad, etc.).
- Hechos deportivos (elementos documentales deportivos, especialmente de fútbol).

Estas variables de análisis nos aportan la información en cuanto a la identificación del espectador en relación a una época vivida, lo que Garrido llamará lo "ficcional verosímil", que plantea un mundo objetivo narrado mediante relatos realistas que hacen que el mundo representado sea posible. Humanes planteará que tales hechos han sido traídos al momento actual como una "visión presentista del pasado" o bien, la selección de los elementos que formarán parte del relato para la elaboración de la memoria colectiva mediante una reconstrucción simbólica que "permite que lo recordado esté de acuerdo con los estereotipos y valores del presente" (citados por Galán 2007, 2–3).

La lectura en profundidad confiere a esta investigación un recurso metodológico pertinente y coherente con la búsqueda de evidenciar los mensajes transmitidos a través de la televisión, basándose en un comentario crítico de la obra como una aproximación interpretativa sobre las representaciones, entendiendo la obra mediante una "exégesis textual" o bien, una interpretación crítica que profundizará en lo que dice la obra analizada, relacionando su mensaje con su forma y con otros textos (Castelló 2008, 209). De esa manera se concibe el texto como "un todo significativo" que contiene una cantidad indeterminada de significados, en donde la labor del analista consiste en sacar a la luz "el mensaje *oculto* del texto" (Larsen 1993, 150–151).

Interés y contexto

En las producciones audiovisuales chilenas de los últimos cinco años se ha visto un incremento del interés por parte de los creadores en generar productos tanto cinematográficos como televisivos de ficción y no ficción que tratan, desde diversas perspectivas, formatos, e importancia narrativa, los hechos atinentes a la memoria del período dictatorial. Como resultado se ha obtenido una buena recepción de los públicos y de la crítica especializada de manera transversal a los colores políticos, estrato social y etario[2]. Los realizadores que poca difusión oficial tenían al tratar estos temas en el contexto de la estrategia del olvido, han logrado mayor visibilidad propiciada por esta nueva forma de tratar la memoria de la dictadura, desde lo comercial y su banalización.

Ahora conviven las miradas y tienden a confundirse a ser parte de un todo temático. Realizadores comprometidos y víctimas por un lado, y aquellos que generan obra a partir de lógicas del mercado, ven en la memoria histórica una posibilidad más entre otras tantas de lograr audiencia. Un referente indiscutible del primer grupo es el documentalista Patricio Guzmán, aunque también han existido otros que han optado por recoger los relatos del dolor[3] y otros

---

2 Los estudios de Obitel de los años 2009, 2010, 2011 y 2012 son elocuentes en fijar las preferencias del público y su transversalidad. En el estudio del año 2009 ya se destacaba el tema de la memoria de la dictadura chilena, se habla de un antes y después del año 2008 en la manera de representar esta temática (Fuenzalida y Julio, 2011, 14). Por otra parte, en el Festival de La Habana del 2008 *El diario de Agustín* (2008) de Ignacio Agüero y Fernando Villagrán obtuvo el segundo lugar en categoría documental y *Tony Manero* (2008) de Pablo Larraín, el premio a mejor película y mejor actor, tal como se muestra en el sitio web del festival Habana Film Festival de la versión n.30 del año 2008, además del premio a mejor película en el Festival Internacional de Turín del mismo año. Ambas producciones con temática memorística, tal como destacan en el artículo del diario *La Tercera* el día 12 de Diciembre del 2008.

3 Hablamos de la obra de Patricio Guzmán, que ha trabajado el tema de la memoria en *Chile, la memoria obstinada* (1997), *Salvador Allende* (2004), *Nostalgia de la Luz* (2010). Sin embargo hay otros casos de realizadores que en los años '90 y en la primera década del 2000 han realizado documentales que giran en torno a la memoria, como son Carmen Castillo con *La flaca Alejandra* (1994), *Calle Santa Fe* (2007), Carmen Luz Parot *El derecho de vivir en paz* (1999), por nombrar algunos.

más nuevos que corresponden a los hijos de víctimas del régimen que, con realizaciones de corte autobiográfico, narran sus problemáticas actuales conformándose en una segunda generación de realizadores[4]. En lo que respecta al cine de ficción comercial, se ha dado apoyo estatal y privado para las producciones que enmarcan sus narraciones en este período y respaldo comercial por parte de los espectadores y galardones recibidos, tanto en territorio nacional como internacional[5], y difusión en canales, ahora sí, de la esfera pública y la institución.

En lo que respecta a la televisión, la temática política se reservaba para los telediarios o programas de debate. Desde el 2008, han salido al espacio público de la TV abierta series que enmarcan sus narraciones en el período antes silenciado[6]. Todas han contado con apoyo estatal en ciertos momentos, premios de reconocimiento y han generado debate público, e incluso instancias oficiales de visionado de capítulos[7]. La serie *Los 80, más que una moda* (2008–2011), es un claro referente, ya sea por éxito de audiencia, como por su duración en el tiempo. De la mano de *Los 80* y las demás series de ficción televisiva hemos sido testigos de este creciente interés por recrear la memoria por parte de la televisión, dejando al descubierto las potencialidades narrativas y comerciales del período de la dictadura chilena, desde una visión "neutra". Parece ser que la estrategia del silencio se ha superado para ceder el espacio público, como hemos dicho, al discurso de lo real, del recordar lo acontecido en la dictadura, mediado por la televisión y su espectáculo de la memoria.

Internacionalización de los formatos

Otro tema que sirve de marco de interpretación a tener en cuenta para esta investigación ha sido el análisis del formato de la serie *Los 80*, que responde a

---

4 Un ejemplo de este grupo son Macarena Aguiló y Susana Foxley con *El edificio de los chilenos* (2010), Germán Berger-Hertz con *Mi vida con Carlos* (2009), entre otros.

5 Hablamos de películas como *Tony Manero* (2008), *Post Mortem* (2010), *No* (2012) de Pablo Larraín, *Carne de Perro* (2012) de Fernando Guzzoni, entre otras.

6 Hacen parte de este grupo además de *Los 80* dirigida por Boris Quercia, objeto de este estudio, pero también forma parte de este grupo *Los archivos del cardenal* (2011), dirigida por Nicolás Acuña.

7 Es el caso del último capítulo de *Los archivos del Cardenal* del 13 de Octubre 2011, el cual se transmitió horas antes en un acto hecho aposta para la ocasión en el museo de la memoria de Santiago de Chile, con su consiguiente cobertura en la prensa. Podemos ver como ejemplo de ello los artículos de prensa de *La Tercera* del 8 de Octubre del 2011 y de *La Nación* del 13 de octubre del 2011 que destacan el hecho.

la "internacionalización de los formatos", ya que pertenece a las series de ficción histórica que encuentra sus homólogos en el escenario internacional. Series como *Cuéntame cómo pasó* en España y su referente anterior *The wonder years* en Estados Unidos (esta última transmitida en Chile), entre otras, dan cuenta de una fórmula vencedora y con elementos que la definen. Buonanno se refiere a este fenómeno como "indigenización" o bien, el proceso de apropiación por parte de la cultura local de formas y expresiones confeccionadas por sociedades ajenas que pertenecen a una cultura externa, reelaborandolas y restableciéndolas en coherencia con sus propios sistemas y significados (Buonanno 2005, 88).

El formato se estructura en base a una familia de clase media, un matrimonio compuesto de madre, padre y tres hijos, y sus diversas problemáticas con la sociedad en que viven y su particular implicancia en los hechos históricos. Se desarrolla a lo largo de los años en varias temporadas en un tiempo pasado que singulariza una forma emblemática de vivir el pasado narrada desde los hechos cotidianos de una familia y de cada uno de los integrantes. Esto genera un tiempo personal simbólico, con sus valores y morales que propondrían unas narrativas que dan cuenta de madurez y desarrollo colectivo. "Este eje discursivo se vería pautado mediante la inserción de referencias históricas susceptibles, a su vez, de un reconocimiento espectatorial específico, en forma de marcas de significación diacrónica sobre lo acontecido relevante". (Rueda Laffond y Guerra 2008, 397).

Es interesante observar como un formato puede resultar exitoso en escenarios diversos, en el contexto de Estados Unidos, o en Europa, por ejemplo, manteniendo al pie de la letra su manera, es decir, sus recursos narrativos. Al conseguir una diferenciación muy clara dada por los elementos narrativos que el mismo formato contiene, hablamos de la impronta local. Mediante este recurso, el formato va generando productos estructuralmente idénticos pero diametralmente distintos en cada escenario de producción. Es así como lo local está contenido como recurso narrativo, y es esto lo que confiere la aceptación de públicos en diversos contextos. Tal como plantea Buonanno, el público quiere verse retratado en sus particularidades, "en los materiales simbólicos que compiten por el tiempo y la atención del público, estos últimos se ocupan y se complacen, ante todo, en encontrarse a sí mismos, los propios, individuales y colectivos mundos sociales, costumbres, estilos de vida, acentos, rostros y paisajes" (Buonanno 1999, 36). Estas consideraciones, sumadas a las problemáticas de la memoria como fenómeno local del cual habla Huyssen, se presentaría como combinación sinérgica que explicaría su buena recepción (Huyssen 2005).

La familia, en este formato es puesta en escena como una unidad narrativa, en donde se dejan ver los valores sociales emblemáticos, en un trasfondo histórico del relato lleno de carga simbólica transmitido principalmente por la televisión en el hogar representado, posibilitando la autorreferencialidad. Es así como los contenidos en esta estructura son lo que confieren la identificación en los públicos de cada escenario donde se reproducen. La familia chilena no es simbólicamente igual a la estadounidense o a la española, y los valores sociales cambiarán también, así como pueden cambiar las clases medias, y el mismo público generalista que se identifica con ella. La clase media chilena del período retratado no tendrá el mismo poder adquisitivo que la estadounidense o española, y los períodos retratados se amoldarán también a la historia específica de cada país.

Personajes: vida cotidiana y retrato social de una época

Los personajes son la fuente de análisis para develar el retrato social de la época de la dictadura construido por la serie *Los 80*. Los estereotipos se presentaron llenos de cargas simbólicas e identidades definidas en la combinación de las cuatro esferas antes explicadas. Hablaremos en primer lugar de la esfera familiar que es la que une y da sentido a las demás. Los personajes principales son miembros de una familia y es el hogar, como lugar simbólico, desde el cual se construyen las historias. El análisis de la familia protagonista y sus integrantes dará cuenta de un retrato social amplio, especialmente de la clase media chilena del período desde una visión presentista del pasado. En un segundo lugar, nos detendremos en uno de los tantos temas de interés para la construcción de la memoria del período, analizando cómo son representados los jóvenes opositores al régimen de Pinochet.

Una familia común como reflejo de la sociedad

En la serie *Los 80* la esfera familiar es fundamental en la narración. Los personajes van generando historias fuera la esfera familiar, pero en esta esfera es donde adquieren sentido. La esfera social y su subcategoría de barrio (microcosmos social) adquirirán mayor o menor relevancia en el argumento central de cada capítulo según las historias que reportan los personajes. Cada personaje cumple un rol claro y coherente en los planos individual, familiar y social, que se enmarcarán en los hechos históricos evocados. La familia Herrera, protagonista de la serie, se compone por un matrimonio y sus cuatro hijos. Juan y Ana están casados hace 19 años cuando inicia la serie. Él de 44 años y ella de 35, se conforman como una pareja de clase media baja en evolución a clase media media[8], cuyo principal interés radica en aportar bienestar a sus hijos. Los hijos de la pareja son Claudia, Martín, Félix y Anita.

El padre y jefe de la familia es representado por Juan Herrera González (Daniel Muñoz), tiene 44 años, con origen en la clase baja, se caracteriza por ser esforzado y trabajador, consciente de sus limitaciones. Todas las decisiones que toma se basan en la motivación de proveer bienestar y protección a su familia. Quiere para el futuro de sus hijos que puedan alcanzar una posición socioeconómica mejor que la suya, alcanzable, según sus argumentos, por medio de estudios universitarios a los cuales él no tuvo acceso por su condición social. Es jefe y sustento económico de la familia, opositor en silencio al régimen militar, por esto no toca temas políticos, ni económicos, con sus hijos. Es definidamente machista y orgulloso, y es por esta razón que no acepta que su mujer quiera trabajar.

La esposa de Juan, Ana López Matamala (Tamara Acosta), tiene 35 años, de origen rural de clase baja como su marido, su familia vive en el campo. Quiere lo mejor para sus hijos y los sobreprotege. En un principio se encarga exclusivamente de las labores de la casa, evolucionando luego, ante las dificultades económicas de la familia, al comenzar a trabajar. Se muestra consciente de sus capacidades y decidida a seguir sus proyectos a pesar de la oposición de su marido, especialmente ante el nuevo rol que busca asumir, haciéndose responsable de la casa y de su trabajo. Es muy sentimental y crédula, confía plenamente en lo que informan los medios de comunicación. Tiene una postura política neutra influenciada por los medios y la protección de los suyos.

La hija mayor del matrimonio, Claudia Andrea Herrera López (Loreto Aravena), tiene 19 años, pasa de ser estudiante de preuniversitario a ser estudiante de medicina. Se caracteriza por ser inteligente y responsable, ayuda a Ana en las labores de la casa, coherentemente con la estructura machista de la familia. Se preocupa por cooperar en el financiamiento de sus estudios. Es buena hija, sus acciones son motivadas por el amor por su familia, aspecto que se repite en sus relaciones amorosas. De carácter fuerte e ingenua a la vez, se muestra moldeable e influenciable por figuras masculinas. Se declara abiertamente de oposición al régimen en contraste con las posturas de sus padres, mostrándose comprometida en acciones políticas.

---

8   La clase media en Chile, como analizara Salazar (1999) es muy amplia y diversa en los márgenes de ésta, hacia la clase baja y hacia la clase alta hay una brecha considerable en lo económico, social y cultural. Es por esto que podemos hablar de clase media baja, clase media media, y clase media alta.

El hijo mayor es Martín Antonio Herrera López (Tomás Verdejo), tiene 16 años, pasa por varias etapas de cambios, propias de su edad. Comienza la serie siendo un escolar que sueña con ser piloto aéreo, luego cadete de las fuerzas aéreas de Chile, después vive un período oscuro que lo aleja de la fuerza aérea y lo lleva a ser estudiante de educación física, finalizando como camarógrafo de un informativo independiente de oposición. Es un buen hijo, de buenos sentimientos hacia la familia, pero poco racional en su manera de actuar. Su postura política en un comienzo choca frontalmente con aquella de su hermana Claudia, pero va evolucionando y acercándose él también a la oposición al régimen militar. Le atrae el mundo del *underground* santiaguino y la clase alta.

El hijo menor del matrimonio, Félix Patricio Herrera López (Lucas Escobar), tiene 8 años, es escolar y cursa la primaria en un colegio católico de hombres. Se muestra inquieto y curioso, a menudo los demás integrantes de la familia deben explicarle temas complicados para su edad, como pasa especialmente con los temas políticos. Tiene una vida de barrio muy activa, y es muy apegado a sus padres y hermanos; busca las más ingeniosas y variadas explicaciones para aquellas situaciones que no entiende, sobre todo a los complejos problemas familiares y políticos. La menor de la familia es Anita Herrera López (Estrella Ortiz), que nace en la tercera temporada, evento que es motivo de desencuentro entre sus padres, sobre todo por sus cuidados en relación al trabajo de Ana. A pesar de las complicaciones que pueda traer en un principio a la familia, termina siendo un aporte de alegría y equilibrio para Juan y Ana.

La estructura narrativa centrada en la familia hace que todo acontecer repercuta en esa esfera, articulando las narraciones en juego simbólico con los estereotipos y que vaya sufriendo los cambios que se están viviendo en la sociedad representada, la dictadura militar, modificando las actividades de cada personaje y sus relaciones con los demás integrantes de la familia y con su entorno social. En ese ámbito doméstico, se deja espacio para los contenidos más profundos y simbólicos expresados por cada personaje. Los tiempos van cambiando y ello se observa en la familia que se va adaptando y encontrando maneras de ubicarse en ese desarrollo. Es así como cuando los tiempos son malos económicamente para el país en el contexto representado, los personajes se ven afectados directamente (cesantía de Juan, incorporación al trabajo por parte de Ana) y, de igual manera, cuando el sistema económico neoliberal comienza a funcionar, ambos encuentran oportunidades laborales, dando cuenta de un buen período económico. Lo mismo ocurre en los aspectos políticos, como veremos más adelante a la hora de establecer las principales relaciones y modos de actuar entre los personajes de la familia Herrera y los hechos históricos que aportan veracidad a la ficción.

Entorno social de los estereotipos y los roles políticos

Los personajes políticos de la serie se encuentran en el entorno social de la familia. Claudia es el personaje más activo políticamente, actuando como puente entre los Herrera y la contingencia del período representado. Todos los miembros de la familia se verán afectados de manera directa e indirecta por problemas de esta índole. De manera directa mayoritariamente por mediación de Claudia y su propio comportamiento social: sus detenciones, su clandestinidad. E indirecta por los comentarios, en la esfera familiar y su microcosmos social, de los hechos noticiosos que afectan a todo el país reportados por los medios de comunicación de masas.

Las representaciones de roles opositores recaen en jóvenes conscientes de la problemática sociopolítica del régimen dictatorial con ideas y nociones claras que buscan cambiar la situación del país, y que expresan sus modos de pensar desde una postura discursiva seria. Esto constituye un hallazgo importante ya que nos encontramos en contraparte que la defensa al régimen viene enarbolada desde la comedia, caricaturizada. Mientras el tratamiento narrativo del ejercicio de la oposición política se hace en tono dramático, el de defensa del régimen se aborda según las pautas de la comedia. La defensa es representada en el personaje de Don Genaro, el almacenero del barrio. Es él quien, en tono caricaturesco, defiende ciegamente la figura de Pinochet y sus diferentes medidas en cuanto a la conducción del país. Otro orden de personajes asociados a lo político corresponden a los agentes de la Central Nacional de Informaciones (CNI), que son los encargados del trabajo de inteligencia, detención, infiltración y torturas. Estos personajes se representan como criminales llenos de manías, pero sin carga ideológica en sus discursos, ante nada obedientes a sus superiores.

A continuación analizaremos las principales características de los dos personajes que más influencia política tienen de manera directa sobre los Herrera que, a su vez, representan dos formas distintas de hacer oposición tratados en clave de drama. Estos personajes van definiendo los sucesos y cambiando el rumbo de la familia y su estabilidad. Tales personajes corresponden a dos novios de Claudia en su paso por la universidad. El primer novio representaba a un joven líder universitario y el segundo novio era integrante del Frente Patriótico Manuel Rodríguez (FPMR), ambos estudiantes de medicina de la Universidad de Chile.

Comenzaremos con Francisco Silva (Francisco Rodríguez), quien conoce a Claudia casualmente antes que ingresara a la universidad, para luego comenzar a verse en el marco de la preparación de la prueba de admisión a la carrera de medicina. Francisco es un líder político universitario contrario al régimen, perteneciente a la clase alta, su padre es funcionario político (civil) del régimen. Apela a modos activos de hacer manifiesto su discrepancia con la dictadura llevando a cabo acciones que no comprometen hechos violentos. Como dirigente estudiantil y activista político lidera asambleas, contacta dirigentes de otras universidades, idea, produce y distribuye clandestinamente *slogans* propagandísticos ("panfletos") contra Pinochet, asiste a marchas y da discursos. Su aspecto físico da cuenta del estereotipo, explicitado incluso por los mismos personajes en la serie, de un joven de oposición. La barba y el morral como rasgo característico, sumados a sus gustos musicales, dan las claves que completan la figura estereotipada para dicho rol.

La relación que mantiene con Claudia se caracteriza principalmente por la profunda admiración que ella siente hacia Francisco y el rol protagonista que ejerce en el contexto político universitario. Claudia se muestra muy influenciable por él y las ideas de oposición al régimen, que si bien ella sentía y se declaraba públicamente contraria al régimen, es a través de él que conoce los argumentos y las ideas que sustentaban tal oposición, así como las expresiones y formas de declararlas. Francisco es quién le muestra la música comprometida y la lleva al Café del Cerro, símbolo de esos años en la capital chilena. Se muestra así, a Claudia, como una chica ingenua que comienza a conocer el movimiento capitalino, despertando ante la realidad (antes intuida) de las injusticias que estaban sucediendo en el país. Y la música es un vehículo para develarla y reafirmar el compromiso político y su postura ante el régimen.

El siguiente personaje que analizaremos es Gabriel Díaz (Mario Horton), un joven de clase media que, al igual que Francisco, es estudiante de medicina de la Universidad de Chile y opositor al régimen, siendo militante del Frente Patriótico Manuel Rodríguez (FPMR). En la universidad se caracteriza por ser un excelente estudiante, muy inteligente, pero se mantiene al margen de toda actividad política y esconde su participación en el FPMR. No se identifica con las modas y los grupos opositores dentro a la casa de estudios encarnados por Francisco, y mantiene siempre un perfil bajo y discreto, llegando a rumorearse su posible condición de chivato ("sapo" según la jerga de los tiempos de la dictadura en Chile). Sus actividades dentro del FPMR tienen que ver con logística, ideación de atentados de todo tipo, incluido el atentado contra Pinochet, apoyo de ejecución en internación de armas. Se pone al servicio de las misiones que le vienen asignadas por sus superiores, incluyendo frecuentes cambios de casa e identidad. Es un convencido de los ideales políticos del período de la Unidad Popular.

En cuanto a su relación con Claudia, ella lo conoce en la Universidad y, al igual que con Francisco, comienzan su relación enmarcada en lo académico y preparación de exámenes; Gabriel le daba clases particulares. Cuando Claudia descubre su real ocupación como militante del FPMR y su posterior paso a la clandestinidad es cuando comienza a interesarse en Gabriel, iniciando una relación también basada en la admiración, la cual la hace modificar sus conductas cotidianas, llegando a medida que avanza la relación a sacrificar toda su vida por estar con él. Claudia llega a colaborar en FPMR y defiende su accionar desde las armas. Gabriel trata inútilmente de no comprometer a Claudia en su actividad, ella insiste decididamente y se muestra ingenua ante los alcances que pueden tener en su vida y su integridad los servicios de inteligencia.

La mayor diferencia observada entre las dos maneras de hacer oposición activa al régimen militar en los jóvenes pasa por la defensa de una oposición pacífica o de protesta social en oposición a una acción directa a través de la vía armada. Francisco defendía la primera y Gabriel participaba de la segunda. La vida de Claudia y la percepción de su familia cambian en una y otra relación. Mientras que con Francisco ella comparte sus actividades políticas en el marco público, con Gabriel no es así. Juan, como padre, se opone a su participación en política, él sabe lo que Claudia hace y conoce a Francisco, lo invitan a cenar y toda la familia comparte con él, cosa que no ocurre con Gabriel. Juan lo conoce cuando ya son clandestinos en Argentina, y Ana y el resto de la familia no llegará nunca a conocerlo.

Claudia, al estar con Francisco, enfrenta y defiende públicamente sus acciones, en cambio con Gabriel miente sistemáticamente y se aísla socialmente. Se da a entender así al público televidente que las acciones de Francisco eran legítimas y las de Gabriel no, que ambos ponían en peligro sus vidas, pero que la vía defendida por Gabriel lleva por caminos peligrosos y definitivos. Lleva a cambiar la vida de Claudia y la de los Herrera dejando huellas imborrables y traumas en toda la familia. De ahí se muestra que mientras las actividades políticas por vía pacífica eran abiertas, entendibles y nobles, las armadas provocaban destrucción y daño a inocentes. Claudia quedará marcada para siempre por la muerte de Gabriel a manos de los servicios de inteligencia, y ese hecho afectará también a toda su familia aún en las conductas más cotidianas, más simples.

Hechos históricos, escenarios de la memoria

En un momento en que los medios de comunicación son los encargados de contarnos la historia, y en que, frente a ello las horas de educación de historia en los colegios chilenos se van reduciendo[9], hemos considerado importante

---

9   En un artículo de *El Mercurio* del 17 de Noviembre del 2010, se da cuenta de las declaraciones del ministro de Educación de la fecha Joaquín Lavín, donde anuncia que desde el 2011 se

analizar en escenario histórico y los hechos elegidos en la puesta en escena. De la relación de tales hechos y la manera que tienen los personajes de vivirlos es que se genera la normalización y nostalgia que pone en juego al telespectador y su percepción de una historia reciente no contada. Es interesante aquí reportar lo planteado por Anania, que observa que es mediante las representaciones de las identidades cada vez más "tele-realidades" que lo rescatado no es la historia, sino las diversas memorias del período representado, y que el objetivo de los medios pasaría por acercarse a las sensibilidades del individuo y provocar así emociones en los telespectadores:

> [L]a mediatización genera una lectura de la historia como no-historia, sino como memoria en el sentido que acopla recuerdos del pasado y el presente. (...) Los medios buscan legitimidad imponiéndose una función de cuarto poder y en ese sentido usan la historia olvidando el contexto que constituye la mentalidad de una época
>
> ANANIA 2010, 36

La construcción de estereotipos del pasado desde un tiempo presente se basaría entonces en "valores morales, transformando el pasado en pura emoción" (Anania 2010, 36). Tal como pasaría en la serie *Los 80*, que mediante los estereotipos de las identidades chilenas de la época de la dictadura, y los elementos de veracidad histórica (que conllevan una carga simbólica y valórica), se perciben los hechos narrativos como si formasen parte de sus propios recuerdos y experiencias pasadas.

Hechos históricos y comportamientos estereotipados de las identidades chilenas representadas en la unidad familiar

De la esfera histórica se ponen en relación los hechos políticos, económicos, sociales, de consumo y deportivos, explicados anteriormente, y el modo de comportamiento que tienen los distintos personajes de la familia ante ellos. A continuación se analiza en los personajes el interés que demuestran ante los hechos, poniendo atención en su eventual evolución o cambio, y en las razones por las cuales se interesan por un tipo de hecho por sobre otro. Los resultados que se obtienen de este análisis son útiles para definir los estereotipos perfilados

---

reducirán las horas de Ciencias Sociales y Educación tecnológica a favor de un aumento en las horas de Matemáticas, Lengua e Inglés para los alumnos de 5° Básico a 2° Medio, siguiendo las indicaciones de la OCDE.

en la serie. Tomaremos en cuenta sus características obtenidas tanto en las esferas individual, familiar y social en tensión con lo visto en el plano histórico intentando obtener un perfil sintético de cada estereotipo representado.

Jefe de Hogar: Sostenedor de la economía familiar/estático

Juan, el padre de familia, se interesa en el aspecto económico del acontecer, es el personaje de la familia que más le afecta este tema, le preocupa en relación a la estabilidad de su familia y las oportunidades de desarrollo profesional de sus hijos, en coherencia con el estereotipo de sostenedor de la casa y familia con aspiraciones sociales. Se interesa en segunda instancia por el deporte, específicamente por el fútbol, al mismo nivel que por los hechos de consumo, el deporte lo divierte y lo hace escapar de la rutina, y los productos publicitados constituyen una manera de mejorar el bienestar familiar, dejándose encantar por la publicidad y sus estímulos. Le interesan en menor medida los hechos sociales, los cuales sigue de manera superficial y sin contradicciones y, finalmente, se detiene en el aspecto político que le preocupa sólo cuando influyen en el bienestar o ponen en peligro a su familia.

El estereotipo de un jefe de familia de los años ochenta en Chile se estaría representando como un hombre preocupado de sostener económicamente a su familia, mediante esfuerzos para la adquisición de bienes de consumo que generarían bienestar a los suyos, que se divierte viendo el fútbol y acepta, por miedo, el régimen militar que enmarca su vida cotidiana. Tales valores, principios y gustos no cambian en los años representados, siendo así una condición estática normalizadora de la figura de un jefe de hogar en el Chile de la dictadura, como si el papel de jefe de hogar y padre de familia que se adquiere se toma y no se puede cambiar.

Ama de casa: evolución del papel de la mujer/evolución

En coherencia con su rol de ama de casa y madre, a Ana los temas que más le interesan son los sociales, como las telenovelas, el Festival Internacional de la Canción de Viña del Mar, la visita del Papa, etc. Es un personaje predominantemente estable en su relación con los hechos en las diversas áreas. Vive una evolución en lo económico que pasa por su decisión de trabajar, y dejar la casa, sin embargo, las decisiones económicas más importantes siguen siendo responsabilidad de Juan. Para ella se reservan las decisiones económicas de la microeconomía del hogar que no son valoradas pese al gran esfuerzo que significa desdoblarse en sus tareas hogar/trabajo.

Es en lo político donde se observa su cambio más notable, ya que Ana evoluciona pasando de sentir empatía con las víctimas de un lado u otro desde fuera, a sentirse involucrada como protagonista de los hechos y afectar su actividad diaria. Se sensibiliza y está muy pendiente de lo político a medida que su hija se va comprometiendo y participando más de ello. Nunca responsabiliza al régimen por la clandestinidad, detención y tortura hacia su hija, sino más bien es su hija la que se comporta mal a los ojos de Ana: ella es la que desafía el orden del régimen, lo que supondría una justa represalia. Por otra parte, en los hechos que hemos denominado de consumo Ana se interesa en menor medida que en los otros temas, ya que predomina la austeridad y ahorro en su manera de relacionarse con la publicidad y bienes. Tiene un acercamiento funcional hacia los objetos de consumo. En cuánto a los hechos deportivos no demuestra ningún interés, estando reservado a los hombres de la familia.

La joven universitaria de oposición

Claudia es la que más interés muestra por los hechos políticos. A medida que va creciendo, y coincidiendo con su ingreso a la Universidad de Chile, se va viendo más y más comprometida con el activismo político de oposición. Se muestra muy influenciable, a tal punto que su discurso de oposición se ve determinado por los de sus novios; deja entrever ingenuidad en su quehacer político y sumisión a sus parejas. Claudia representa a la generación de jóvenes que viven el régimen militar intensamente, en donde, muchos como ella, abandonan la universidad por motivos políticos. Pero a la vez estaríamos ante la representación juvenil de una mujer de clase media, media baja, que se deja encantar y enamorar por jóvenes dirigentes o militantes políticos y que no domina, ni es consciente de lo que se juega a la hora de participar activamente en acciones de oposición pacífica o no. De cierta manera sería arrastrada por el amor a hacer lo que hace, pagando consecuencias insospechadas y siendo involucrada irresponsable e injustamente por sus novios.

Cabe destacar en el caso del personaje de Claudia y menos directamente el de Ana, se representan como mujeres que justifican su acción pública desde sus parejas, lo cual da cuenta de un estereotipo estático que menoscaba el rol actual de la mujer y el que tenían en ese momento histórico, coincidiendo con lo denunciado por Lucía Sepúlveda al presentar su investigación acerca de los desaparecidos: "pesquisé especialmente su historia por la invisibilidad que también alcanza la participación de las mujeres en la lucha de resistencia anti dictatorial, y porque aquí se demuestra que su participación era consciente y no se limitaba a un apoyo a sus parejas" (Sepúlveda 2005, 8). Es tal la preocupación de Claudia a lo largo de la serie en los hechos políticos que los demás hechos pasan casi inadvertidos para ella. Es más, cada uno de estos temas visibilizados por la televisión, para Claudia representan una manera de ocultamiento de información por parte del régimen, y se demuestra desconfiada.

Los hechos económicos, sin embargo, y muy por debajo de los políticos, pueden captar su atención en relación a las dificultades que vive Juan y sus esfuerzos realizados para financiar su carrera.

El joven que busca una identidad

En coherencia con la edad representada en la serie, Martín es el personaje más dinámico en cuanto a su comportamiento. En un primer momento es favorable al régimen de Pinochet, ya que desde su inmadurez y sueños de ser piloto de avión, idealiza a los militares, entrando en conflicto con su hermana Claudia. En cuanto a lo político, después de superar su momento oscuro, dado por el fracaso en la carrera aérea y posteriormente vivir intensamente el ambiente *underground* capitalino, su visión cambia desde ahí y en compás a las situaciones familiares que lo hacen comprender y solidarizarse con su hermana.

El estereotipo que prima en Martín es el de un joven desorientado, inmaduro, contradictorio, ingenuo, que está en una permanente búsqueda de su identidad. Se presenta una relación entre el plano individual y el social dada por una interacción que funciona así: a mayor estabilidad emocional y bienestar social, es decir equilibrio, (cuando es cadete, cuando es camarógrafo de *Teleanálisis*), mas alta es la clase social con la cual se relaciona (amigas y amigos de clase alta). Los hechos de consumo le interesan en determinados momentos de la serie, siempre con la austeridad de por medio, reemplazándolos posteriormente por los hechos sociales, coherente con su etapa de desarrollo, los cuales le llegan no tanto por medios masivos, sino más bien por canales alternativos utilizados por los jóvenes capitalinos.

El niño en etapa escolar

Félix representa a un niño de 8 años que da cuenta del estereotipo de hijo menor de una familia de clase media que asiste a la escuela masculina. Es el personaje de la serie que más presente tiene los nuevos productos que van saliendo al mercado y el más influenciado por la publicidad. En lo deportivo es el que más entusiasmo demuestra ante eventos de esta índole. También mediante Félix se da cuenta de una intensa vida de barrio en donde los valores de casa encuentran reafirmación y contradicción. Se retratan en él miedo y tristeza como consecuencia de los problemas con la CNI (organismo de inteligencia encargado de perseguir, detener y reprimir a opositores del régimen), mostrando cómo vivía un niño en estado de alerta y como sufría el castigo social.

Podemos decir después de este análisis que cada miembro de la familia se interesa especialmente por una clase de hecho representado: Juan por los económico, Ana lo social, Claudia lo político, Martín variando entre lo político, social y consumo (propio de un adolescente) y Félix en los hechos de consumo, coherentemente con los estereotipos que cada uno representa en la serie, reafirmándolos. Se establece además que todos los miembros de la familia se ven interesados y/o afectados directamente en algún momento por los hechos políticos, los cuales cruzan transversalmente los roles, sean partícipes activos de la oposición o no, lo cual estaría representando cómo era vivir en un país regido por una dictadura aún siendo una "familia normal": la política y los hechos contingentes no podían ser ignorados.

Los estereotipos, en relación a la temática de los hechos históricos, han dado las claves para trazar las líneas principales de los roles sociales en el marco de una familia de clase media chilena. Los rasgos han encontrado relación con lo que el régimen militar proponía socialmente y según un modelo económico preciso. Tales retratos sociales encuentran reflejos normalizadores en cuanto nos parecen creíbles y asimilables. Mediante las narraciones en el marco de una "familia normal" se apela a la identificación de la audiencia generalista. Se observan estereotipos en lo familiar y sus consiguientes comportamientos sociales coherentes. Estos estereotipos o ideas de verdades irrenunciables se plantean como marcos de interpretación a otros estereotipos que pueden ser de más difícil consenso, o menos extendidos en el grueso de lo social, como ocurre en el caso de los jóvenes opositores al régimen que veremos a continuación.

Hechos históricos y personajes políticos

Francisco y Gabriel son protagonistas en mayor o menor grado de hechos políticos sucedidos, como organizadores y manifestantes en protestas en el caso del primero, y como ideólogo y ejecutante de acciones revolucionaria/terrorista en el caso del segundo. Es así como Francisco, que lucha denunciando pacíficamente las injusticias en la calle en las protestas de septiembre de 1985, es detenido por la CNI y posteriormente dejado en libertad. Gabriel, por otra parte, que defiende la idea de derrocar al régimen vía armada muere en manos de los agentes. En la serie *Los 80* cada uno de los personajes representado "paga" de acuerdo a la naturaleza de sus acciones. Es así que mientras Francisco no traspasa los límites de la oposición al régimen se mantiene con vida, Gabriel, que busca una solución armada y transgrede los límites (a tal punto de querer atentar contra Pinochet y participar de la internación de toneladas de armas), muere irremediablemente.

Claudia se introduce al mundo de la acción política mediante Francisco, lo que la lleva a ser detenida y tener problemas con su padre a tal punto de ser expulsada de su casa. Pero son problemas que pueden tener solución, como pasa con Francisco. Sin embargo, al verse inmiscuida accidentalmente en las acciones del FPMR, dada su ingenuidad demostrada en este caso, es que los problemas se tornan más graves: vida en clandestinidad, privación de libertad, muerte de su amado. Tal como sucede con Gabriel, sus problemas son irreparables. Una manera de banalizar los comportamientos que se representan en estos jóvenes es su enmarcación dentro de la lógica de la dinámica familiar de los protagonistas. El tema de la familia como espacio recurrente, lleno de simbolismos nostálgicos y añoranza, hace que tales representaciones sean fáciles de asimilar sin contradicción. Es en ese marco que temas más complejos y polarizantes (como el de los jóvenes, su rol político en la dictadura y las represalias), sean aceptados como verdades irrefutables.

Francisco demuestra ser un joven con iniciativa y liderazgo que lucha por el bienestar social, tiene una vida públicamente conocida y se desenvuelve como voluntario médico en zonas rurales del país. No puede dejar sus actividades por Claudia, ya que su quehacer denota una profunda convicción y vocación. Es hijo de diplomáticos y representa a la clase social alta. Sus características identitarias dan cuenta de una clase política que en la actualidad se encuentra en el poder. Desde una visión presentista se retrata a la clase dirigente de la actualidad.

En cambio Gabriel, se representa como un joven que, a pesar de manifestar sus buenos deseos para una sociedad inmersa en un régimen dictatorial, sus actos construyen un estereotipo negativo. Su vida pública no deja ver su vida de frentista, es intransigente ante la obediencia jerárquica del FPMR, tiene identidades falsas, miente a Claudia, la arrastra a que ella mienta y se exalta con facilidad llegando a los límites de la violencia en su entorno íntimo. Resulta ser un personaje odioso, ya que debido a su irresponsabilidad y conducta ilegal, arruina y marca de por vida directamente a Claudia y de paso indirectamente a la familia protagonista, querida por los telespectadores de la serie, los Herrera. Gabriel representa a las víctimas del régimen militar, que sin embargo, cometieron crímenes. Por lo que su condición de víctima queda en entredicho poniéndose al mismo nivel de responsabilidad en los hechos de violencia que el agente de la CNI.

Conclusiones

El análisis de la serie *Los 80* nos ha aportado una actualización en lo que respecta a las representaciones sociales de las identidades chilenas del período de la dictadura en la televisión chilena de hoy. Los estereotipos representados hablan de roles sociales, especialmente relativos a la familia, que se encuentran bien arraigados en la sociedad chilena actual por medio de una identificación nostálgica y complicidad con el público generalista en el retrato de sus propios recuerdos, de su memoria. Esto funciona para establecer estereotipos menos arraigados y consensuados sobre la memoria del período o tele-realidades: el rol del joven opositor al régimen de Pinochet en su versión pacífica y en su versión violenta.

El primero legitimaría la acción política del presente, y el segundo deslegitimaría la acción violenta. Ambos muestran una penalización ante la manera de expresar su descontento ante el régimen imperante, y ambos sufren consecuencias dolorosas que se desprenden directamente de su manera de actuar en oposición al régimen. Según el comportamiento de los personajes en las distintas esferas de lo observado en *Los 80*, es que oponiéndose al orden establecido que gobierna se obtiene un castigo en conformidad con la naturaleza de los mismos actos, de los cuales aquel que los comete es único responsable. Por el contrario, aquel que acepta las reglas y respeta la autoridad del momento que le toca vivir, le guste o no, obtendrá, antes o después, su recompensa. Los estereotipos que se plantean en la serie nos hablan de conformismo y aceptación de un poder que, por más que se quiera, no se puede cambiar desde la acción individual y/o colectiva. Lo aceptado es el orden imperante, y aceptarlo traería beneficios. Las identidades chilenas de la dictadura, analizadas en este artículo forman parte o del primer o del segundo grupo.

La referencialidad histórica da cuenta de los cambios sociales que se vivieron en el período desde la propia experiencia del telespectador representado por alguno de los personajes mediante las emociones y los recuerdos. La flexibilización laboral, la crisis de la educación, la recompensa de aceptar el orden establecido, en contraposición con el castigo que se puede obtener al manifestarse contrario y el miedo como factor constante, nos invitan como telespectadores a seguir respetando las condiciones sociales instauradas desde arriba; a cambio, se reciben los beneficios consumistas, las posibilidades de bienes materiales.

Por otra parte, hemos visto como la presencia del discurso político opositor al régimen construido desde lo dramático en los personajes ficticios, no contaba con contraparte. Como si los discursos políticos de defensa al régimen fueran hoy incómodos, o difícilmente justificables, representándose solo desde la comedia, apelando a una asimilación simpática, a la aceptación a pesar de todo. La representación de este discurso recaía en los mismos protagonistas de la realidad, los políticos de la época, mediante documentos que funcionaban como marco histórico, pero que a la vez, nos muestra una realidad congelada en el tiempo, estática. No se propone una construcción, ni una identificación con el público. Estos hitos históricos traídos al presente, se manifiestan como aceptación de la dictadura y legitimación de la misma, porque se acepta que tales hechos ocurrieron, pero no se construyen los estereotipos que los defendían y llevaban a cabo. El régimen militar aparece en la serie como una situación que no se puede cambiar, que ha quedado en el pasado inamovible. Es así que podemos notar que la serie *Los 80*, mediante sus narraciones estereotipadas llena un vacío discursivo que va en concordancia con las políticas de consenso, es decir, se desestiman temas que pueden ser en la actualidad motivo de polarización o conflicto. Si bien es cierto tales narraciones se constituirían como un aporte positivo al abordar el tema de la dictadura en esferas sociales que mantenían la temática invisibilizada trayéndola a la cotidianidad a través de los medios de masas, no ocurre lo mismo con las herramientas discursivas que entrega a los telespectadores para proporcionar una visión más profunda y más crítica de una realidad histórica dolorosa. Es así como se llena un vacío narrativo de forma aparente, acercándose más a consolidar "la vuelta de página" que a dar espacio a un verdadero duelo, constituyéndose más bien un producto mediático del consenso.

Bibliografía

Anania, Francesca. 2010. "La metodología de la investigación histórica y los medios de comunicación" En: Ibañez, Juan Carlos y Anania Francesca (coords.), *Memoria histórica e identidad en cine y televisión*. Zamora: Comunicación Social Ediciones y Publicaciones. 17–37.

Buonanno, Milly. 1999. *El drama televisivo. Identidad y contenidos sociales*. Barcelona: Editorial Gedisa. 15–48.

Buonanno, Milly. 2008. *The age of television: experiences and theories*. Bristol: Intellect Books.

Castelló, Enric. 2008. *Identidades mediáticas. Introducción a las teorías, métodos y casos*. Barcelona: UOC press, Comunicación 3.

Consejo Nacional de Televisión CNTV. 2011. *Anuario estadístico: Oferta y consumo de programación en TV abierta 2011*. http://www.cntv.cl/anuario-estadistico-oferta-y-consumo-de programacion-tv-abierta-2011/prontus_cntv/2012-05-14/095957.html Consultado el 23/01/2013

Fuenzalida, Valerio, y Julio, Pablo, coords. 2012. *2011: Cambios en el paisaje industrial*. Santiago de Chile: Obitel (Observatorio Iberoamericano de la Ficción Televisiva), Pontificia Universidad Católica de Chile con la colaboración de Time-Ibope.

Fuenzalida, Valerio, y Julio, Pablo, coords. 2011. *Quinto informe Obitel Chile*. Santiago de Chile: Obitel (Observatorio Iberoamericano de la Ficción Televisiva), Pontificia Universidad Católica de Chile con la colaboración de Time-Ibope.

Fuenzalida, Valerio, y Julio, Pablo, coords. 2010. *La ficción audiovisual chilena en 2009.* Santiago de Chile: Obitel (Observatorio Iberoamericano de la Ficción Televisiva), Pontificia Universidad Católica de Chile con la colaboración de Time-Ibope.

Fuenzalida, Valerio, y Julio, Pablo, coords. 2009. *Tercer informe Obitel Chile.* Santiago de Chile: Obitel (Observatorio Iberoamericano de la Ficción Televisiva), Pontificia Universidad Católica de Chile con la colaboración de Time-Ibope.

Galán Fajardo, Elena. "Construcción de género y ficción televisiva en España". *Comunicar* 14:28 (2007), 229–236.

Galán Fajardo, Elena. "Las huellas del tiempo del autor en el discurso televisivo de la posguerra española". *Razón y Palabra* 56 (2007).

Huyssen, Andreas. 2002. *En busca del futuro perdido. Cultura y memoria en tiempos de globalización.* México, DF: Editorial Fondo de Cultura Económica.

Larsen, Peter. 1993. "Análisis Textual del Contenido de Ficción de los Medios de Comunicación". En *Metodologías Cualitativas de Investigación en Comunicación de Masas.* Editado por Jensen, Jankowski, 149–164. Barcelona: Bosch Casa Editorial.

Lull, James. 1995. *Medios Comunicación, Cultura: Aproximación Global*, 19–64. Buenos Aires: Amorrortu Ediciones.

Montenegro Corona, Sebastián, y Polidura Brun, José I. 2012. *Anuario Estadístico: Oferta y Consumo de Programación en TV Abierta.* CNTV, Consejo Nacional de Televisión. http://www.cntv.cl/anuario-estadistico-oferta-y-consumo-de-programacion-tv-abierta-2011/prontus_cntv/2012-05-14/095957.html

Neiger, Motti, Meyers, Oren, y Zandberg, Eyal. 2011. "On media memory: Editor's introduction". En Neiger, Motti, Meyers, Oren, y Zandberg, Eyal (Eds.) *On media memory: collective memory in a new media age*, 1–24. Londres: Palgrave Macmillan.

Pagni, Andrea. 2004. "Memoria y duelo Duelo en la narrativa chilena actual Narrativa Chilena Actual: Ensayo, Periodismo Político, Novela y Cine". En *Memoria, Duelo y Narración. Chile Después de Pinochet: Literatura, Cine, Sociedad.* Editado por Spiller, Roland et al, 9–27. Erlangen: Vervuert Verlag. Lateinamerika-Studien 47.

Richard, Nelly. 2000. *Residuos y metáforas. Ensayos de crítica cultural sobre el Chile de la Transición.* Santiago de Chile: Editorial Cuarto Propio.

Rueda Laffond, José Carlos, y Guerra Gómez, Amparo. "Televisión y Nostalgia. The Wonder Years y Cuéntame". *Revista Latina de Comunicación social* 64 (2009), 396–409. http://www.revistalatinacs.org/09/art/32_831_55_Complutense/Rueda_y_Guerra.html. Doi: 10.4185/RLCS-64-2009-831-396-409. Consultado el 24/09/2012.

Salazar, Gabriel, y Pinto, Julio. 1999. *Historia contemporánea de Chile. Volumen II. Actores, identidad y movimiento.* Santiago: LOM Ediciones.

Sepúlveda Ruiz, Lucía. 2005. *119 de Nosotros*, 7–25. Santiago: LOM Ediciones.

Todorov, Tzvetan. 2000. *Los abusos Abusos de la memoria.* Barcelona: Paidós.

Lista de DVDs

Calle Santa Fe. DVD. Dirigida por Carmen Castillo. 2007. Santiago de Chile: Parox: Les Film D'Icii: Les Films de la Passarelle, 2007.

Carne de Perro. DVD. Dirigida por Fernando Guzzoni. 2012. Barcelona: Cameo, 2013.

Chile, La Memoria Obstinada. DVD. Dirigida por Patricio Guzmán. 1996–1997. Santiago de Chile: Nueva Imagen, 1997.

El Derecho de Vivir en Paz. DVD. Dirigido por Carmen Luz Parot. 1999. Santiago de Chile: Warner music Chile, 2003.

El Diario de Agustín. DVD. Dirigida por Ignacio Agüero y Fernando Villagrán. 2008. Santiago de Chile: LOM Ediciones: Universidad de Chile, Instituto de la Comunicación e Imagen, 2009.

El Edificio de los Chilenos. DVD. Dirigida por Macarena Aguiló. 2010. Santiago de Chile: Independiente, 2013.

La Flaca Alejandra. DVD. Dirigida por Carmen Castillo. 1994. Santiago de Chile: Aún Creemos en los sueños, 1994.

Los 80, Más que una Moda. Temporada 1. DVD. Dirigida por Boris Quercia. 2008. Santiago de Chile: Cine Color Films, 2010.

Los 80, Más que una Moda. Temporada 2. DVD. Dirigida por Boris Quercia. 2009. Santiago de Chile: Cine Color Films, 2010.

Los 80, Más que una Moda. Temporada 3. DVD. Dirigida por Boris Quercia. 2010. Santiago de Chile: Cine Color Films, 2010.

Los 80, Más que una Moda. Temporada 4. DVD. Dirigida por Boris Quercia. 2011. Santiago de Chile: Cine Color Films, 2011.

Los Archivos del Cardenal. Temporada 1. DVD. Dirigida por Nicolás Acuña. 2011. Santiago de Chile: UDP: Catalonia, 2011.

Mi Vida con Carlos. DVD. German Berger-Hertz. 2009. Santiago de Chile: Cinedirecto, 2010.

No. DVD. Dirigida por Pablo Larraín. 2012. Sony Pictures Classics, 2013.

Nostalgia de la Luz. DVD. Dirigida por Patricio Guzmán. 2010. Madrid: El Mar Films, 2013.

Post Mortem. DVD. Dirigida por Pablo Larraín. 2010. New York: Kino Lorber, 2012.

Salvador Allende. DVD. Dirigida por Patricio Guzmán. 2004. Barcelona: Cameo, 2006.

Tony Manero. DVD. Dirigida por Pablo Larraín. 2008. New York: Kino Lorber, 2008.

CAPÍTULO 7

Memoria cultural y la construcción audiovisual del pasado: las heroínas de la Independencia de México en la serie televisiva *Gritos de muerte y libertad*

María de los Ángeles Rodríguez Cadena

Con un largo antecedente en la re creación de episodios del pasado nacional en la televisión mexicana a través de las telenovelas históricas producidas entre los años 1960s y los 1990s, las celebraciones de los centenarios en 2010 se muestran como el contexto obligado para la re construcción de nueva cuenta de la Independencia de 1810 y de la Revolución de 1910 en la ficción televisiva. La serie *Gritos de muerte y libertad* (2010) dedica dos de sus trece episodios a cada una de las dos protagonistas más conocidas, relevantes y entrañables del periodo de la Independencia: Josefa Ortíz de Domínguez, la Corregidora de Querétaro, en el episodio titulado *Las conspiraciones de Josefa*; y Leona Vicario, en *Retrato de una Leona*.

Gritos de muerte y libertad, producida por Televisa y pasada al aire entre el 30 de agosto y el 16 de septiembre en 2010 para coincidir con la fecha exacta del aniversario de la independencia, presenta episodios que se concatenan cronológicamente y que se enfocan en un momento o en un personaje específico del proceso independentista. La serie inicia con los primeros intentos de rebelión en el episodio *El primer sueño* en 1808, hasta *El nacimiento de la República* que culmina con la elección de Guadalupe Victoria como primer presidente de la República en 1824[1]. ¿Qué papel juegan estos textos de ficción en la construcción y conservación de la memoria colectiva a partir de hechos y personajes conocidos por los mexicanos? ¿Cómo se elabora una visión del pasado a partir de los recursos y procesos del medio audiovisual contemporáneo? ¿Qué aprendemos tanto de la época en que sucedieron los acontecimientos como de las

---

1   Los títulos de los trece episodios son: *El primer sueño: 1808, Las conspiraciones de Josefa, El estallido: 1810, Sangre que divide, Entre el miedo y la victoria, Décimas para Ortega, El triunfo del temple, El fin de las campañas, Retrato de una Leona, La última conjura, La patria es primero, El fin de la clandestinidad, El nacimiento de la República*. Mafer Suárez, la primera directora de televisión en México, estuvo a cargo de *Las conspiraciones de Josefa* y *Retrato de una Leona* así como otros episodios de esta serie, como parte de la dirección colectiva de las series junto con Gerardo Tort.

maneras en que éstos se confeccionan y se perciben en una narración audiovisual ficcional de alcance masivo en el presente?

Gritos de muerte y libertad, como texto que recupera y revitaliza una etapa relevante en la historia conocida por los mexicanos, y que participa en la evolutiva dinámica que suponen los conceptos de memoria, identidad, historia, y pertenencia, constituye un ejemplo de lo que se conoce como memoria cultural. El término memorial cultural se refiere esencialmente a la interrelación de presente y pasado en un contexto socio cultural, y se basa en la comunicación a través de diferentes medios que operan dentro de una diversidad de sistemas simbólicos: textos escritos, iconografía, historiografía, documentales, audiovisuales narrativos, instituciones, monumentos, tradiciones y rituales conmemorativos (Erll 2011, Sturken 1997). Al igual que toda reconstrucción del pasado, especialmente hablando de la confección de una pieza de ficción histórica, la serie *Gritos de muerte y libertad* aparece en el horizonte televisivo en diálogo con múltiples referentes existentes en la memoria colectiva de los mexicanos, formado con imágenes y conceptos activos en el imaginario nacional, y como continuación/anexo de ese conocimiento compartido. De ahí que la serie, en tanto ejemplo de texto que interactúa con otros textos, imágenes y conceptos de amplia circulación en la cultura mexicana, funciona como un ejemplo de *re mediatización* (Erll 2011) es decir, la serie constituye una versión actualizada que re genera esos mismos conceptos e imágenes construidas anteriormente en un *medio* de comunicación.

La confección de Josefa Ortíz y Leona Vicario en la serie introduce una variante en las versiones más conocidas de la historia colectiva construyendo un espacio intencional y diferenciado en el que las heroínas se confeccionan como personajes de ficción. Para analizar el proceso mediante el que Josefa Ortíz y Leona Vicario se erigen en figuras televisivas a manera de instancias de la construcción audiovisual del pasado, y como explicación y fundamento del concepto de memoria cultural, propongo estudiarlas a través de la lente del *narrador cinemático* (Chatman 1990, 2002), o *meganarrador* (Gaudreault y Jost 1995). Éste se refiere al principio ordenador fundamental que orquesta todos los canales comunicativos sincrónicos en una narrativa audiovisual, especialmente al trabajo de equipo con múltiples participantes y a varios niveles de enunciación que supone la producción de un texto audiovisual: los actores, sus parlamentos, la dirección de escena, el montaje, el trabajo de cámara, los escenarios, la música ambiental, entre otros.

Acercarnos a este texto de ficción histórica televisiva a través de la óptica de los estudios de la memoria y de los estudios audiovisuales reúne aspectos que ilustran funciones simultáneas y profundamente entrelazadas en la creación y circulación de significados producidos en la confección e interpretación de dos personajes históricos conocidos y relevantes. La confluencia de lo visual y la memoria revelan un multifacético proceso que supone la representación dramatizada del pasado en el medio televisivo. *Las conspiraciones de Josefa* y *Retrato de una Leona* constituyen una instancia de memoria cultural manifestada en los postulados de identidad, memoria y pertenencia, y expresada fundamentalmente a través de un modo específico de composición de la estructura narrativa visual. Dicha composición visual -que estudiaré a través de los postulados del narrador cinemático y a través del recurso de la cámara lenta- edifica un vehículo cognitivo que permite iluminar peculiaridades no percibidas a simple vista en la imagen visual. El análisis que conlleva al descubrimiento de advertir una alteración en la percepción de la realidad representada constituye una metáfora de una nueva manera de ver el pasado.

Antes de elaborar en estos conceptos, sin embargo, es necesario introducir brevemente los antecedentes de la serie *Gritos de muerte y libertad* que enmarcan la producción de ficción histórica en la televisión en México: las llamadas telenovelas históricas inauguradas en los años 1960s[2]. A manera de enfocarme en el tema principal de estas producciones, menciono aquí solamente las telenovelas históricas que retratan el periodo de la Independencia (1810-1821). La telenovela histórica en México aparece como otra expresión de las versiones narrativas de ficción de la historia nacional que, a diferencia de otros países de Hispanoamérica, apareció de manera variada, y más o menos constante entre los años 1960s y 1970s, y de manera escasa pero más elaborada en los 1980s y los 1990s.

Todas las telenovelas históricas entre 1962 y 1996 de la cadena Televisa fueron producidas por Ernesto Alonso (1917-2007), una de las figuras de más prestigio en la televisión, el cine y el teatro en México en los últimos 50 años, y director del Proyecto Telenovelas Históricas desde los 1960s hasta su deceso en agosto del 2007. Las telenovelas históricas de Televisa y, en menor grado, las de la cadena Televisión Azteca se erigen como el precursoras de las series de

---

2   Una definición de telenovela histórica: "Una telenovela histórica se caracteriza primordialmente por la dramatización de un periodo específico con importantes cambios sociopolíticos de la historia nacional y de sus principales protagonistas. Las telenovelas históricas presentan personajes y hechos históricos reales en tramas que retratan usos y costumbres de la época, guerras, conspiraciones, la lucha del pueblo, las hazañas de los héroes, la legislación de sus ideales, y la formación nacional. Como complemento de ese componente histórico esencial, y de acuerdo con los lineamientos indispensables en el género de las telenovelas latinoamericanas a través de la inserción de personajes ficticios se elaboran sub tramas interconectadas con historias de amor, celos, intrigas, traición, la lucha del bien contra el mal, el llamado drama del reconocimiento –o revelación de la identidad- que apunta Brooks como elemento del melodrama, y el final felíz". (Rodríguez Cadena 2014, 182).

contenido histórico más recientes producidas por la misma Televisa: *Gritos de muerte y libertad* (2010) y *El encanto del águila* (2011); por el Canal Once del Instituto Politécnico Nacional: *Los Minondo* (2010) y, la más reciente, *Réquiem por Leona Vicario* (2014), también de Canal Once en coproducción con Bravo Films.

Un antecedente directo y relativamente reciente de *Gritos de muerte y libertad* es, sin duda, la telenovela histórica *La antorcha encendida* (1996) sobre el proceso de la Independencia, con guión original de los historiadores Fausto Zerón-Medina y Enrique Krauze. *La antorcha encendida*, producida por Ernesto Alonso, retrata la situación de la Colonia, la conspiración y las guerras de independencia entre los realistas y los insurgentes para liberarse de España. La trama cubre el periodo que va desde 1785 a 1821, y describe la desintegración del sistema español que culminó con la revuelta popular encabezada por la élite criolla en 1810, y recrea a los principales héroes: Hidalgo, Allende, Morelos, Josefa Ortíz, entre muchos otros. La telenovela presenta asimismo el lado personal de los héroes en sus tribulaciones, sus logros y sus titubeos; sus historias íntimas estrechamente vinculadas a los hechos históricos trascendentes y a los contratiempos y sucesos domésticos de los personajes ficticios.

Otros textos anteriores que relatan la Independencia y sus héroes en la pantalla chica son las telenovelas *Los caudillos* (1969) producida por Televisa, y la telenovela *Leona Vicario*, (1982) producida por el Canal Trece. *Los caudillos*, con guión de Miguel Sabido, principia con las conspiraciones antes de 1810 y culmina a mediados del siglo XIX. Silva Pinal, una de las actrices más reconocidas de teatro, cine y televisión en los últimos 50 años en México, encarna al personaje ficticio principal que sirve de enlace entre los héroes y los hechos de la independencia, y el resto de los personajes ficticios a lo largo de toda la trama. Es Silvia Pinal, en el personaje de Jimena, la organizadora y participante en las reuniones conspiratorias, y la que, después de haber sido ejecutados los principales líderes independentistas, finalmente sobrevive para ver hecha realidad la Asamblea Constituyente y, ya anciana, escuchar por primera vez el himno nacional en 1854.

Leona Vicario es original de Ricardo López Aranda, con dirección escénica de Wilebaldo López, y dirección general de Luis G Basurto. Aquí, al igual que en las telenovelas de Televisa, son los talentos histriónicos más reconocidos los que llevan los papeles protagónicos, así como dos destacadas personalidades del teatro como directores. En el reparto: Diana Bracho, Aarón Hernán, Miguel Palmer, María Rivas, Carmelita González, entre otros. En *Leona Vicario*, las relaciones interpersonales, los héroes de la Independencia y los eventos históricos se incorporan para estructurar la vida y la contribución de esta heroína. Al final de la telenovela, la protagonista junto con Andrés Quintana Roo intercambia los votos matrimoniales en la soledad de un templo, refrendan su amor por México y la esperanza de un futuro mejor para todos[3]. A partir de la más reciente confección de Leona Vicario y Josefa Ortiz en la serie *Gritos de Muerte y Libertad*, ¿cómo recoge el paradigma episódico y abreviado del serial televisivo el pasado compartido y, especialmente, cómo construye la imagen audiovisual de Josefa Ortíz y Leona Vicario? ¿Cómo contribuyen estos textos de ficción a una reflexión sobre las maneras en que se han creado y diseminado versiones tradicionales de la historia colectiva? ¿Qué relevancia tienen estas nuevas creaciones en el contexto del presente? Estas cuestiones pueden alinearse con los conceptos propuestos de narrador cinemático y de memoria cultural.

Memoria cultural

Sturken define el término *memoria cultural* como todo aquello que se produce y se comparte fuera de los límites del discurso histórico formal, pero que a la vez va entrelazado con productos y significados culturales (Sturken 1997, 3). Añade que el recuento del pasado constituye una narrativa más que la réplica de una experiencia basándonos fundamentalmente en la idea de que el pasado se manifiesta, no como *representación*, es decir, como reproducción mimética, sino como *presentación*, es decir, una forma de narrativa interpretativa[4]. Esta reflexión hace eco de las propuestas fundamentales que algunos historiadores han venido planteando durante décadas. White, Jenkins, Rosenstone, Huguet, Zerón-Medina, entre muchos otros, han señalado principalmente la consideración de la redacción de hechos del pasado como una construcción narrativa la cual, por estructurarse fundamentalmente a manera de relato, resulta sustancialmente

---

3 Para un recuento más detallado de títulos y contenidos de las telenovelas históricas producidas en México de 1962 a 1996, ver Rodríguez Cadena, "El pasado nacional como narrativa de ficción, o la historia es una telenovela" (Rodríguez 2014).

4 Aquí Sturken parece seguir la consideración de Keith Jenkins quien, entre otros historiadores, y a partir de una visión de la filosofía de la historia sostiene que la *representación* se refiere esencialmente a la *reproducción mimética* de los acontecimientos del pasado, mientras que la *presentación* se refiere un *relato interpretativo* de los acontecimientos del pasado. Por otra parte, dentro del contexto de los Estudios Culturales, el concepto de la *representación* propuesto por Stuart Hall implica la *creación interpretativa*, y engloba el aspecto de la representación como referencia a algo que existe a manera de presentación o de ilustración de algo que ya existía. Un aspecto capital de este concepto es la idea de que la representación forma parte del proceso de producir y compartir significados entre los miembros de una cultura a través de sistemas simbólicos (Hall 1997, 15).

paralela a los lineamientos esenciales que corresponden al proceso de creación literaria de ficción. Pero, sobre todo, estos historiadores han señalado la necesidad de encontrar nuevas maneras creativas, renovadas de presentación y diseminación del pasado para establecer conexiones significativas con el presente[5].

La idea de una interpretación en la re creación de hechos relevantes del pasado colectivo se ha manifestado en narrativas variadas a través de múltiples formatos o soportes desde diferentes ángulos y enfoques, en diferentes medios y con diversos recursos. La producción de textos de ficción o no ficción histórica escritos o audiovisuales, tales como novela, cuentos, telenovela, documentales y series, encaminan hacia la percepción del pasado como un proceso que cobra sentido en base a una interpretación y que se ordena a partir de su inserción en una estructura narrativa. Igualmente, conceptos e imágenes del pasado se renuevan necesariamente con cada versión que se confecciona revelando de este modo su naturaleza abierta, inacabada, en constante construcción que no acepta verdades únicas, ni totalizantes.

Para Anderson, la confección de la ficción histórica audiovisual se ha estudiado principalmente como paralelo a la creación escrita no ficcional del pasado, es decir desde el punto de vista esencialmente de la disciplina histórica. Lo que permanece ausente -aún hoy en momentos de vastísima producción de narrativas ficcionales sobre el pasado- es el análisis de la producción de ficción histórica a través de otras aproximaciones teóricas, especialmente los acercamientos que proponen los estudios de memoria cultural y los estudios audiovisuales -cine, televisión y otros soportes mediáticos de las nuevas tecnologías-. (Anderson 2011, 7). Igualmente, la proliferación de los textos de ficción histórica ha planteado la necesidad de considerar la emergencia de una relación cercana y recíproca entre "historical viewing and historical thinking" (Anderson 2011, 5). Uno de los textos contemporáneos con el potencial de proveer una instancia de esas reflexiones es la serie *Gritos de muerte y libertad*.

La recuperación de las heroínas más conocidas de la Independencia, Leona Vicario y Josefa Ortíz, aparecen enmarcadas en la serie como elementos fundamentales de memoria cultural tanto por su calibre de personajes históricos relevantes, como por su re construcción novedosa en un tipo de narrativas de amplia circulación que apelan a imágenes y conceptos instalados en el imaginario colectivo que se han mantenido activos por generaciones. A partir de la tradicional imagen reverenciada en la historia oficial de Leona Vicario y Josefa Ortíz, *Gritos de muerte y libertad* construye maneras variadas, divergentes y, al

---

5 Para una reflexión más detallada de la construcción narrativa de ficción histórica audiovisual a partir de los postulados de los historiadores mencionados, ver "El pasado nacional como narrativa de ficción o la historia es una telenovela", (Rodríguez Cadena 2014).

mismo tiempo, complementarias de re crear a las heroínas desde otras perspectivas y, sobre todo, explicando nuevos contextos. Las diferentes versiones y visiones de Josefa y Leona conllevan la posibilidad de contribuir a una reflexión de los modos de recuperar y re imaginar en diferentes medios, espacios y temporalidades, a un personaje histórico que nos parece conocido y, a la vez, desconocido, distante y entrañable, con una profusión de matices y a través de sensibilidades diversas. De ahí que la confección ficcional de Josefa Ortíz y Leona Vicario conforma una propuesta de una renovación de nuestros conceptos de la historia nacional, una propuesta de otra manera de contemplar el pasado, un atisbo a la complejidad de las maneras de construirlo, de transmitirlo, y de establecer o renovar nexos relevantes con los individuos en el presente.

La memoria cultural se manifiesta, observa Sturken, en tecnologías de la memoria; es decir, a través de procesos de representación (narraciones), de representaciones (objetos, imágenes) y medios (textos, documentos, cine, televisión) en los cuales los recuerdos se producen, se comparten, y se les atribuye relevancia y significado (Sturken 1997, 9). La tensión entre reconstruir la experiencia original, o entre reconstruir las múltiples representaciones de lo que pudo haber sido la experiencia original, y la representación en el presente de esa experiencia, suceso, o personaje da lugar a un "poderoso estimulante para la creatividad" que inspira, según Huyssen, un compromiso artístico con una noción de pasado (Huyssen 1995, 2–3). Dicho estimulante se ha manifestado, como hemos mencionado anteriormente, repetida y creativamente en la ficción histórica, tanto en el vasto corpus de creación literaria como en la pantalla audiovisual del cine y de la televisión en diversas latitudes y momentos.

Igualmente, la memoria cultural se refiere a un concepto colectivo del conocimiento que dirige la conducta y la experiencia en el contexto interactivo de una sociedad, y que se alcanza a lo largo de generaciones a través de la práctica social repetitiva (Assmann 2011, 212). Dichas prácticas se conectan a la creación de textos y rituales y, de ahí, la memoria cultural se manifiesta en "that body of reusable texts, images, and rituals specific to each society in each epoch, whose 'cultivation' serves to stabilize and convey that society's self-image" (Assmann 2011, 215). Assmann atribuye a la memoria cultural una característica esencial para poner en contexto la re construcción del pasado: la trascendencia, es decir, una duración o punto fijo, permanente, lo cual le otorga un horizonte temporal. Dicho punto fijo se refiere a los eventos relevantes del pasado colectivo y cuyo recuerdo se mantiene a través del tiempo, de las formaciones culturales y la comunicación institucional (Assmann 1995, 129). Su aproximación a la teoría de memoria cultural abarca tres aspectos necesariamente interrelacionados entre sí: memoria (el pasado contemporeizado), cultura y sociedad[6]. De esta interrelación Assmann apunta características esenciales de la memoria cultural: la identidad, la capacidad de reconstrucción, la formación, la organización, la obligación, y la reflexión.

Me parece adecuado abundar aquí en dos de estos aspectos que discute Assmann en los que veo una conexión funcional y esclarecedora con *Gritos de muerte y libertad*, y que nos ayudan a ubicar la serie y la recreación de las heroínas como instancia de memoria cultural: la capacidad de reconstrucción, y la formación. Assmann cita a Halbwachs para llamar la atención sobre la idea de que no hay recuerdo por sí mismo que pueda preservar el pasado. Los rastros, o los restos, todo lo que queda del pasado se resume a lo que cada sociedad en cada época puede o quiere reconstruir y conservar, y dentro siempre de su propio marco de referencia (Assmann 1995, 130). Es decir, la memoria cultural funciona conectando el conocimiento del pasado necesariamente con la situación y el pensamiento presente, y a través de las formas de expresión contemporáneas. A partir de los conceptos, hechos, personajes, o imágenes esenciales que aprendimos del pasado y que conforman el fundamento y la motivación de nuevas y variadas reconstrucciones, el contexto contemporáneo se enlaza con ese pasado establecido a través de un ejercicio ya sea de apropiación, de crítica, de preservación, o de transformación.

En este contexto, la serie *Gritos de muerte y libertad* ilumina la capacidad de *reconstrucción*; es decir, de re crear, de conectar revitalizando el pasado de la Independencia y dos de sus figuras principales. A partir de la caracterización de la reconstrucción, Assmann explica que la memoria cultural se expresa entonces en dos modos: el modo de potencialidad, y el modo de actualidad. El modo de potencialidad que se origina en el conocimiento archivado y compartido actúa como un horizonte integral. El modo de actualidad, por otra parte, instala en cada contexto contemporáneo una modificación en los significados ya creados y establecidos dentro de la perspectiva adecuada, lo cual le concede así su propia relevancia (Assmann 1995, 130). Una de las formas de recordar y conmemorar el pasado a doscientos años de la gesta de la Independencia de México y de hacerla relevante, es traer a la imaginación de los mexicanos una versión nueva y accesible para una audiencia amplia, y haciendo posible el 'ver', 'escuchar' y 'sentir' a la gente del pasado y su entorno a través de la dramatización, de la puesta en escena de

---

[6] Assmann reúne los tres aspectos a diferencia de Maurice Halbwachs y de Aby Warburg. Halbwachs establece la conexión entre memoria y sociedad, mientras que Warburg enfatiza la relación entre memoria y el lenguaje de las formas culturales.

los personajes del ayer facilitada por los formatos narrativos de los medios de comunicación masiva[7].

Pero relatar el proceso de Independencia y traer a la vida a Leona Vicario y a Josefa Ortíz en una serie de televisión no solamente consiste en hacer un recuento de los logros de las heroínas y participar en las celebraciones nacionales del Bicentenario, sino que la relevancia se refiere al potencial que conlleva la participación activa del espectador[8], quien es finalmente el agente que da sentido y valor al proceso de la emisión-recepción. Es el espectador quien tiene la autonomía de interpretación, de crítica, de adaptación, de aceptación o rechazo de los significados, símbolos, conceptos o eventos que se le proponen en la serie de ficción. Esa actitud activa, de apropiación y evaluación, y con el potencial de adelantar una modificación en los significados del pasado no se refiere, sin embargo, a una alteración de fondo de los conceptos de las figuras tutelares, su estatura moral, su carácter, sus circunstancias externas conocidas, y sus logros. No se refiere tampoco a las intenciones ulteriores de las compañías productoras de la ficción histórica.

La modificación se refiere, en cambio, a la *manera* en que nosotros *vemos* el pasado, el concepto del pasado de modo integral y que, en este caso, incluye una valoración, peritaje y comentario a la confección de Josefa Ortíz y Leona Vicario en la serie. La modificación se refiere al potencial que representa la

---

7 Para Anderson, esta característica de representar el pasado para que parezca 'vivo' a los ojos de los espectadores, aunque atractiva y relevante, distrae la atención de cuestiones más imperativas tales como un examen exhaustivo y detallado del papel que juegan los textos audiovisuales de ficción histórica en crear la conexión más inmediata y familiar de acceder al pasado y, como consecuencia, con nuestras concepciones modernas de lo que es la historia (Anderson 2011).

8 Marita Sturken y Lisa Cartwright proporcionan una diferenciación entre el uso de los términos 'espectador' y 'audiencia' para determinar la función de la persona que mira. En este trabajo sigo el sentido de 'espectador' que usan Sturken y Cartwright a partir de la actividad del individuo como categoría social; el espectador que ejerce una práctica social y relacional que conlleva un sentido esencial de agente activo de cambio: "By looking at the *viewer*, we can understand certain aspects of practices of looking that cannot be captured by examining the concept of the audience, an entity into which producers hope to mold viewers as consumers". "By focusing on the viewer (and not the audience) [...] we are emphasizing the practices through which images and media texts reach out and touch audience members in ways that engender experiences of individual agency and interpretive autonomy". (Sturken y Cartwright 2009, 50–51). Estos conceptos, a su vez, se fundamentan en las observaciones de John Fiske quien propuso el término *audiencias* en plural, en oposición a *audiencia*, ya que el término en plural sugiere la consideración de los varios trasfondos sociales y las identidades que enmarcan las maneras de recibir e interpretar los mensajes de maneras diferentes de los espectadores (Fiske 1978, 1987).

creación de ficción en generar conciencia de que nuestros conceptos de lo que es el pasado están siempre en proceso, en re construcción; que el pasado aparece necesariamente condicionado por los contextos del presente; que, para que el pasado exista, es necesario re producirlo, volverlo a narrar, re construirlo, re crearlo. Y de esa variedad de relatos necesariamente van a fluir visiones diferentes sobre un mismo periodo o personaje histórico. La creación de Josefa y Leona adelanta la idea de que podemos mirar el pasado de múltiples maneras. Esta reflexión nos conduce a considerar el papel de las narraciones audiovisuales en contribuir a re pensar nuestros conceptos arraigados, especialmente a través de las instituciones educativas y gubernamentales sobre la historia y los héroes, la capacidad de la narrativa de ficción de generar reflexiones y conocimiento, la manera en que esas narrativas moldean o modifican las formas de relacionarnos con el mundo y, especialmente de fomentar "our potential to act as historical and political agents" (Anderson 2011, 2).

Una latente actitud participativa por parte del espectador se origina en la idea de que las re construcciones más recientes del pasado son reconocibles en base a creaciones precursoras, como mencionábamos anteriormente, lo cual podemos conectar con el concepto de la *formación* propuesto por Assmann. Para Assmann, la característica de la *formación* se refiere al legado cultural institucionalizado, y se apoya en la observación de que la transmisión de un conocimiento compartido y acordado del pasado es fundamental para su diseminación y conservación en la sociedad (Assmann 1995, 130). La formación de ese legado incluye variados modos y medios de expresión como maneras necesarias de transmisión y preservación: los documentos escritos, las imágenes visuales, los rituales, las prácticas sociales.

De ahí que la resonancia que pueda tener *Gritos de muerte y libertad* con el espectador -en el sentido de un reconocimiento del pasado compartido-, tiene su fundamento en el elemento de la *formación*. Es decir, reconocer, redescubrir personajes conocidos y entrañables ubicándolos como elementos de un legado colectivo tanto en la múltiple creación de textos y acercamientos como en la pluralidad de los receptores y sus maneras de apropiación. La serie conlleva, igualmente, la posibilidad de examinar los procesos de construir esas formaciones al tiempo que responde a los referentes creados tanto por los textos del legado cultural institucionalizado (historia oficial, escuelas, museos), como por otras creaciones de ficción dentro de la misma producción televisiva que mencionamos anteriormente, tales como las telenovelas históricas de los años 1960s a los 1990s.

Al hablar de la *formación* y los referentes en este diálogo de múltiples creaciones del pasado, las observaciones de Astrid Erll sobre la re generación y revitalización del pasado en la formación y producción de la memoria cultural nos acercan a un concepto que me parece de capital importancia para ubicar la ficción audiovisual sobre las heroínas de la Independencia en el proceso de re generación de conocimiento compartido. Considerando que la confección de Leona Vicario y Josefa Ortíz se ubica dentro de una red de producciones materiales y simbólicas que hablan sobre el pasado podemos establecer un diálogo entre las imágenes y los conceptos actuales operantes en la memoria colectiva sobre las heroínas y su circunstancia, y la nueva versión propuesta por el texto televisivo de ficción. Los episodios *Las conspiraciones de Josefa* y *Retrato de una Leona* producen una imagen y un mensaje específico que crean de nueva cuenta o que apoyan, añaden, modifican o contradicen nuestras percepciones primarias compartidas. Estas percepciones compartidas del pasado colectivo, o como las llama Fludernik, "recuperaciones interpretativas"[9], se originan y se refuerzan fundamentalmente por nuestra primera relación con instituciones educativas (los textos de historia de México de la educación básica, museos, pinturas murales en espacios públicos), y las prácticas conmemorativas y de la cultura cívica popular (desfiles militares y escolares, actos cívicos de homenaje a los héroes, puestas en escena de momentos históricos cumbres: las ceremonias anuales del Grito de la Independencia, y la dramatización de la batalla de Puebla, por ejemplo) de las que participamos como mexicanos.

Textos o prácticas que introducen y reproducen los hechos y las figuras del pasado -como Josefa Ortiz y Leona Vicario- iluminan lo que Erll llama *dinámicas de intermediatización* para reflexionar cómo funciona la memoria cultural. La dinámica de intermediatización se refiere al juego de relaciones entre producciones textuales, visuales y conceptuales pasadas y presentes sobre un acontecimiento de relevancia colectiva. La dinámica de intermediatización consiste en un movimiento doble: la interacción entre la *premediatización* y la *remediatización* (Erll 2011, 392).

La pre mediatización -o, como diría Assmann, la *formación*- se refiere a los textos y a las prácticas culturales de ver, nombrar y narrar. Estos textos y prácticas introducen imágenes, conceptos, personajes, y narrativas que homogenizan la imaginación colectiva y que cumplen con la función de preparar al público para entender y contextualizar producciones posteriores de eventos, personas, objetos en nuevas versiones. La remediatización, por otra parte, se refiere a la reproducción/repetición en diferentes medios, momentos, recursos, intenciones y audiencias de las representaciones de un evento, persona u objeto que son conocidos ampliamente, y que tienen significado evocativo

---

9 Una definición de narrativización según, Monika Fludernik: The cultural studies reader. http://culturalstudiesnow.blogspot.com/2010/12/definition-of-narrativization-according.html.

para un grupo social. Las múltiples, complejas y heterogéneas representaciones del pasado a través de medios escritos, gráficos, audiovisuales -ficcionales o no-, que recuperan los eventos y los personajes relevantes del pasado colectivo constituyen instancias de la dinámica de la remediatización.

En este contexto, la serie *Gritos de muerte y libertad* conforma un ejemplo de la re mediatización, es decir, una re generación en la ficción audiovisual de un episodio o personaje histórico ya existente y reconocido en el universo simbólico de los mexicanos. El fenómeno de la remediatización nos ubica frente a una revisión de nuestro concepto del pasado y de la figura de los héroes y de ahí, de la conciencia de nuestra propia ubicación en el devenir histórico. Considerando el potencial y, al mismo tiempo, las limitaciones del género -al igual que todo afán de reconstruir el pasado ya sea en versión ficcional o no, escrita, oral o audiovisual-, *Gritos de muerte y libertad* se erige como conexión renovada y significativa del pasado con el espectador, como apremio a re pensar nuestros conceptos de lo que llamamos historia, a atender las complicaciones intrínsecas de estructurar un relato con hechos y personajes del pasado y, sobre todo, aparece como propuesta a la reflexión de las maneras en que se han construido y diseminado las versiones previas de la historia de México. Esta es, me parece, la contribución de la ficción televisiva, especialmente la recreación de Leona Vicario y Josefa Ortíz, a nuestra renovación y conexión contemporánea con el pasado colectivo.

La representación de las heroínas en *Gritos de muerte y libertad* ilumina otro aspecto de las reflexiones de Erll en cuanto a la memoria cultural. Erll apunta que para que un texto sobre el pasado o una expresión del pasado se cristalice y ejerza un efecto y una influencia en el espectador como elemento constitutivo de memoria cultural es indispensable que un amplio número de personas efectivamente acceda a este texto o práctica. Ya que la creación de memoria cultural, por antonomasia, se articula a través de un fenómeno de índole colectiva, (o constituye un fenómeno de índole colectiva), el conocimiento previo compartido del pasado colectivo legitima y hace reconocible al nuevo texto en circulación. Es el caso precisamente de los programas de televisión de contenido histórico, en general, y de la serie *Gritos de muerte y libertad*, en particular. Siendo la televisión de acceso a un público masivo, este componente de amplio alcance y circulación efectivos en la dinámica de remediatización de la memoria cultural está asegurado.

Sin embargo, como explica Erll, no todos los textos pueden considerarse vehículos o herramientas de memoria cultural. En realidad sólo algunas producciones pueden considerarse como tal, y son esencialmente aquellos textos o imágenes que, de manera efectiva/significativa, crean y moldean imágenes duraderas y entrañables del pasado colectivo (Erll 2011, 390). Aquí habría que señalar, de igual importancia, una característica adicional: el potencial que conllevan textos o imágenes para propiciar maneras diversas de mirar el pasado según el momento presente, de pensar históricamente. Pensar históricamente se refiere, esencialmente, a comunicar información sobre el pasado, pero sobre todo, orientada a que esa información estimule la expansión de los horizontes presentes de pensamiento; es decir, que la re creación del pasado trascienda la transmisión de conocimiento, y que fomente una modificación en la perspectiva de la historia considerando la ubicación consciente de la persona a partir de su individualidad, su lugar en el grupo, su diversidad, y su momento histórico (Andrews y Burke 2007). De manera que lo que potencialmente nos encamina a pensar históricamente son las prácticas sociales o, como propongo, los textos de ficción histórica que contribuyen a articular la función de identidad y pertenencia, de renovación de recuerdos de imágenes y conceptos compartidos y, al mismo tiempo, que conlleven la capacidad de adelantar una reflexión, una llamada de atención a las maneras en que hemos llegado a ese conocimiento.

Si la remediatización se refiere a la repetida y constante representación de hechos memorables en diferentes épocas en el tiempo que van desde décadas hasta siglos en múltiples medios -periódicos, diarios personales, periódicos, fotografías, pintura, literatura, televisión, cine-, y a partir de una variedad de recursos e intereses, entonces, lo que llegamos a saber sobre una guerra, o una revolución, por ejemplo, o en nuestro caso la Independencia en la serie, resultan ser, no lo que llamamos los 'hechos reales' sino, como sugiere Erll, "a cannon of existent medial constructions to the narratives and images circulating in a media culture" (Erll 2011, 392). De ahí que, acercarnos al proceso de confeccionar a Josefa Ortiz y Leona Vicario como creaciones textuales y personajes de ficción -que son parte integral de un *producto* y, al mismo tiempo, elemento variable de un *proceso* de memoria colectiva-, nos conduce a observar las maneras en que aprendemos, recordamos, renovamos y compartimos el pasado colectivo a partir de producciones previas. Igualmente, esta consideración revela la necesidad de analizar el proceso de mediatización que construye a las heroínas en personajes textuales, en entes de ficción para acercarnos a un entendimiento de la propuesta audiovisual de elaborar otra versión del pasado.

En la confección del texto de ficción como instancia de la remediatización, las heroínas de la Independencia han pasado por un proceso de re construcción, interpretación, de ficcionalización; es decir, de adaptación a una estructura narrativa y a un medio específico de creación y diseminación. Para confeccionar y adaptar el pasado a un medio determinado y a un formato narrativo se requieren especificaciones muy distintivas en el caso de una serie de televisión en la que participan múltiples entidades a distintos niveles y momentos para re crear sonora y visualmente una época pasada, armar la trama y avanzar la narración. En este caso la confección de Josefa Ortíz y Leona Vicario puede observarse a través del concepto del narrador cinemático.

Narrador cinemático

En esta sección analizo el proceso de construcción audiovisual del pasado dramatizado a través del concepto que se conoce como narrador cinemático (Chatman 1990, 2002), o meganarrador (Gaudreault y Jost 1995) a manera de acercamiento central a la creación audiovisual de Josefa Ortiz y Leona Vicario y su papel como instancia de la dinámica de la remediatización. El narrador cinemático lo constituye el agente que organiza la narración de la manera en que finalmente la percibimos en la pantalla como producto terminado; es la autoridad que racionaliza la presentación de las imágenes (Browne 1982, 1). El narrador cinemático hace posible la creación y visualización de situaciones, lugares, objetos o personas en imágenes estáticas o móviles, o una combinación de ambas relacionadas con el recuento/descripción oral de la escena, y acompañadas o no de banda sonora. Pérez Bowie define al narrador cinemático esencialmente como el responsable de la enunciación en el cine (Pérez Bowie 2008, 40), y Chatman como "the overall agent that does the showing" (Chatman 1990, 134). Chatman añade:

> [T]he immanent master principle that organizes all the channels of communications, not only the images of the actors' performing actions, speaking lines and so on, but the *mise en scène*, the editing, the commentative music, and even the use of the narrative 'voice-over'.
> CHATMAN 1989, 196

El narrador cinemático confecciona visualmente mensajes interconectados sobre lo que se relata oralmente, de manera que lo oral y lo visual se apoyan y complementan en una narración simultánea, compleja, e interdependiente. La información visual paralela a la narración oral del narrador o dramatizada de los personajes, tal y como la percibe el espectador, es un ejemplo de esencialmente dos corrientes simultáneas de formación e información que se incorporan una a la otra: una integración de la imagen visual, –*picture* o *showing*-, o lo que se muestra; y el recuento oral/auditivo, o escrito de la trama narrativa -*summary* o *telling*-, lo que se dice. De esta manera, los encuadres de la cámara, los diálogos y el lenguaje corporal de los actores, la iluminación, la musicalización, las tomas, y los escenarios complementan la narración oral, *diégesis* (*summary* o *telling*), y la dramatizada, *mimesis* (*picture* o *showing*).

A través de la lente de narrador cinemático analizo la construcción de Josefa Ortíz y Leona Vicario en personajes de ficción fusionando tres aspectos de las heroínas que conectan con los rasgos más relevantes y algunos de los más conocidos por los mexicanos: su voluntad política, su entorno personal, físico y afectivo (aspectos de la vida cotidiana y el drama humano), y su legado. El concepto del narrador cinemático nos ayuda a entender las múltiples narraciones simultáneas que se confeccionan para producir una imagen y un mensaje específico que dialoga, (apoya, añade, modifica o contradice) con nuestras percepciones pre existentes en el imaginario social; es decir, con textos que funcionan como premediatización a los que responde y a los que complementa este ejemplo de remediatización que constituye la serie *Gritos*. De esta manera nos acercamos a los procesos de construcción del pasado, en general, y a los modos de elaboración de las heroínas nacionales, en particular, en el contexto de una narrativa de ficción para la televisión. Considerar el proceso construido por el narrador cinemático como complemento e ilustración del concepto de memoria cultural resulta en una lectura más rica y significativa del texto de ficción al examinar los componentes de la configuración multifacética de los episodios sobre las heroínas.

Lejos de separar a las heroínas y sus contribuciones de la imagen de figuras principales y respetadas del pasado colectivo, o de degradarlas al examinarlas en este contexto de personajes textuales de la serie, esta versión, en realidad, ilumina las maneras y los elementos específicos fundamentales que conforman una estructura narrativa que hacen posible un acercamiento novedoso a las heroínas y su circunstancia, otra manera de conocerlas, de vincularnos a ellas de manera afectiva y efectiva. Igualmente, este análisis atrae la atención a las complicaciones de insertar en un relato hechos y personajes históricos creados con el propósito de conformar una serie televisiva. En *Gritos de muerte y libertad*, la confección de las heroínas en personajes de ficción constituye una propuesta para considerar que lo que llamamos la historia de México puede manifestarse de manera legítima y creativa en una narración de ficción. La creación televisiva dramatizada del pasado se propone como parte del proceso constante de la construcción de las identidades colectivas y como expresiones de la memoria cultural.

Acercarnos a Josefa y Leona a través del concepto del narrador cinemático en la representación dramática en la pantalla resulta pertinente si tomamos en cuenta la imprescindible participación de una variedad de funciones en la creación del texto aun cuando no parezcan obvias al público. Como texto audiovisual, la confección de Leona Vicario y Josefa Ortíz atraviesa por una progresión, un procedimiento que se materializa como resultado de la colaboración de múltiples componentes en diferentes momentos y capacidades tanto a nivel creativo-artístico, como técnico e institucional para contar y diseminar la historia. Dentro del nivel creativo-artístico y técnico, se articulan una variedad de operaciones que conforman lo que se conoce como "proceso de discursivización fílmica" (Gauldrault y Jost 1995, 40). Como lo explican aquí Gaudreault y Jost, la producción audiovisual narrativa implica esencialmente dos niveles en el plano operativo: mostrar o exponer (puesta en escena y encuadre), (*showing*), y narrar (*telling*); de ahí que el narrador cinemático opera como expositor fílmico y como narrador fílmico.

El expositor fílmico se manifiesta durante la fase del rodaje -articulación de fotogramas-, (cómo se crean); mientras que el narrador fílmico se articula en la fase del montaje -articulación de planos-, (cómo se organizan para mostrarse) (Gaudreault y Jost 1995, 63). La integración de estas dos funciones esenciales interconectadas resulta en el mensaje audiovisual integral que finalmente percibe el espectador en la pantalla como producto terminado. En base a estas funciones, en este segmento discuto dos componentes que me parecen elocuentes para ilustrar cómo se manifiesta el narrador cinemático en este texto de remediatización al momento de la confección audiovisual de Josefa y Leona: (1) la creación del ambiente privado de las heroínas; y (2) el recurso de la cámara lenta en dos escenas breves de suspenso o clímax.

La creación del ambiente privado

Una de las estrategias para acercarlas afectivamente al público es la creación del ambiente doméstico y familiar de las heroínas. Los episodios permiten un breve atisbo al espacio simbólico que incluye el escenario doméstico y el entorno familiar de Leona Vicario y Josefa Ortíz contando la historia de su vida y su legado a partir de este ángulo. El análisis basado en una *close viewing*, o visión en detalle, de algunas escenas permite observar elementos específicos como parte de múltiples participantes en un complejo y dinámico tinglado que las trae a la vida. La importancia de incorporar el ambiente doméstico del hogar en esta versión de la historia de México radica en el hecho de que es en este espacio donde se explican, se gestan, y se ejecutan las acciones que fundamentan y entrelazan la participación de las heroínas en el proceso independentista.

Un primer ejemplo de la manifestación del narrador cinemático orquestando lo que ha de ver el espectador consiste en una pizarra electrónica en el cinemascopio. Las pizarras aparecen en pantalla con letras blancas que se sostienen unos segundos a la vista para que el espectador pueda leerla. La función de esa pizarra es introducir cada uno de los episodios, algunas escenas dentro de los episodios y un resumen del avance de la historia. Esta pizarra cumple la función pedagógica de repaso breve de la historia nacional, así como de introducción y explicación del contexto en las escenas por venir ubicando la acción en tiempo y espacio. El episodio *Las conspiraciones de Josefa* abre con esta pizarra:

> Josefa Ortiz de Domínguez, esposa del corregidor de Querétaro, participa en una conspiración en contra del gobierno español junto con varios criollos, entre ellos Ignacio Allende, Juan Aldama y Miguel Hidalgo. Un infiltrado en las reuniones alerta a las autoridades sobre las actividades del grupo. El corregidor Miguel Domínguez, esposo de Doña Josefa, es obligado a conducir un cateo en las casas de la ciudad con el propósito de capturar a los líderes insurgentes, por lo que decide proteger a la corregidora encerrándola bajo llave en su propia casa. Sin embargo, Josefa Ortíz de Domínguez logra enviar un emisario para advertir al cura Hidalgo que la conspiración ha sido descubierta.

El título *Las conspiraciones de Josefa* da, de entrada, el concepto de creadora y dueña, facilitadora y ejecutora de las conspiraciones. Lo social y lo doméstico se unen al presidir en su casa veladas literarias en el sub contexto de reuniones clandestinas insurgentes. Ahí lo personal, lo social y lo político son una y la misma cosa pues el espacio físico de su residencia, amparada bajo las obligaciones sociales como esposa del Corregidor, sirve como escenario protegido y preferente para la conspiración en la que ella es voluntaria y destacada participante. Es en ese espacio donde su actuación se construye y se percibe con la relevancia de la convocatoria de la anfitriona, con total dominio y disfrute del entorno doméstico que es necesaria y estratégicamente social y político, y en este caso además, insurgente, revolucionario.

Inmediatamente después de la primera pizarra aparece otra: "Querétaro 14 de septiembre de 1810. Dos días antes del estallido", y la escena se inicia con la llegada de los invitados a la velada literaria. La escena presenta la calle en penumbras y, al irse acercando la toma de la cámara a la casa de los Corregidores, el espectador puede ver en la parte alta de un balcón de la casa una sombra que pasa por una ventana iluminada cubierta con cortinas de color claro que deja pasar sólo una luz tenue. Este detalle, sin diálogos ni referencias directas, cumple la función de *showing/picture* o mostrar, sugiriendo visualmente la naturaleza secreta y peligrosa de la reunión, simbolizando la opacidad, lo que no se puede mostrar abiertamente, e inaugurando el suspenso. En la penumbra de la calle aparecen dos hombres vestidos de militares; su indumentaria indica su alta graduación. Uno de ellos abre el diálogo que inmediatamente permite al espectador reconocer a los personajes:

-Sin duda alguna ella observará que llegamos tarde, Mariano-
-Y nos dirá lo mismo de siempre, capitán Allende-

Dos héroes entrañables de la independencia: Ignacio Allende y Mariano Abasolo entran en escena. Enseguida de este brevísimo diálogo, se da la entrada formal del episodio con música incidental[10] que es la pieza que acompaña a toda la serie como música integral, y que se escucha al inicio y mientras se presentan parte de los créditos introductorios, especialmente los nombres de los actores principales que participan en este episodio. Esta interrupción a sólo unos segundos del comienzo refuerza el suspenso de la escena por venir: lo secreto, grave y aventurado de la reunión a la que se dirigen y, al mismo tiempo, tanto la necesariamente fingida actitud despreocupada de asistir a una tertulia, como la auténtica euforia de reunirse con amistades cercanas, entrañables. Mientras los capitanes suben las escaleras guiados por un mozo de la casa de los Corregidores, aparece una tercera pizarra electrónica que describe el contexto de la escena que está por comenzar:

Capítulo 2 Las conspiraciones de Josefa

Lo que en 1808 fue un planteamiento abierto de autonomía, en 1810 es ya una idea sediciosa de grupos de criollos reunidos en la clandestinidad. En Querétaro, uno de esos grupos planea un golpe contra el gobierno virreinal. Reunidos en torno a la figura de La Corregidora, Josefa Ortíz de Domínguez, conspiran Miguel Hidalgo, Ignacio Allende, Mariano Abasolo y Juan Aldama. Los conspiradores saben que arriesgan su vida. Han acumulado armas y organizan un levantamiento. Y lo hacen sabiendo que entre ellos hay traidores.

La descripción de la pizarra presenta a Josefa Ortiz en un papel centralísimo y de absoluto liderazgo que si bien se había presentado antes en los medios

---

10   Como lo explica Enrique Téllez, la música de ambientación, también denominada música aplicada, de acompañamiento o música incidental, puede ser clasificada en *música diegética*, y *música no diegética*, la cual tiene como finalidad principal subrayar el carácter poético y/o expresivo de las imágenes proyectadas en una narrativa audiovisual (Téllez 1997).

tradicionales, no se había sugerido, como ahora la serie, que Josefa tuviera ese protagonismo indiscutible, único. El episodio muestra a la Corregidora no sólo como organizadora y anfitriona de la velada sino también como definitiva líder intelectual del movimiento rebelde. Esta representación subraya su relevante participación, su innegable valor, y resalta la trascendencia de su legado como agente activo de cambio. Por otra parte, la última frase de la pizarra ("Y lo hacen sabiendo que entre ellos hay traidores") encarna de manera sobresaliente el lenguaje de espectáculo de la televisión y de narrativa de ficción de la serie con el cometido de proveer un puente con los sucesos anteriores, subrayar el suspenso, revivir la trama, anunciar el peligro, y re afirmar el valor de los conspiradores. Al tiempo que el espectador lee la pizarra, Ignacio Allende y Mariano Abasolo, con sus impecables y ricos uniformes de oficiales del Regimiento de Dragones de la Reina, caminan por los pasillos de la casa de los Corregidores: un edificio grande y suntuoso de piedra y madera, iluminado profusamente por candelabros. En un elegante salón de la residencia se escenifica la tertulia.

 La primera visión que el espectador tiene de Josefa resulta muy familiar coincidiendo con las representaciones pictóricas presentes en los libros de Historia de México: peinada con una raya partiendo el cabello en el medio y recogido en la nuca con una peineta negra, un accesorio para el arreglo del cabello femenino, indiscutible y claramente español de las mujeres de la época y adoptado en las Américas. Josefa aparece en escena con un vestido largo de color claro de corte sencillo, y unos aretes largos terminan el arreglo. Al llegar Allende y Abasolo a la velada, Josefa dispone servir la cena y ordena con un ademán que los músicos -música de cámara- comiencen a amenizar la reunión. El espectador puede percibir una variedad de platillos diferentes, arreglos florales, elegantes sillones, alfombras, manteles, cuadros. Un escenario fino, ordenado, con concurrentes educados, de puestos públicos destacados, señoras de sociedad, artistas, militares, todo dispuesto al servicio de los que planean un levantamiento, lo cual esboza, de manera silente pero visualmente rica y profusa, la pujanza y la legitimidad de la propuesta de autonomía y libertad.

 Después de la cena permanecen en la sala el grupo reducido de conspiradores, incluidas varias damas que, ahora separados del resto de los invitados, dialogan de manera más abierta de los planes mientras algunos caballeros beben coñac o jerez, y uno de los miembros, sentado en una mesa en un plano más alejado del cinemascopio, pero que se aprecia claramente, toma las minutas de la conversación. Una escena que muestra el encuentro clandestino disfrazado de velada literaria no sólo escenifica una propuesta de reconstrucción de cómo pudieron haber sido esas reuniones como escenario de la planeación de la insurrección, sino que esa escenificación produce un atisbo al ambiente, a los usos y costumbres de la época: la decoración, la música, la iluminación, las tareas de la anfitriona, los modales, la conversación, la indumentaria y los accesorios.

El escenario provee una vista del espacio físico de ese momento histórico: la residencia de los Corregidores a manera de representante de las casas de familias pudientes de principios del siglo XIX en la Nueva España. Esta dramatización del pasado construye para el espectador del siglo XXI acceso simbólico de primera fila a uno de los momentos tal vez más fascinantes del proceso independentista: las reuniones clandestinas. La escena confecciona la sensación de peligro y nerviosismo incorporando el orgullo y la exaltación de planear un movimiento de tal envergadura y consecuencia, y combinados con el placer de los sentidos: un buen vino, una cena esmerada, la compañía de los amigos en un espacio refinado, privilegiado, acogedor. Este acercamiento es, sin duda, un momento sumamente atractivo para el espectador en el que puede acceder imaginariamente a una versión del génesis de un movimiento que transformó a las Américas: la lucha por la Independencia.

Si la tertulia da una visión breve del aspecto social y político en la sala de estar de la residencia de los Corregidores, *Las conspiraciones de Josefa* da igualmente la cara al aspecto intimista de la vida afectiva y, sobre todo, de las pugnas personales de la protagonista. En otro momento del episodio se construye, en una discusión intensa, el abierto enfrentamiento entre Josefa Ortiz y Miguel Domínguez por su desacuerdo en su papel en la insurrección. El conflicto de voluntades entre los Corregidores y sus lealtades y obligaciones alcanza el espacio privado del dormitorio. El hecho de atestiguar esta discusión en la recámara de Josefa señala otra instancia del recurso silente (*showing/picture*) que fundamenta el mensaje oral, dialogado (*summary/telling*). La discusión de los Corregidores se escenifica en el dormitorio a manera de resaltar una correspondencia entre ese espacio físico -privado, íntimo, personal- en el que una persona puede mostrarse a sí misma de manera genuina, honesta, vulnerable, y donde afloran espontáneamente pensamientos y emociones y, en esta escena, el tema de la discusión y los sentimientos que provoca: la confusión, la decepción, el miedo, la fragmentación, la crisis.

Hasta la recámara puede llegar el espectador para atestiguar el conflicto entre las emociones y sentimientos de Josefa y Miguel. El Corregidor, como representante del rey en la Nueva España con un cargo público aparece, por una parte, fuerte y decidido y, al mismo tiempo, como un ser atormentado, dividido entre el cumplimiento que debe a la institución y de ahí su nombre, su honra y su fortuna, y la responsabilidad que tiene frente a su familia. Por otro lado, su conciencia del abuso y la explotación del sistema español, y sobre todo, el reconocimiento de la causa justa que buscan los criollos, largamente esperada y ahora pujante, inminente. La escena muestra a Josefa en un amplio camisón blanco, largo, con el cabello a medio destrenzar, sin maquillaje. La sencillez de Josefa en este momento sin accesorios sugiere su honestidad y transparencia, y su fundamental fuerza interior que la muestran en esta escena interrogante, impaciente y decepcionada de la vacilación y el temor del Corregidor[11] y, al mismo tiempo, ella con la mente clara y decidida:

> (Miguel) Sabes bien que día y noche somos vigilados por los espías del virrey.
> (Josefa) ¿¡Hasta cuándo terminarás de decidirte antes de volverte loco y volverme loca a mí!?
> (Miguel) ¡Entiende mi situación, mujer! Soy un funcionario del gobierno virreinal.
> (Josefa) En el fondo, no crees en la causa.
> [...]
> (Miguel) En poco tiempo van a saber quién es ese hombre [Allende], y qué asuntos lo traían a esta casa, a nuestra casa.
> (Josefa) En mi casa, Allende, Aldama, Hidalgo y todos los que quieran cambiar esto serán siempre bienvenidos [...] Toma tú tu propia decisión.

Este segmento, sin resolución del conflicto, contribuye a la sensación de incertidumbre, de inestabilidad, de peligro. Igualmente, la escena atrae la atención a la desavenencia retratando este aspecto delicado y poco conocido de los Corregidores e, inevitablemente, invitando el cuestionamiento de otras versiones

---

11   En septiembre de 2010 el periódico El Universal, de ciudad de México, publica una nota donde se reporta el trabajo de historiadores de la Universidad Autónoma de Querétaro en la que se realiza un acto de reivindicación a la figura de Don Miguel Domínguez. Los historiadores Modesto de la Luz Cervantes Sistos y Patricia Pérez Murguía mencionan documentos de los biógrafos de Don Miguel Domínguez que prueban, si no su abierto apoyo a la insurgencia en las etapas iniciales, sí su directa y relevante participación posterior, su conciencia de injusticias y su protesta formal al virrey Iturrigaray por los abusos de los peninsulares y, sobre todo, su papel como orador principal al inaugurarse los trabajos de Congreso Constituyente, y como miembro de la Junta Nacional Gubernativa de la Primera República, http://www.eluniversal.com.mx/estados/77808.html. Similar en el apoyo y restitución de la figura del Corregidor es la opinión de Roberto Servín, cronista de la ciudad de Querétaro, en una entrevista en 2012 en el diario Noticias de Querétaro, http://www.noticiasdequeretaro.com.mx/informacion/noticias/22/87/queretaro/2012/09/07/17994/el-corregidor-miguel-dominguez.aspx.

del pasado en apoyo o en contraposición a lo que ya existe en nuestro acervo cultural. En la última parte de su diálogo, Josefa enfatiza en la frase "en *mi* casa" su autonomía personal, su conciencia del poder que le confiere su espacio físico, su lugar frente a su esposo, frente a la autoridad y frente a lo que ha de venir y, al mismo tiempo el desgarro de sentirse dividida entre sus obligaciones como esposa y madre, y su papel como conspiradora, sus arraigados ideales y probado compromiso como agente activo de cambio.

La escena anterior de discusión, dudas y zozobra anuncia lo que ha de precipitarse y, al mismo tiempo, la narración se confecciona para continuar el desarrollo de la trama a manera de contrastes. El primero aparece más adelante en el episodio, en el que Josefa aparece en un momento plácido y sereno en una escena familiar, bordando sentada en un sillón en la amplia y lujosa sala con sus hijos jugando a sus pies, y acompañados de sus nanas. Este momento apacible se interrumpe bruscamente al momento que llega un visitante con noticias para el Corregidor sobre una conspiración contra el gobierno virreinal. Esta noticia inesperada y ominosa obliga al Corregidor a tomar una decisión difícil: ejercer su autoridad como representante del gobierno virreinal lo cual implica identificar, perseguir y castigar a los rebeldes que, en este caso, son sus amigos y conocidos asiduos concurrentes a las veladas literarias en su propia casa; en otras palabras, la posibilidad de traicionar la causa insurgente. La siguiente conversación entre Josefa y Miguel en la sala, ante la inminencia de la acción del Corregidor, revela más sentimientos encontrados en una situación extrema:

> (Josefa) ¡No te atrevas a traicionar a los nuestros!
> [...]
> ¡Démosle entonces aviso al capitán Allende y a Juan Aldama! ¡Deben adelantar el levantamiento!
> (Miguel) ¡Esto no asunto que resuelva una mujer!
> (Josefa) ¡Ni tampoco un hombre que prefiere obedecer a quienes lo humillan!

Al retirarse el Corregidor, una de sus sirvientas, al ver a Josefa desesperada e impotente revela otro aspecto de preocupación y conflicto para Josefa: "Le va a hacer daño tanta muina. ¡Carga usted una criatura, su merced!" dando a conocer al espectador que Josefa está embarazada, lo que subraya la sensación de peligro y vulnerabilidad para Josefa.

Sin duda, el aspecto personal de la vida amorosa, de conflictos personales, y del hogar con los hijos puede identificarse como un rasgo inherente de narrativas más tradicionales y menos prestigiosas de la pantalla chica: las telenovelas.

Sin embargo, este rasgo de la personalización no aparece en *Gritos de muerte y libertad* como regeneración de una debilidad representativa, o como punto ciego, o como elemento prescindible que pertenece pura y necesariamente al melodrama doméstico como puntal de las telenovelas tradicionales. La personalización aparece, en cambio, como estrategia narrativa fundamental que ilustra una instancia de la efectividad de integrar en el relato el contexto de lo personal arraigado en lo público y las consecuencias públicas de lo personal. Esto constituye un ejemplo de lo que el historiador Zerón-Medina, consultor y guionista de telenovelas históricas, menciona como estrategia discursiva para narrar la historia de México en la ficción televisiva: recurrir al drama humano y la experiencia individual para contar una versión significativa del pasado colectivo y los héroes nacionales.

Para Zerón-Medina, el recurso de utilizar el drama humano y la experiencia individual -es decir, la realidad más básica del ser- como veta emotiva y efectiva resulta primordial para retratar a personajes del pasado colectivo, su trasfondo personal, y su trascendencia de figuras públicas para entender el contexto más completo en el que se desenvolvieron los hechos históricos y, sobre todo, como vehículo indispensable para crear y consolidar la identificación de los personajes con el espectador. Zerón-Medina explica:

> En la vida [...] está cimentado el drama, *el drama profundo más allá de cualquier invención*,[...] [Es necesario] encontrar los dramas reales de la Historia, que se conviertan en materia del argumento [que] le va a dar toda la vida necesaria porque [esos dramas] *son más fuertes, más intensos que cualquier episodio que se pueda inventar*[12].

Si la recuperación del drama humano en las historias personales de los personajes del pasado es lo que hace posible una construcción encaminada a la identificación del televidente con esos personajes, es también lo que articula una reflexión sobre las circunstancias de ese pasado que nos acercan a su comprensión e, igualmente importante, adelanta un cuestionamiento a las maneras en que hemos llegado a conocer el pasado colectivo. Narrar la historia de México a través del drama humano y de la experiencia individual de los protagonistas más destacados y conocidos constituye uno de los acercamientos más valiosos para mirar el pasado colectivo en la ficción ya que se erige un personaje más redondeado, completo, accesible y comprensible al integrarse su aspecto de figura pública con su vida privada, su dimensión humana, su versión intimista. Además, la inclusión de la vida familiar y afectiva está justificada no solo por la

---

[12] Entrevista personal de la autora con Fausto Zerón-Medina. El énfasis en cursivas es mío.

necesidad estratégica que cumple el propósito de acercar a las heroínas Josefa y Leona al público contemporáneo incluyendo su aspecto personal, íntimo, sino también, indudablemente, por el calibre de las parejas sentimentales de las protagonistas. En mayor o menor grado, más cercanos o lejanos a la audiencia, más o menos conocidos, pero también indiscutiblemente personajes históricos relevantes aparecen don Miguel Domínguez, Corregidor de Querétaro, y Andrés Quintana Roo, insurgente, y uno de los miembros del Congreso Constituyente, entre otras muchas y trascendentes contribuciones.

Dada la primordial conexión con Leona Vicario, Andrés Quintana Roo aparece mencionado en la pizarra electrónica que introduce a la segunda heroína en el episodio *Retrato de una Leona*:

> Leona Vicario es una joven huérfana de alta sociedad que vive con su tío Don Agustín Pomposo, prominente abogado de la época. Leona simpatiza con la causa independentista al igual que Andrés Quintana Roo, el joven ayudante de su tío, de quien se enamora. Don Agustín Pomposo descubre su relación amorosa y sus vínculos con el movimiento de independencia y decide denunciarla. Leona es sometida a juicio. La sentencia expropia sus bienes y la condena al encierro de por vida. A los pocos días, Andrés la rescata y huyen. La pareja vive a salto de mata. Andrés participa en el Congreso de Chilpancingo y ambos sobreviven a la guerra de independencia.

En el episodio, Leona Vicario se presenta igualmente en el entorno doméstico en conversaciones con su tío en las que se revelan el pensamiento liberal, las ideas de igualdad de la protagonista, y su voluntad política. Es también en el espacio doméstico donde Leona y Andrés Quinta Roo se conocen, y donde intercambian correos secretos que incluyen tanto información estratégica para los insurgentes como cartas de amor, siempre con la complicidad de la servidumbre de Leona, a quienes la protagonista trata con respeto y afecto.

La residencia de Leona aparece como elocuente escenario de su clase social. En la rica biblioteca de su casa, en los amplios salones y comedores lujosos que componen su espacio doméstico se fragua y se ejecuta la ayuda clandestina a la insurgencia. Los elegantes salones de estar con sus grandes jarrones, los sillones de alto respaldo, el espejo monumental de marco dorado, la chimenea, dan cuenta abundante de la opulencia en que nació y se crió Leona Vicario, y manifiestan la función elocuente de *showing/picture*. Con una profusión de plantas y amplios ventanales que dejan pasar la luz, el comedor donde toman el desayuno Leona y su tío constituye el ambiente simbólico de claridad y transparencia de las ideas de Leona en una escena en la que muestra ante su tío la honestidad de su pensamiento y sus acciones: "Gracias, Rita" dice Leona con afecto al tiempo que le acaricia la mano a la sirvienta que le acaba de servir el té o el chocolate. Con desaprobación la reprende el tío: "Leona, esa niña no es igual a ti, por favor!". "Yo no creo en esas divisiones señor tío; bien lo sabe usted". En esta conversación en que se dejan en claro los ideas de igualdad de Leona, el espectador accede a la escena por el lado derecho del cinemascopio con la cámara pasando por una puerta-ventana que simbólicamente lleva al espectador a sentarse a la mesa en la conversación familiar de Leona y su tío, y atestiguar la historia.

En su ventajosa posición social Leona accede al trato de personas en situación de proveer ayuda económica que se suman a la renuncia de las joyas de su fortuna personal que heredó de su madre para contribuir a financiar a los rebeldes. Su admiración por la causa y su adición encubierta se muestra en el escenario de su residencia intrínsecamente unida a su relación sentimental con Andrés Quintana Roo. Tanto la relación romántica de Leona con Andrés como la relación de Leona con los insurgentes son motivo de desaprobación y condena por el tío de Leona y, por lo tanto, deben permanecer en el silencio. He aquí uno de los elementos fundamentales de una telenovela tradicional: el amor secreto y honesto de los protagonistas por el que han de luchar.

El episodio muestra el repetido e intenso tránsito de cartas y de joyas entre Leona y Andrés en la residencia de la protagonista en escenas en las que el tío de Leona está presente pero sin que éste se dé cuenta de lo que pasa ante sus propios ojos. Al cruzarse Andrés y Leona por los pasillos -él, conversando con el tío; ella, acompañada de alguna sirvienta-, disimuladamente intercambian mensajes escritos y miradas. Entre las hojas de un libro, entre los folios de la carpeta que contiene documentos legales del despacho del tío se albergan las cartas clandestinas. En las finas servilletas de tela que acompañan el servicio té o el chocolate y las galletitas se esconden las joyas que Leona envía con Andrés a la causa. Estos segmentos aparecen sin diálogos y acentuados con música incidental, y se suceden en tomas cortas a manera de resumen de los hechos destacando el *showing/picture* es decir, favoreciendo lo visual de las acciones por encima de las palabras. En estas escenas mudas el narrador cinemático encauza la visión del espectador hacia lo que constituye su estrategia narrativa: el lenguaje corporal, los detalles de los gestos, las miradas, la habilidad y agilidad con las que se articulan la complicidad, los intercambios secretos de amor y de insurgencia entre Leona y Andrés que en todo momento cuentan con la complicidad de la servidumbre de Leona... y del espectador.

Estas escenas se construyen como momentos de privilegio para el espectador que accede así al pasado como parte de la planeación, como elemento importante, silente que, aunque fuera del plano narrativo, se erige como testigo oculto y ocular, partícipe y cómplice de Leona y Andrés y de su historia de amor y, por lo tanto, de la Historia de México. Ya que vemos a través de la cámara el relato de los avances de la lucha por una nación independiente al lado de los protagonistas el espectador se identifica con ellos en simbólica participación. Como observa Sturken: "Camera images -photographic, cinematic, televisual, documentary, and docudrama- play a vital role in the development of national meaning by creating a sense of shared participation and experience in the nation" (Sturken 1997, 24). Esta simbólica participación constituye una manera de incorporar al espectador como elemento relevante creando la ilusión de colaborar en el proceso de hacer la nueva nación independiente, de construir el pasado hombro con hombro junto a los héroes, en sus propias casas, con Josefa, con Leona, en los momentos de peligro, de excitación, de secreto, por la causa de la libertad. Sin duda, la confección de estos momentos y espacios adelantan la intención pedagógica de mostrar otro aspecto de las heroínas y de la historia nacional pero, sobre todo, de establecer una relación simbólica y significativa de acuerdos entre las heroínas y el espectador, de presencia, de solidaridad, de construcción compartida, de compañía, de complicidad.

La dramatización de Leona en el aspecto personal abarca no solo el escenario doméstico de su residencia. La serie dedica parte del episodio a un momento poco conocido de la protagonista: su paso por el convento de Belén de las Mochas, donde es retenida, juzgada y condenada por sedición y traición al rey después de su aprehensión al ser descubierta por su tío y entregada a las autoridades. Igualmente, la representación del proceso judicial a cargo de la Real Junta de Seguridad y Buen Orden da un atisbo novedoso al reconstruir este aspecto de un proceso legal de esa época. Al mismo tiempo, este pasaje provee otra visión a su vida y su tribulación a través de una estrategia narrativa que muestra a Leona como una mujer valiente al presentarse al juicio sin defensa legal y sin el apoyo moral de ningún familiar o amigo, lo cual resulta en una oportunidad para mostrar al espectador la integridad de carácter de Leona Vicario. Leona se niega a denunciar a los rebeldes ante los jueces y a facilitar los nombres de los principales líderes y otros seguidores insurgentes. Igualmente, ella confiesa su propia participación en la conspiración sin implicar a nadie más. Como consecuencia, el castigo es el encierro y la confiscación de sus bienes materiales. Este parece uno de los ejemplos más claros de la intersección de sus rasgos personales y las consecuencias inmediatas de esa conducta en el proceso de la Independencia: la pérdida de su libertad y de su fortuna por los ideales de la insurgencia.

La presentación gráfica de la situación de Leona, el ambiente del convento, y el lugar donde se lleva a cabo el juicio acusatorio muestra un cuadro austero y de suspenso que va a la par con el momento decisivo en la vida del personaje. Al abrirse las puertas de la sala para iniciar el proceso, la toma de la cámara da paso simbólico al espectador para acompañar a Leona y presenciar el juicio. Para subrayar el punto visual del personaje y establecer una conexión con el espectador, o lo que en la composición cinemática Chatman llama "simpatía perceptual" (Chatman 1990, 160), es necesario partir de la colocación espacial del actor en la pantalla, y de la manera en que lo observa el espectador, ya sea de espaldas o de perfil en un extremo del cinemascopio.

En la primera escena del proceso judicial Leona entra a la sala caminando de espaldas al público, en el centro, aunque no en primer plano. Desde ahí el espectador puede apreciar la escena total que incluye a Leona y, al mismo tiempo, la cámara colocada detrás de Leona crea la ilusión de acceso a la misma visión frontal de ella con los jueces; el punto perceptual del espectador domina la escena al entrar al juicio. La impresión de que el espectador tiene el mismo campo visual que la protagonista y de que percibe el panorama de la misma manera que ella introduce una sensación de cercanía, de compañía y solidaridad con la heroína en desgracia.

Sin embargo, esta toma mostrando a Leona espaldas y no en primer plano sugiere también una posición de lejanía y marginalización en relación al espectador. Si bien visualmente nos ubicamos cerca de la protagonista, esta misma visión, por encontrarse Leona de espaldas, también sugiere la imposibilidad de cercanía, y subraya la soledad de Leona ante los jueces que van a decidir su destino. Al igual que la focalización de Leona, la escena ofrece el punto de vista que hace posible que el espectador perciba como coexistentes la participación del personaje -dentro del mundo narrado- y la del espectador, desplegando una instancia del discurso múltiple del medio audiovisual. Esta coexistencia del mundo narrado (el pasado), y la ubicación/percepción del espectador (el presente) en las escenas del juicio se acentúa y, al mismo tiempo, se modifica al momento en que el narrador cinemático construye en detalle una escena incorporando el recurso de la cámara lenta. Si la colocación de la protagonista en la pantalla establece una estrategia espacial, el recurso de la cámara lenta se vincula a un cambio en la percepción temporal.

El recurso de la cámara lenta

Discuto aquí el recurso de la cámara lenta en *Retrato de una leona* en una sola escena breve durante el proceso acusatorio del juicio antes del veredicto, y en la escena climática final de *Las conspiraciones de Josefa*. Nicolás Cerri define así el concepto técnico básico de la filmografía en cámara lenta:

> Slow motion o cámara lenta es un efecto visual que permite retrasar artificialmente una acción [...]. La cámara lenta se obtiene rodando una escena con un número de imágenes por segundo superior a la velocidad de proyección. Al pasar el registro con un número de imágenes por segundo normal, la escena, más larga, da la impresión de desarrollarse lentamente[13].

En *Retrato de una Leona*, después del interrogatorio, y al iniciar la deliberación de los jueces, se inaugura el segmento en cámara lenta. En este momento específico de la narración orquestado a través del narrador cinemático, el efecto de la cámara lenta acentúa la imagen en movimiento y crea un impacto visual y emocional re orientando nuestra percepción y concentrando la atención en los detalles de lo que sucede en estos momentos de tensión. El espectador percibe aquí la ilusión de la temporalidad alargada en el momento en que los jueces comparan papeles, deliberan, discuten entre ellos antes de leer la sentencia. La ralentización de las imágenes y de ahí, de la progresión desacelerada de la escena, provoca la sensación de expansión temporal del relato (Gil Pons 2012, 146).

Los jueces verifican e intercambian documentos que incriminan a Leona, y la cámara lenta contribuye a la percepción de que el número de papeles se multiplica, fortaleciendo así, simbólicamente, la cantidad y gravedad de los cargos en la acusación contra la protagonista. Las hojas de papel que manipulan los jueces parecen, por efecto de la ralentización de la imagen, como si flotaran, como si volaran, construyéndose visualmente ante el espectador en evidencia etérea de la culpabilidad de Leona. Al momento en que se intercambian los documentos y que pareciera que volaran, la imagen de los papeles se vuelve borrosa por unos segundos, lo que crea una sensación para el espectador de la imposibilidad de acceder a la información que sustentan esos documentos y que, al igual que la protagonista, nos encontramos a ciegas en el momento justo antes del veredicto.

Alargar el momento de la discusión y retrasar el momento de la sentencia prolonga el suspenso, la desazón, subraya la vulnerabilidad de Leona acentuando la incertidumbre y el temor de la protagonista, y del espectador. Aunque el espectador conoce de antemano el veredicto, el hecho de re crear ese instante y 'vivirlo' con Leona en un momento en que el impulso narrativo se desacelera, invita al espectador "a absorber y ser absorbido por momentos

---

13 Nicolás Cerri. Slow motion, el mundo en cámara lenta. Accesado el 4 de enero 2013. http://www.taringa.net/posts/videos/2478325/Slow-Motion-el-mundo-en-camara-lenta.html.

excepcionales, espectáculo y conflicto" (Koepnick 2007, 195). Las imágenes de los jueces sentados presentan en el cinemascopio sólo la parte superior del cuerpo; el resto oculto por la mesa en la que presiden, y en la que reside su autoridad. La mesa de apariencia pesada y oscura se erige a modo de barrera horizontal, obstáculo, división física, espacial y afectiva -insalvable- entre ellos y Leona; entre ellos y el espectador.

Al momento de llegar al veredicto se clausura el segmento en cámara lenta. Recuperar el tiempo estándar del relato después de la deliberación y al momento de leer la sentencia se erige como contraste entre la espera, la expectativa, lo estático versus la acción, la diligencia de comunicarle a Leona oficialmente el veredicto y las consecuencias inmediatas que se desencadenan, que se precipitan. Inmediatamente después de escuchar la sentencia, Leona voltea el rostro para mostrarse de perfil ante el espectador indicando con ese movimiento una pausa, un parteaguas en su vida, anunciando lo que ha de venir. La mitad de su cara en el centro del cinemascopio muestra una de sus dos mitades: su presente con las consecuencias inmediatas; marca el final de una parte de su vida que termina y a la que ya no tiene acceso: una vida de lujo y privilegio, el final de su ayuda encubierta a la insurgencia y su amor secreto. Este final de esa etapa en su vida y que ya no existe permanece simbólicamente oculta también para el espectador al verse solamente la mitad del rostro de Leona. La mitad de la cara que puede apreciar el espectador anuncia su otra vida que empieza: enfrenta penurias, carencias, e incertidumbre, pero también significa su adhesión abierta a la causa de la Independencia y el final de la clandestinidad de su amor con Andrés. En *Retrato de una Leona*, este momento de su vida durante el juicio proyectado en cámara lenta se presenta a la mitad del episodio, mientras que el recurso de la expansión temporal del relato en *Las conspiraciones de Josefa* se reserva hasta el segmento climático final.

En *Las conspiraciones de Josefa,* al descubrirse la conspiración y el principalísimo papel de Josefa en las reuniones clandestinas, las autoridades ordenan su arresto. Un piquete de soldados acude a su residencia. Resignada, decepcionada, sin oponer resistencia, pero orgullosa y digna los enfrenta: "¿Tantos soldados para aprehender a una pobre mujer?" Al punto en que los soldados entran en escena, Josefa aparece en una toma frontal y en primer plano localizada sobre el lado derecho del cinemascopio. La ubicación lateral de Josefa y no en el centro como aparece en la mayor parte del episodio, sugiere la transición de su protagonismo como líder de la etapa conspiratoria a otro plano narrativo. La primera visión que tiene el espectador del piquete de soldados es una imagen de ellos de espaldas, alineados por el lado izquierdo del cinemascopio en una imagen borroneada, difuminada, lo cual señala su posición y condición de anonimato frente a la relevancia de Josefa. El espectador puede percibir el gran contraste entre la nitidez de la imagen de Josefa y la de los soldados desdibujados por efecto del encuadre y la distancia de la cámara para resaltar dos niveles narrativos en el mismo plano visual. Cuando Josefa los enfrenta segundos después, los soldados continúan de espaldas al espectador, y ella ahora da cara frontalmente a la pantalla permitiendo al espectador atestiguar su reacción ante el arresto. Ese gesto inicia el segmento en cámara lenta.

Los personajes salen de la sala y bajan por las escaleras de piedra de la casa de Josefa. En la base de las escaleras hay un espacio amplio, cerrado, todavía dentro de la casa en el que el espectador se va a situar. La construcción de piedra que alberga su hogar y que fue escenario de las reuniones secretas parece ahora mucho más amplia, una mole en gran contraste con la talla pequeña y la fragilidad de Josefa entre los soldados que la escoltan. Propiciando un encuentro final con el espectador a manera de simbólica despedida, en movimientos demorados por el artificio óptico de la languidez impuesta por el efecto de la cámara lenta, Josefa y los soldados caminan de frente hacia la cámara y avanzan hacia el punto en que estratégicamente el enfoque permite la colocación de los personajes de cara al espectador convocándolo así a presenciar el desenlace.

Al ir bajando las escaleras, la toma en *zoom out* (o toma a distancia) es la estrategia para mostrar la escena total y apreciar la panorámica de la circunstancia revelando el contexto espacial. Igualmente, por efecto del *zoom out* el espectador puede ver a los personajes disminuidos en el fondo del cinemascopio a la vez que muestra el tratamiento temporal ralentizado. La proyección de esta escena que señala un momento de trance para la protagonista, introduce de manera especial una modificación en la percepción visual y temporal del relato. Parece como si el tiempo, hasta entonces actualizado por la cámara reproduciendo en velocidad estándar, se proyectara ahora lento con un propósito: regresarnos a la conciencia de que estamos frente a una realidad del pasado; como anuncio y advertencia de que el tiempo volverá a quedar en ese pasado, congelado en la imagen de Josefa, quien avanza cada vez más lento hacia la cámara hasta colocarse en primer plano frente al espectador y quedar detenida para siempre. Esta escena marca el final del episodio.

Percibir el andar de los personajes apaciguado por el recurso de la cámara lenta construye una sensación de contraste, una conciencia de lejanía entre ese momento histórico hace doscientos años y el momento inminente del presente en el que se sitúa el espectador, resultando en un recordatorio de nuestra ubicación contemporánea. Sin embargo, los movimientos en cámara lenta no sólo marcan el lindero entre el pasado y el presente, sino que, más importante aún, funcionan igualmente como enlace simbólico, visual y edificante entre las dos temporalidades. La toma final del episodio presenta a Josefa mirando de frente a la cámara, al espectador, con una actitud de dignidad, serenidad y valentía como la conocemos en las representaciones gráficas tradicionales de estampita, de pintura, de escultura, de estatua en los libros de historia de México, en los museos y monumentos. Es esta actitud de la protagonista la que conocemos los espectadores que actúa como conector entre las dos temporalidades, entre lo estático y lo dinámico. La cámara lenta confecciona visualmente la ilusión de transición entre el pasado y el presente. El pasado, que se nos ha presentado como momento vigoroso, va desacelerando su impulso hasta finalmente quedar congelado transitando por la cámara lenta que nos prepara para colocar a Josefa en una imagen estática después de haberla visto viva y presente.

El artificio óptico de la cámara lenta en *Gritos de muerte y libertad*, especialmente al final del episodio de Josefa, cumple otra función que va más allá del énfasis narrativo que nos enfoca en los momentos de conflicto con el propósito de subrayar lo emotivo, lo dramático, lo climático; se extiende más allá de la expansión temporal del relato, del contraste entre temporalidades, o de la transición visual entre el pasado y el presente. La función de la técnica en cámara lenta reorienta la atención y la perspectiva del espectador, y literalmente nos conduce a fijar la atención en algo en lo que no habíamos reparado antes: detalles, objetos, movimientos. Koepnick, reflexionando sobre Walter Benjamin y la cámara lenta, observa: "[...] la fotografía en cámara lenta [...] multiplica los modos posibles de leer el mundo fenoménico y descubre diferencias, gradaciones y distinciones no previstas bajo la capa de las vistas ordinarias" (Koepnick 2007, 194). Pero esta visión de las cosas antes no percibidas rebasa lo literal.

La técnica en cámara lenta se erige de manera significativa, fundamental, en otra cosa: en recurso cognitivo, como sugería Benjamin. Con la proyección de escenas en cámara lenta el movimiento se percibe extendido, dilatado, detallado, pero no sólo se trata de ver mejor bajo otra luz lo que podríamos advertir de manera más general, sino que el movimiento en cámara lenta "[...] brings to light entirely new structures of matter, slow motion not only reveals familiar aspects of movements but discloses quite unknown aspects within them [...]" (Benjamin 2008, 37). La imagen proyectada en cámara lenta no sólo retrasa el movimiento y lo hace parecer diferente, sino que le da a éste otro cariz, de manera que modifica su naturaleza. La percepción de Josefa bajando a pie las escaleras custodiada por los soldados cambia: Josefa no camina, flota. La escena al momento de la deliberación de los jueces intercambiando los documentos incriminatorios en el juicio a Leona se altera: los papeles no circulan de mano en mano, vuelan.

Los aspectos desconocidos de movimientos percibidos a través de la cámara lenta en los episodios de las heroínas revelan una realidad diferente: una narración ficcional del pasado es un vehículo genuino para recrear, para actualizar el pasado, y el espectador, al reparar en lo visible y nuevo en la proyección en cámara lenta, puede aprender a ver el pasado desde otros puntos de vista. Una serie de ficción histórica en el denostado medio televisivo se transforma para convertirse en un medio válido, legítimo de indagar sobre los acontecimientos y personajes del pasado en el presente, en los procesos históricos que nos atañen. Ver no solamente la dramatización de eventos a través del trabajo actoral y de producción sino que ese trabajo visto por la cámara lenta constituya un atisbo simbólico a una alternativa auténtica, eficaz de recrear el pasado, de entenderlo.

Koepnick resume "Para Benjamin, [...] el uso de la cámara lenta no solamente revelaba un nuevo aspecto de la naturaleza y de lo real, sino que reconstituía nuestro concepto de realidad mismo y lo que se podía saber y hacer con él" (Koepnick 2007, 195). El movimiento en cámara lenta nos permite ver más allá de la percepción natural, revela una realidad oculta, imperceptible a simple vista. En los episodios de la serie, los detalles de los movimientos artificialmente dilatados de los personajes actúan como metáfora para descubrir otra visión, otra percepción, otra interpretación de hechos o circunstancias del pasado. De ahí que 'ver' literalmente -es decir, percibir por el sentido de la vista- algo en detalle, acentuado, destacado por la técnica de la cámara lenta significa igualmente advertir, notar, aprender, entender aspectos de la realidad, de algo de lo que no estábamos conscientes; acceder a algo que escapaba a nuestro conocimiento, conciencia, o consideración. No sólo se revelan los detalles de las imágenes y de ahí, la manera de percibirlas, sino que revela otra manera de considerar el concepto del pasado, no sólo lo que está ahí, sino lo que se crea, lo que se construye nuevo a partir de esta visión adicional. El ver imágenes constituye percibir el pasado de una manera nueva, implica ver el pasado revelado.

Ver de una manera nueva consiste en percatarse de que la historia nacional -los hechos y los personajes- *es* una construcción narrativa, y que esa construcción es indefectiblemente el medio de acceder al pasado. Lo que ilumina la técnica de la cámara lenta es precisamente una propuesta de entender el pasado como una creación discursiva en la que se insertan la dramatización, las imágenes. Esta consideración conlleva el potencial de percatarnos de que una narrativa de ficción es una opción -entre muchas otras- legítima y creativa, organizada y coherente para acercarse al pasado o, como mencionaba anteriormente, para considerar el hecho de que el pasado sólo existe si se vuelve a narrar, a re crear, a re circular; y que cobra vida y significación si apela afectivamente al espectador evocando imágenes entrañables, y contribuye al proceso de pensar históricamente.

La composición audiovisual se manifiesta entonces como el vehículo cognitivo que nos permite acceder a aspectos y detalles de la imagen visual, y que resulta en una nueva manera de mirar el pasado. Este recurso de composición visual conlleva la posibilidad de aprender a mirar el pasado a partir de una representación ficcional, no sólo repasar y profundizar en lo que sucedió, sino aprender nuevas maneras de ver como posibilidades de lo que sucedió, y las posibilidades de construcción como nuevas maneras de ver. Si descubrimos detalles en los movimientos, los gestos, las posturas que ordinariamente no se revelan en la reproducción a velocidad estándar de las imágenes, entonces descubrimos maneras adicionales de ver.

Lo que de novedoso se perciba en la imagen reproducida en cámara lenta constituye un paralelo a descubrir otra posibilidad de contemplar el pasado: el relato histórico televisivo como propuesta dramatizada para pensar históricamente, para aprender a considerar los componentes múltiples y válidos en la construcción del pasado. En el uso de la ralentización del tiempo y de la expansión momentánea del relato televisivo lo visual conlleva el potencial de introducir una modificación en la actitud de entender la historia, de la posibilidad creativa de mirar el pasado de muchas maneras, de estimular preguntas sobre lo histórico, de concebir el pasado como un ente abierto en perpetua construcción y renovación, y del que ineludible, necesariamente, formamos parte en el presente. La composición audiovisual de *Las conspiraciones de Josefa* y *Retrato de una Leona* constituye un vehículo cognitivo que revela rasgos de la imagen visual a manera de metáfora para una nueva comprensión del pasado enmarcado en la dinámica del concepto de memoria cultural.

Breve reflexión final

Las conspiraciones de Josefa y *Retrato de una Leona* re generan y circulan conocimientos compartidos y relevantes del pasado colectivo de los mexicanos en una representación que encarna la dinámica de los conceptos de memoria, identidad, historia y pertenencia. Igualmente, estas narraciones recuperan el legado histórico de las protagonistas así como el aspecto personal de sus tribulaciones, sus pugnas, y sus logros. En tanto creaciones ficcionales que reproducen eventos y personajes ya existentes y diseminados a través de un medio de comunicación masiva éstos constituyen instancias del fenómeno de remediatización. A partir de estos dos componentes esenciales -re interpretación de hechos, personajes y conceptos significativos fundamentales en la historia colectiva y, a su vez, su difusión en vehículos y narrativas que alcanzan una propagación masiva y simultánea reforzando la identificación con los espectadores- estos textos se configuran como modelo plenario de memoria cultural.

Igualmente, ubicar esas producciones textuales de ficción histórica como instancias de memoria cultural implica necesariamente considerar su proceso de creación, de interpretación. Es decir, resulta imperativo integrar una exploración complementaria e ilustrativa que contemple la confección de estos textos atendiendo especialmente al aspecto de la función operativa y simbólica de la elaboración narrativa audiovisual. El análisis de los elementos del narrador cinemático cumple esta función permitiendo desglosar los pasos a través de los cuales se presentan visualmente no sólo los hechos del pasado, sino la articulación de una propuesta de conocimiento y de reconocimiento, de indagación de facetas desconocidas, y de aproximación emblemática a las protagonistas. Los elementos distintivos del narrador cinemático, especialmente el uso de la cámara lenta, conforman un tipo de composición visual que revela aspectos nuevos de la realidad plasmados en las imágenes visuales que actúan como metáforas para una nueva visión y comprensión del pasado. Estas consideraciones nos llevarían a una re semantización de nuestra percepción del pasado y, de ahí, dicha re significación produciría una visión renovada que incluye la participación ciudadana efectiva en los procesos históricos del presente. El uso de tramas y modos narrativos en los que primordialmente puede confeccionarse el relato histórico ficcional abren la oportunidad de considerar a la narrativa de ficción audiovisual televisiva como un acercamiento válido para examinar un aspecto particular de los hechos históricos contribuyendo a la búsqueda de sentido sobre el pasado a través de la re generación, siempre pendiente, de las heroínas y los héroes *"que nos dieron patria y libertad"*.

Bibliografía

Anderson, Steve F. 2011. *Technologies of History*. Hanover, NH: Dartmouth College Press.

Andrews, Thomas y Flannery Burke. 2007. "What Does It Mean to Think Historically?" *Perspectives. American Historical Association*. http://www.historians.org/perspectives/issues/2007/0701/0701tea2.cfm on July 3, 2007.

Assmann, Jan. 1995. "Collective memory and cultural identity". *New German Critique*, No. 65. 125–133.

Assmann, Jan. 2011. "Collective memory and cultural identity". En *The collective memory reader*, editado por Jeffrey K. Olick, Vered Vinitzky y Daniel Levi. 212–215. Oxford: Oxford UP.

Benjamin, Walter. 2008. *The work of art in the age of its technological reproducibility*. Cambridge, MA: Belknap Press of Harvard University Press.

Browne, Nick. 1982. *The Rhetoric of Film Narration*. Ann Arbor, MI: UMI Research Press.

Cerri, Nicolás. "Slow motion, el mundo en cámara lenta". Accesado el 4 de enero 2014. http://www.taringa.net/posts/videos/2478325/Slow-Motion-el-mundo-en-camara-lenta.html.

Chatman, Seymour. 1978. *Story and Discourse. Narrative Structure in Fiction and Film*. Ithaca, NY: Cornell UP.

Chatman, Seymour. 1989. "Who is the best narrator?" *Style*. 23.2. 183–196.

Chatman, Seymour. 1990. *Coming to Terms. The Rhetoric of Narrative in Fiction and Film*. Ithaca, NY: Cornell UP.

Cubitt, Jeoffrey. 2007. *History and Memory*. Manchester: Manchester UP.

Erll, Astrid. 2010 "Literature, film and the mediality of cultural memory". En *A companion to cultural memory studies*, editado por Astrid Erll y Ansgar Nunning. 389–398. Boston, MA: De Gruyter.

Erll, Astrid y Ansgar Nunning, eds. 2010. *A companion to cultural memory studies*. Boston, MA: De Gruyter.

Fiske, John. 1987. *Television Culture*. London; New York: Methuen.

Fiske, John y J. Hartley. 1978. *Reading Television*. London: Methuen.

Fludernik, Monika. 1996. *Towards a Natural Narratology*. New York: Routledge.

Gaudreault, André, y Francois Jost. 1995. *El relato cinematográfico. Cine y narratología*. Traducción de Nuria Pujol. Barcelona: Paidós Ibérica.

Gil Pons, Eva. 2012. "Reconfiguración del tiempo narrativo en el tráiler cinematográfico". En *El EEES como plataforma de innovación universitaria*. David Caldevilla Domínguez, coordinador. 133–154. Madrid: Visión Libros.

Hall, Stuart. 1997. "The Work of Representation". En *Representation. Cultural Representations and Signifying Practices*, editado por Stuart Hall. Londres: Sage.

Huyssen, Andreas. 1995. *Twilight memories*. New York: Routledge.

Koepnick, Lutz. 2007. "Slow motion. Benjamin y las políticas de desaceleración". En *Topografías de la modernidad. El pensamiento de Walter Benjamin*, editado por Dominik Finkelde, Edda Webels, Teresa de la Garza Camino, Francisco Mancera. 185–200. México: UNAM, Universidad Iberoamericana.

Martín-Barbero, Jesús. 1987. *De los medios a las mediaciones*. México: Gustavo Gili.

Martin-Barbero, Jesús y Germán Rey. 1999. *Los ejercicios del ver. Hegemonía audiovisual y ficción televisiva*. Barcelona: Editorial Gedisa.

Pérez Bowie, José Antonio. 2008. *Leer el cine. La teoría literaria en la teoría cinematográfica*. Salamanca: Universidad de Salamanca.

Rodríguez Cadena, María de los Ángeles. 2014. "El pasado nacional como narrativa de ficción o la historia es una telenovela". *Journal of Mexican Studies/Estudios Mexicanos*. 180–211. Vol 30, Issue 1, Winter 2014.

Rosenstone, Robert. 2006. *History on Film. Film on History*. London: Longman.

Sturken, Marita. 1997. *Tangled Memories: The Vietnam War, the AIDS Epidemic, and the Politics of Remembering.* Berkeley: University of California Press.

Sturken, Marita y Lisa Cartwright. 2007. *Practices of Looking.* Segunda edición. New York: Oxford University Press.

Téllez, Enrique. 1997. "La composición musical al servicio de la imagen cinematográfica. El discurso musical como soporte del discurso cinematográfico". *Revista Espéculo.* Noviembre-1996/febrero-1997. No. 4.

Texto audiovisual

Gritos de Muerte y Libertad. DVD. Dirigido por Mafer Suárez y Gerardo Tort (2010; México: Televisa/El Mall/Zima Entertainment).

Index

Aguirre Benavides, Adrián   132, 133
Al compás del son (2005)   64, 71, 80–83
Algo habrán hecho por la historia argentina (2005–2008)   94
Alonso, Dora   72
Alonso, Ernesto   179, 180
Amar en tiempos revueltos (2005)   18, 34, 35, 37–39, 41
Amarte así, Frijolito (2005)   34
Amigorena, Mike   103
Anania, Francesca   167
Anderson, Steve F.   182, 185n7, 186
Andrews y Burke   189
Ángeles, Felipe   139, 146
antorcha encendida, La (1996)   180
Aprea, Gustavo   44, 55, 69
Aquino, Santo Tomás de   134–136
Argentina   51, 59
Assmann, Jan   64, 66, 70, 87, 183, 184, 184n6, 186, 187
Astíz, Alfredo   102, 103, 103n, 105, 106
Awada, Alejandro   97

Bajo el signo de la Patria (1971)   59
bandera argentina   44, 53, 59
Barbosa, Marialva   65
Barcelona   17, 34, 41
Barthes, Roland   90, 91
Batalla de Tucumán   54
Batista, Fulgencio   73
Belgrano, Juan Manuel   43, 52, 54–59
Belgrano, la película (2010)   42–44, 52, 55, 118
Belloso, Carlos   111
Bemberg, María Luisa   48
Benjamin, Walter   18–20, 207, 208
Bicentenario de la Independencia   43, 44, 52, 53, 60
Bicentenario de la Revolución Argentina   52
Blanco, Xiomara   78
Blanquet, Aureliano   137, 143, 146
Braden, Spruille   95
Brédice, Leticia   115
Brooks, Peter   68, 69
Browne, Nick   190
Buenos Aires   96, 98, 99, 103, 106, 114, 121

Buonanno, Milly   64, 70, 86, 160
Butterfield, Herbert   40

Caetano, Adrián   92
Caignet, Félix B.   71
Calderón, Felipe   148
Callau, Manuel   99
cámara lenta   179, 192, 203–208, 210
Camila (1984)   48, 49
canal 11   180
canal 13   29, 46,155, 155n1
canal Encuentro   52, 53
Canaro, Francisco   106–108
Cané, Miguel   113, 114
Castelló, Enric   156, 158
Castillo, Carmen   158n3
Castro, Fidel   72, 73
Castro, Luciano   99
caudillos, Los (1969)   180
Central Nacional de Informaciones (CNI)   164, 170–172
celibato   43, 48–50
Cerri, Nicolás   203, 204n13
Chatman, Seymour   178, 190, 203
Chávez, Hugo   47
Chiong, Lucía   83
Chiong, Rolando   80, 83
cine para todos   53
cinemascopio   192, 195, 201, 203, 205, 206
Con alma de tango (1994–1995)   46
conspiraciones de Josefa, Las (2010)   177, 179, 187, 193, 194, 196, 203, 205, 209
Coppola, Francis Ford   116
Cosecharás tu siembra (1991–1992)   46
Creelman, James   131n
crucifixión de Cristo   134–136, 138
Cuando el agua regrese a la tierra (1993)   74
Cuéntame cómo pasó (2001)   33, 160

Da Silva, Lula   47
Década Infame   94, 107
Decena Trágica   132n4, 137, 138, 139n7, 140, 142
De la Barra, Francisco León   132n2
De la Madrid, Miguel   148

De la Rúa, Fernando 50
De La Serna, Rodrigo 115
derechos humanos 105, 117
De Santo, Damián 108
Desanzo, Juan Carlos 48
desaparecidos 101–105, 112, 121
De tu sueño a mi sueño (1991) 73
Destino prohibido (2004) 64, 71, 78–80
derecho de nacer, El (1948) 71, 84
Dorcé, André 68
día de la Bandera Argentina 53
Diagonal TV 34
dialogismo 50
día más difícil del rey, El (2009) 33
Díaz, Félix 132n4, 137, 140–142
Díaz, Julieta 106
Díaz, Porfirio 131, 132, 140, 147
dictadura 153–156, 158, 158n2, 159, 161, 163, 165, 167, 168, 171–174
intermediatización 187
Discépolo, Enrique Santos 107, 108
Doctrina de Seguridad Nacional 100, 121
Domínguez, Miguel 193, 196, 197n11, 200
Dori, Yair 47

eco de las piedras, El (1998) 73
Edgerton, Gary 51
encanto del águila, El (2011) 129, 133, 136–138, 142–144, 147, 149, 180
Ente Cultural Tucumán 52
Entre mamparas (1996) 74
Erll, Astrid 64–66, 68, 69, 86, 178, 186–189
esclava Isaura, La (1976) 72
ESMA (Escuela de Mecánica de la Armada) 102, 117
España 17, 28, 29, 31–40
espectador 146, 190, 195, 196, 185n8, 195, 201, 203–208
ethos 58
Eva Perón (1996) 48
extraña dama, La (1989) 46
Ezcurra, María Josefa de 54, 55

Falcón, Ada 106–109, 119
Falcón, Ramón (coronel) 114–116, 122
Fernández, Gerardo 83
Ferrer de Mendiolea, Gabriel 131
Ferro, Marc 44, 90, 116
ficción histórica 178, 185, 189, 208, 210
fictionscape 64, 70, 73, 75, 86

film biográfico 55
film histórico 55
Fiske, John 185n8
Fludernik, Monika 187
FORA (Federación Obrera Regional Argentina) 114
Fox, Vicente 147
Fuerzas Armadas 98, 106, 109, 111

Gala, Sofía 99
Galán Fajardo, Elena 153, 156, 157
Galtieri, Leopoldo 109
Gardel, Carlos 108
Garriga, Roberto 72
Gasalla, Antonio 104
Gatica, María José 50
Gaudreault y Jost 178, 190, 192
Gil Pons, Eva 204
gobiernos kirchneristas 42, 44, 47, 57
gobierno nacional 60
Gómez, Bernardo 150
Gómez, Leopoldo 150
González de Mello, Renato 147
González, Vanesa 96
Granma, yate 73
Gritos de muerte y libertad (2010) 149, 177–182, 184, 186, 188, 191, 199, 207
Guerra Civil 28, 34, 39
Guerra Gómez, Amparo 153, 160
Guillén, Nicolás 82
Guzmán, Patricio 158, 158n3

Halbwachs, Maurice 56, 61, 184, 184n
Hardy, Thomas 20
Herlinghaus, Hermann 68
Historia de una traición (2009) 34
historia oficial 42, 43, 56
Horizontes (1967) 72
huérfanas de la Obra Pía, Las (2000) 64, 70, 75–78
Huerta, Victoriano 132n3, 132n4, 137n5, 139–141, 143–146
Huyssen, Andreas 64, 155, 160

identidades plurales 44
Iglesia Católica 48, 54
iglesia Santa Cruz 103, 105, 106
INCAA (Instituto Nacional de Cine y Artes Audiovisuales) 52, 91, 92, 118
Independencia, la 177, 179, 180, 184, 187, 189

INDEX

indigenización   160
industria televisiva latinoamericana   52
Instituto Cubano de Radio y Televisión
   75, 83, 85
intertextualidad   47, 48, 52
Islas Malvinas   109–112, 121, 124

Jelin, Elizabeth   65, 70
Jenkins, Keith   181
Jensen, Michael   133, 135, 136, 144
Justo, Agustín   100, 107

Kaes, Anton   43
Kardec, Allan   130
Kirchner, Cristina Fernández de   53, 59, 116
Kirchner, Néstor   43, 47, 53, 116
kirchnerismo   47, 59
Koepnick, Lutz   205, 207, 208
Krauze, Enrique   130, 131, 147, 180
Kriger, Clara   91

Lane Wilson, Henry   132n3, 137n5, 140–142, 145
Larsen, Peter   158
Leona Vicario (1982)   180
ley de servicios de comunicación audiovisual   118, 123
ley de residencia   113–115, 122
lieux de memoire   52
Lo que el tiempo nos dejó (2010)   92–94, 96, 123
Lull, James   153, 154

Machado, Gerardo   80, 81, 83
Machín, Luis   99
Madres de Plaza de Mayo   103–106, 121, 124
Madrid   34, 35, 41
Magdalena (1992)   73
Mall, El   149
Madero, Francisco I.   129–133, 136–150
Madero, Gustavo A.   137–141, 143–146
Madero, Sara   137, 144, 146
Márquez Sterling, Manuel   140, 145
Marsé, Juan   34
Martín Barbero, Jesús   67
martirio   129, 131, 133–141, 143, 144, 146, 147, 149, 150
Más allá del horizonte (1994)   46
Mazziotti, Nora   45, 46, 56, 73
melodrama   65, 67, 69, 71, 73, 74

memoria   17–19, 24, 28, 29, 38, 65, 90, 91, 105, 108, 119, 120, 153–158, 158n2, 158n3, 159–161, 166, 167, 173, 178
  colectiva   24, 42, 43, 51, 56, 60, 65, 91, 106, 112, 120, 178
  comunicativa   66
  cultural   64–69, 75, 86, 87, 177, 178, 181, 183, 184, 187, 188, 191, 210
  estudios de la   64, 66
  histórica   28, 43, 48
  mediática   64, 67, 155, 156
  modos de la   68, 69
  nacional   46
  política de la   65, 67, 87
  sentimentalizada (sentimental)   17, 67
  televisiva   67
  tolerada   18
Menem, Carlos Saúl   50
miniserie   136, 149
modo melodramático   68, 69
Minondo, Los (2010)   180
monumento de la Bandera   53
Movimiento Nacional   38
Mujica, Rosario   68, 86
museo de la Memoria   43, 50

narrador cinemático   178, 179, 181, 190–192, 203, 204, 210
narrativización histórica   42, 44
Neiger, Motti   64, 67, 155
noche de los bastones largos, La (1966)   98
Nora, Pierre   52
Novoa, Laura   96

ochenta, más que una moda, Los (2008–2014)   29, 153, 154, 156, 159, 161, 167, 171-174
Onetto, Maria   97
Onganía, Juan Carlos   98, 99, 121
Orozco, Guillermo   67
Ortega, Julieta   111
Ortíz, Josefa   177, 180–183, 185, 187–196

pacto de la Embajada   132n3, 141, 144
Padre Coraje (2004)   42–44, 46–60
Pagni, Andrea   153
Palacio de Lecumberri   143n18, 145, 146
palimpsesto   52
Partido Acción Nacional (PAN)   148n23, 149
Partido Revolucionario Institucional (PRI)   147, 148n24, 149

Pasión y prejuicio (1993)   73
Peña Nieto, Enrique   148, 149
Pérez Biscayart, Nahuel   99
Pérez Bowie, José Antonio   190
Pérez Llera, Silvia   75
Periodo Especial   73
Perón, Eva (Evita, Eva Duarte)   50, 51, 95–98, 122
Perón, Isabel   100
Perón, Juan Domingo   47, 48, 50, 51, 94–97, 99
peronismo   47, 91, 95–98
phatos   58
picture/showing   190–193, 196, 200, 201
Pigna, Felipe   92, 94, 106, 109, 122, 123
Pino Suárez, José María   137, 139, 141, 143, 145, 146
Pinochet, Augusto   161, 164, 165, 170, 171, 173
Piroyansky, Danna   133–136, 138
pizarra electrónica   192–195
polarizaciones   70, 77, 79, 80, 82, 85
populismo   47, 59
Posta de Yatasto   57
premediatización   187, 191
Primo de Rivera   34
Proceso de Reorganización Nacional (1976–1983)   101, 109

Quintana Roo, Andrés   180, 200, 201

Radowitzky, Simón   114–116, 122
remediatización   69, 78, 86, 178, 187–192, 209
Réquiem por Leona Vicario (2014)   180
resistencia peronista   98
Retrato de una Leona (2010)   177, 179, 187, 200, 203–205, 209
Revolución   71, 87
    del '30   81
    de Mayo   112
    Mexicana   129, 147, 149, 150
Revolución, el cruce de los Andes (2010)   118
Reyes, Bernardo   131, 132n4, 137, 142
Richard, Nelly   153, 154
Ricoeur, Paul   21, 22, 41
Roca, Julio A.   107, 113
Romay, Omar   46
Roque Santeiro (1985)   83
Rosas, Juan Manuel   49, 56
Rosenstone, Robert   91, 121, 181

Roth, Cecilia   103
Rueda Laffond, José Carlos   67, 70, 77, 153, 160

Sadosky, Manuel   99, 100, 122
Salazar, Gabriel   162n8
San Martín, José de   53, 54, 57
San Nicolás del Peladero (1963)   83
Santa María del Porvenir (2012)   64, 71, 83, 85, 86
santo de la Espada, El (1970)   59
Sbaraglia, Leonardo   106
Semana Roja (1909)   114
señora, La (2008)   34
Sepúlveda, Lucía   169
Singer, Ben   69
Sol de Batey (1985)   72
sonido extradiegético   54
Sorlin, Pierre   90
Sturken, Marita   178, 181, 183, 202
Sturken y Cartwright   185n8
summary/telling   190–192, 196

tango   106–109, 121, 122
telenovela (telenovelas)   22, 41–51, 56, 60, 201
    cubana   64, 65, 70–72, 74, 86
    de época   46, 56, 68, 86
    género   67–70
    históricas   45, 68, 177, 179, 186, 199
Televisa   137, 147, 149, 150, 177, 179, 180
Téllez, Enrique   194
Terra Nostra (1999–2000)   46
Thompson, John B.   74
tiempo entre costuras, El (2013)   39
Tierra Brava (1997)   73, 78
Todorov, Tzvetan   154
Toussaint, Florence   147
Treinta Gloriosos, los   22
TVE   18, 33, 34
TV por la inclusión (2011)   94

UGT (Unión General de Trabajadores)   114
últimos días de Franco, Los (2008)   33
Universidad de San Martín   52
Uriburu, José Félix   99, 107

Vassallo de Lopes, María Immacolata   67, 69, 70
Vena, Fabián   111

Vera, Mayté   80
verosimilitud   42, 55
Veyne, Paul   21, 24
vía crucis   138, 141–144
Vicario, Leona   177, 181–183, 185, 187–192, 200
Vidal, Rafael   75
Videla, Jorge Rafael   102
Vientos de agua (2006)   94

Vilcapugio y Ayohuma   56
vuelos de la muerte   101

White, Hayden   22, 41, 181

Yrigoyen, Hipólito   99, 106

Zanjón, Pacto del   73
Zerón-Medina, Fausto   180, 181, 199